골목에 꽃이 피네

골목에 꽃이 피네

녹색마을사람들의 신명나는 이웃살이 이야기

지은이 정외영 • **기획** 희망제작소 • **펴낸곳** 이매진 • **펴낸이** 정철수 • **편집** 기인선 최예원 • **디자인** 오혜진 • **마케팅** 김둘미 • **첫 번째 찍은 날** 2011년 2월 11일 • **두 번째 찍은 날** 2011년 5월 2일 • **등록** 2003년 5월 14일 제313-2003-0183호 • **주소** 서울시 마포구 합정동 370-33 3층 • **전화** 02-3141-1917 • **팩스** 02-3141-0917 • **이메일** imaginepub@naver.com • **블로그** blog.naver.com/imaginepub • **ISBN** 978-89-93985-40-5 (03300)

- 환경을 생각하는 재생종이로 만든 책입니다. 표지는 앙코르 190그램이고, 본문은 그린라이트 70그램입니다.
- 값은 뒤표지에 있습니다.

일러두기

- 단행본, 정기간행물, 신문에는 겹꺾쇠(《 》)를 썼고, 논문, 연극, 영화, 방송 등에는 홑꺾쇠(〈 〉)를 썼습니다.

골목에 꽃이 피네

정외영 지음

●● 녹색마을사람들의 신명나는 이웃살이 이야기 ●●

이매진

차례

추천 글

여는 글

이야기꽃이 피었습니다

2부 웃음꽃이 피었습니다

3부 희망꽃이 피었습니다

덧붙이는 자료

추천 글 꽃밭을 만들더니 스스로 꽃이 된 사람들

출근 행렬이 빠져나가고 아직은 이른 아침입니다. 아파트 입구에는 오늘 하루를 보낼 어린이집이나 유치원으로 데려갈 승합차를 기다리는 아이들이 모여 있습니다. 엄마 손잡은 아이들뿐만 아니라 할머니, 할아버지랑 나온 아이들도 제법 있습니다. 손녀를 태워 보낸 어느 할머니는 굽은 허리를 펴며 큰숨을 내쉽니다. 이제 당신 한 몸 추스르는 것만도 힘겨운데 손녀까지 돌보느라 많이 지치신 것 같습니다. 어쩌면 몇 년 뒤 제 모습이기도 한 것 같아 허투루 보이지 않습니다. 어여쁜 아이들을 연로하신 어른들께 맡겨 두고 일터로 향하는 부모들 마음도 무거웠겠지요. 엘리베이터를 타고 올라가며 할머니는 예쁜 내 새끼지만 온종일 살림에 아이 돌보기에 쉴 새가 없어 힘들다고 하십니다. '어쩌나, 일주일에 하루쯤 우리 동 사는 아이들 내가 차 태워 보낼 수 있을 것 같은데…….' 머릿속에 생각이 뱅뱅 돕니다.

버스를 타니 섧게 우는 아이가 있습니다. 젊은 엄마는 화가 났습니다. 아이가 울어 엄마를 창피하게 만들었다고 생각하는 것 같습니다. 정류장에 버스가 서자 아이를 낚아채듯 끌고 내리더니 길바닥에서 큰소리로 아이를 꾸짖습니다. 아, 지금 저 아이는 안아주기만 해도 울음을 그칠 텐데……. 엄마는 날마다 홀로 아이를 돌보느라 많이 지친 것 같습니다. 저 엄마의 외롭고 지친 마음, 누군가 얘기를 들어주기만 해도 마음이 느긋해져서 아이를 안아주련만. 아이 키워본 엄마들은 저 시절이 어떤지 정말 잘 아는데……. 안타까워집니다. 남편과 함께 저녁 산책을 합니다. 산책길에 만난 이웃들과 인사를 나눕니다. 남편은 당신 인기인이라고 부러움을 섞어 놀려댑니다. 동네에서 엄마들은 너나 할 것 없이 서로 아는 사람 많고 알아주는 사람 많은 인기인입니다.

《골목에 꽃이 피네》는 이런 엄마들이 주인공이 되어, 머릿속에 뱅뱅 도는 생각과 안타까운 마음들을 서로 나누다 아이들을 돌보는 공간을 만들고 어려운 사정을 가진 이웃들의 얘기를 들어주는 '친정언니'가 되는 감동적인 이야기입니다. 또 멀고 어렵게 느껴지던 관공서로 들어가 지역 행정과 주민이 서로 알고 돕는 관계로 함께 발전하는, 풀뿌리가 펴져 나가는 이야기입니다. 이 사람들은 차 한 잔에서 시작한 수다로 마을을 바꾸고 사람을 바꿔놓았습니다.

이제 이 이야기는 이 사람들만의 것이 아닙니다. 이 사회가 더불어 함께 평화롭기를 바라는 사람, 도움이 필요한 누군가의 손을 잡아주고 싶은 사람, 마음은 있지만 어찌해야 할지 방법을 찾지 못하는 사람들에게 도움이 되는 '교재'라 할 수 있습니다. 뜻이 있으면 길을 찾게 되더라는, 당연한 듯하지만 쉽지 않은 길 찾기를 씩씩하게 해온 역사를 보여줍니다. 이 사람들의 16년 역사는 한편으로는 감동으로 가슴 뛰게 하고, 한편으로는 배움으로 다가옵니다. 늘 즐거운 이야기만이 아닙니다. 헌신이 억울하기도 했고, 열정이 분노로 바뀌기도 하고, 믿음이 의심이 되기도 했다는 얘기는 내 이야기처럼 들립니다. 그런데도 서로 위로하고 격려하고 책임지며 지내온 보물들의 16년 역사는 조직을 이끄느라 가슴앓이하는 사람들의 귀를 솔깃하게 합니다. 내가 사는 동네가 내 터전인데도 발붙이지 못하고 필요에 따라 어디로 이사 갈까 궁리하던 사람들이 이사 가지 않고 안심하고 즐겁고 행복하게 살 수 있는 방법을 찾아 이웃을 만나러 갑니다. 짠하고 애틋한 마음으로 이웃을 돕던 엄마들이 서로 용기를 주고 격려하면서 지도자가 되고, 자신도 모르던 재능을 찾아 내 이름 있는 꽃이 되어가는 모습을 보며 자신을 돌아보게 됩니다.

꽃밭을 예쁘게 가꾸던 사람들은 스스로 꽃이 되어 우리에게 왔습니다.

김민경 | 사단법인 한살림 회장

추천 글 아줌마, 꿈을 꾸다 그리고 실천하다

도시는 우리에게 이중으로 다가옵니다. 한편으로는 풍요와 쾌적함, 편안함으로 다가오지만, 다른 한편으로는 차가움과 외로움, 불편으로 다가오기도 합니다. 아마도 도시에는 이웃이나 마을이 가지는 그런 따스함이 적기 때문일 것입니다. 그래서 많은 사람들이 도시에 살면서도 이런 마을을 만들어보려고 노력합니다.

우리들은 이제 아름다운 꿈 이야기를 들을 수 있을 것입니다. 많은 사람들이 꿈을 꾸는 것으로만 그치던 것을 실천으로 옮긴 이야기입니다. 이 이야기들은 강북구 수유동의 '아줌마'들이 모여서 이웃과 마을을 만들어가는 이야기입니다. 살면서 불편한 것들을 불편과 불만으로 받아들이거나 개인적인 문제로 생각하지 않고, 함께 만나서 얘기하고 해결 방법을 찾아서 실천한 이야기입니다.

이 책의 이야기들을 읽고 있으면 지역사회복지 교과서의 내용이 떠오릅니다. 서구의 이론에 따르면, 사회행동에 전업 주부의 참여도가 낮다는 이야기가 있습니다만, 이것을 제외한다면 지역복지실천을 위한 원칙들이 고스란히 담겨 있는 이야기들입니다. '지역복지실천은 지역사회의 현재 상황을 향한 불만에서 시작된다, 주민들한테 지지를 받을 수 있는 목표와 실천 방법이 있어야 한다, 사업 내용에는 정서적인 내용의 활동들이 포함돼야 한다' 등이 그 예입니다. 그만큼 '녹색삶'의 이야기들은 치밀한 내용으로 짜여 있습니다.

지역복지에 관심이 높아지면서 마을 만들기나 주민 조직화에 관한 관심도 함께 높아지고 있고, 실제 각 지역에서 이것을 실천하는 사람들도 많아졌습니다. 그러나 이런 사업을 하면서 참조하거나 대학에서 강의하면서 볼만

한 사례가 책으로 출간된 경우는 그리 많지 않았습니다. 《골목에 꽃이 피네》의 이야기들은 이제 지역에서 마을을 만들기 위해 노력하는 사람들이나 대학에서 지역복지를 공부하는 사람들에게 좋은 나침반이 될 수 있을 것입니다. 오랜 시간의 이야기를 책으로 엮어내신 정외영 선생님과 '녹색삶'을 실천해온 모든 분들에게 감사의 뜻을 전합니다.

김종해 | 가톨릭대학교 사회복지학과 교수

여는 글 다시 '이웃'을 생각합니다

어느 날 문득 우리가 서로 너무 낯선 사람들이 되어가고 있다는 생각이 들었습니다. 무관심을 넘어 때로는 냉담하기까지 한 타인이 되어 너무 바쁘게 살았거나, 성취해야 할 무엇을 위해 서로 경쟁자로만 생각해온 듯합니다.

그러다가 문득 우리 아이들이 '이웃'이라는 따뜻하고 우호적인 울타리를 잃어버린 뒤 얼마나 많은 위험에 노출되어 있는지, 우리 또한 얼마나 고립되고 팍팍하게 살아가고 있는지 깨닫게 됩니다. 길에서 마주치면 밤새 안녕하신지, 밥은 잘 드셨는지 물으면서 관심을 보이고, 큰일이나 힘든 일에는 마음과 지혜를 모아 거들며 살아가던 우리들의 이웃! 그 기억이 한겨울 구들장마냥 따스하게 남아 있는 우리에게, 어느 틈엔가 사라져버린 이웃은 아쉽고 또 그리운 것들 중의 하나가 아닌가 싶습니다.

어느 날 그 기억을 소중하게 생각하며, 서로 기댈 수 있는 이웃을 다시 세우고 싶은 사람들이 모여 서로 '좋은 이웃'이 되고 싶은 바람을 키우기 시작했습니다. 일상적인 삶의 터전에서 서로 얼굴 맞대고 살면서 다른 사람들의 삶에 관심을 가지며, 자신과 이웃에게 필요한 것들, 그리고 자신과 이웃을 더욱 행복하게 하는 것들에 관해 '모르는 척' 하는 게 아니라, 살면서 체득한 지혜를 모아 주도적이고 자율적으로 해결해가는 삶의 방식을 선택한 겁니다.

16년이 지난 지금, 우리들 한 사람 한 사람이 만들어간, 내 자신이 자랑스럽고 서로 북돋아주던 '우리들의 이야기'를 더 많은 이웃들과 나누고 싶은 마음이 몽글몽글 커져, 그예 묵은 이야기로 풀게 되었습니다.

먼저, 이 이야기를 만들어낸 한 사람 한 사람에게 깊이 고마움을 전하고 싶습니다. 16년 세월의 굽이굽이에서 마음과 손길과 발길을 주며 우리들의 이야기를 이어온 주인공들입니다. 또 우리의 모습을 지켜보며 때로는 따스한 격려로, 때로는 따가운 가르침으로 지지하고 응원해주신 분들에게도 고마움을 전합니다. 우리들의 이야기에 추임새가 되어 신명을 더하고 길을 열어주셨습니다.

지금 이 시간에도 골목 구석구석에서, 동네 이곳저곳에서, 또 지구촌 여기저기서 자신과 이웃, 그리고 함께 살아가는 삶터를 더 따뜻하고 활기차고 지속 가능한 곳으로 일구기 위해 서로 의지하고 협력하며 살아가는 모든 분들에게도 우정과 연대의 인사를 전합니다.

이제 우리들의 이야기를 시작하겠습니다!

이야기꾼 **정외영**

1부

이야기꽃이 피었습니다

함께 도모하는 능력

우리는 이마를 맞대고 이야기를 나누면서 무엇인가를 함께 생각하고 만들어내곤 했습니다. 상대방의 말에 귀 기울이고, 고개를 주억거려 공감하거나 동의를 나타내며, 때로는 탄성과 박수로 지지하거나 응원했습니다. 이 과정에서 서로 합의한 목표를 중심으로 할 일을 나누고, 의지하고 협력하며 실천했습니다.

수다로 일군
우리 '조직'

수다, 찻상 앞에 모여들다

골목에서든 시장에서든 아이들의 학교에서든 마주치면 늘 이야기를 나누는 우리들. 그래도 부족해 전화기를 들고도 한참을 쏟아내는 끝도 없는 이야기들. 그래서 어느 날 우리는 따로 따로 하던 얘기를 함께 모여 해보자며 작은 찻상 앞에 이마를 마주하고 둘러앉았습니다.

여섯 명의 주부들은 아이들 키우고 살림하고 일가친척 보살피고, 이웃과 관계 맺는 일을 일상적으로, 또 나름의 방식으로 관리해온 경험이 있는 주체였습니다.

이 자리에서 우리는 그동안 해온 그 많은 이야기들, 또 나누고 싶은 이야기의 내용은 무엇이며, 이 내용들이 실제 우리 삶에서 얼마나 중요한지 정리했습니다. 그리고 이 과정을 통해 중요한 것을 확인했지요. 한 사람 한 사람 지나치면서 하소연하듯 주고받던 이야기들이 사실은 우리 전부의 고민이었다는 것이었습니다.

이웃 1 아이들 키우기는 강남이 좋지! 사실 강북은 제대로 보낼 만한 학원이 하나 있나……. 애들 가르치기 힘들어요. 나도 능력만 되면 당장 간다! 능력 없어 애들 제대로 못 키울까봐 걱정도 되고, 미안한 마음도 들고…….

이웃 2 나도 뭐 하나 배우고 싶어도 갈 만한 데가 없어요.

이웃 3 도서관도 하나 없으니…….

이웃 4 그렇다고 다 이사 갈 수는 없잖아요. 또 불평한다고 누가 당장 문제를 해결해줄 것도 아니고……. 갈 때 가더라도 여기서 사는 동안에 뭔가 할 수 있는 게 없을까요?

이웃 5 그래도 여기 산은 좋잖아. 환경이 좋아서 살기는 참 좋죠. 또 여기가 옛날 동네라, 그래도 사람 사는 정도 좀 남아 있고.

이웃 6 다른 동네는 보니까 엄마들이 모임을 만들어서 배우고 싶은 것도 함께 배우고, 이런저런 활동들을 하는 것 같더라고요.

이렇게 우리가 놓인 상황을 이야기하다 보니 정말 모두 이사를 갈 수는 없는 일이었고, 또 마냥 불평만 한다고 해결될 문제도 아니었습니다. 그렇다면 어떻게 해야 할지 문제를 제기하고, 해결 방법에 관한 의견을 모으기 시작했습니다.

우리가 마주하고 있는 가장 절실한 문제인 '아이들을 잘 키우고 싶은 욕구', 가족을 건사하는 일의 중심에 있는 나에게 필요한 문제 해결 능력을 갖추고 싶은 욕구, 그리고 나와 가족, 우리 이웃들이 함께 살아가는 이 삶터가 좀더 좋은 환경이 되기를 원하는 우리들의 바람은 이미 어느 개인의 욕구가 아니라 우리의 욕구였습니다. 이런 문제를 해결하는 것도 어느 주부 혼자 또는 한 가족이 감당할 수는 없었습니다. 그런데도 우리는 이런 문제들에 적극적으로 대응할 수 있는 정보를 얻기가 어렵고, 교육의 기회와 힘을 모을 수 있는 협력의 기회도 아주 부족하다는 점에 공감했습니다. 불평만 한다고 이 문제들이 해결될 수는 없으므로, 우리가 여기 살고 있는 동안에는 스스로 할 수 있는 일을 찾아서 조금씩 문제를 해결하자고 의견을 모았습니다. 그러면 나와 내 가족, 우리 이웃들이 함께 살아가고 있는 우리들의 삶터가 좀더 살기 좋은 곳이 될 것이라는 기대를 품고서.

수다, 목표를 만나다

혼자서 고민하고 속을 태우던 문제들이 혼자만의 문제가 아니라 모든 사람들에게 절실한 문제라는 것을 확인하면서, 우리는 문제를 새롭게 해결해보기로 마음먹었습니다. 문제 해결의 주체가 '나'가 아니라 '우리'가 되는 방법을 찾으며 내린 결론은 '조직'을 만들자는 것이었습니다.

"아하! '나'가 '우리'가 되고, '우리'가 좀더 행복하게 살아갈 수 있는 길을 찾기 위해 힘을 모으는 것이 바로 '조직'이구나!"

이렇게 경험과 지혜를 모아 무언가 시작하자는 결의를 다진 뒤 가장 먼저 '조직'을 통해 우리가 할 수 있는 것이 무엇일까 상상했습니다. 그리고 더 구체적으로 '우리가 살고 싶은 삶터는 어떤 곳이며, 어디부터 시작할까'로 이야기를 발전시켰습니다.

'우리가 하고 싶은 일'을 정리하고, 그중 지금 '시작할 수 있는 일'을 결정하고, 또 '해야 할 일'을 토론하면서 저마다 자신들이 살아온 30년, 40년, 50년의 인생 경험을 바탕으로 해결 방법을 찾았습니다. 그리고 '살기 좋은 삶터 일구기'를 위한 자발적인 활동을 시작했습니다.

여섯 명이 주변 이웃들과 적극적으로 소통하면서 '우리'는 스물일곱 명으로 늘어났고, 이제 우리들의 수다는 회의의 형식으로 조금씩 체계화됐습니다. 그리고 마침내 1995년 4월 22일. 우리들의 이야기, 우리들의 활동을 담아내는 틀에 '녹색삶을 위한 여성들의 모임(녹색삶)'이라는 이름을 붙이고 활동을 시작했습니다.

수다의 힘으로, 출발!

'무엇을 할까'를 결정하다

우리는 자신의 욕구와 관심을 중심으로 공동의 목표를 다시 확인했습니다. 그리고 그중 우리가 지금 할 수 있는 것부터 시작하기로 했습니다.

먼저, 우리 아이와 마을 아이들이 건강하게 자라도록 돕는 활동입니다. 아이들을 잘 키우려면 필요한 게 많지만 무엇보다 '좋은 책 읽기'가 가장 중요하다고 생각했습니다. 그래서 책 읽기 프로그램을 만들고, 강북 지역에 사는 아이들이 좀더 다양한 교육 기회를 경험하게 해야 한다는 문제의식을 바탕으로 점차 새로운 활동을 만들어보기로 했습니다.

둘째, '나'를 성장시키고, 문제 해결을 위한 역량을 키우기 위한 활동입니다. 자녀 양육과 일가친척 관리, 변화하는 사회에 뒤처지지 않기 위해 필요한 교육을 받고 싶은 욕구도 무척 중요하니 이것과 관련된 활동을 하자는 것, 먼저 할 수 있는 것부터 차례대로 해결하자는 의견도 모았습니다. 그중 가장 큰 욕구가 '생활 영어'와 '생활 일어' 등 어학에 관한 것이었기 때문에 우리에게 맞는 어학 프로그램을 만들기로 했습니다.

셋째, 나와 가족과 이웃이 함께 살아가는 '우리들의 삶터'를 조금 더 살기 좋은 곳으로 일구는 활동입니다. 우리는 그동안 강북구의 지역 주민으로 살아오면서 느낀 여러 가지 문제를 풀어내다가 이곳이 '수유리'라고 불릴 만큼 물이 맑고 많은 지역이었는데도 계곡의 물이 줄고 오염되고 있다는 문제에 공감했습니다. 그래서 물을 살리는 활동으로, '폐식용유로 비누 만들기'를 하기로 했습니다. 늘 하는 빨래에 관련된 일이라서 친숙한 주제이면서, 특별한 기술이 필요하지 않아 비교적 쉽게 만들 수 있고, 만든 비누를 바로 사용할 수 있기 때문에 지역 여성들의 관심과 참여를 쉽게 끌어낼 수 있을 거라고 생각했지요.

'어떻게 할까'를 찾아내다

하고 싶은 것을 결정한 다음에는 '누가, 어떻게 할 것인가'를 의논했습니다. 아이들을 위한 좋은 책 읽기도, 생활 영어와 생활 일어도 가르치겠다는 사람이 없었습니다. '내 아이들을 키우면서 읽어주는 정도'의 경험이 전부인 주부들은 자기가 다른 아이들을 도와줄 수 있는 수준은 안 된다는 생각에 선뜻 나서지 못했습니다. 더구나 영어와 일어는 배우고 싶은 마음만 굴뚝같지 가르칠 수 있는 사람은 없었지요.

서로 얼굴만 쳐다보던 난감한 상황이 지나자, 우리는 '직접 할 수 없으면 주위에서 도와줄 사람을 찾아보자'고 더 적극적으로 나섰습니다. 막상 찾기 시작하니 잇따라 정보가 모이기 시작했는데, 지역에 삶의 바탕을 두고 있던 회원들의 정보력이 '목표'를 만나면서 극대화된다는 걸 보여주는 경험이었습니다.

먼저, 아이들의 책 읽기를 도와줄 자원봉사자를 구하다가 도봉구에 있는 한 도서관에 지역 여성들의 독서 모임이 있다는 것을 알게 됐습니다. 그 모임에 참여하고 있는 한 여성에게 이 활동의 취지를 설명하고 참여해달라고 요청했습니다. 자기 아이를 품어 가르친 경험에다 스스로 열심히 책을 읽은 내

공까지 겸비한 그분은 기꺼이 자원 활동에 참여했고, 이렇게 해서 아이들의 책 읽기가 진행될 수 있었습니다.

또 생활 일어를 가르쳐줄 사람도 찾았다는 소식이 들어왔습니다. 한 회원이 에어로빅 교실에서 들었다면서, 아파트에 사는 이웃 중에 일본에서 오래 산 사람이 있는데 그 사람이 일본어를 가르쳐주겠다고 했답니다. 우리는 바람같이 달려가 취지를 설명하고 도와달라고 부탁했습니다. 그 이웃은 "아, 정말 하고 싶은 활동이에요. 자원봉사로 하고 싶고, 회비도 낼게요!" 하며 무척 반갑게 맞아줬습니다. 오랫동안 여러 이야기를 나누면서, 우리들의 영원한 '일어 선생님'이자 든든한 지지자가 탄생했습니다.

우리들 '녹색삶'이라는 모임에서 왔는데요. 부탁드릴 일이 있습니다. 일어를 좀 배우고 싶은데, 가르쳐주실 수 있을까요?

선생님 오랫동안 외국에 있다가 돌아온 지 얼마 안 됐어요. 남편 일 때문에 일본에 오래 있었고, 유럽에도 좀 있었어요. 일본에 있으면서 외국인에게 일본어를 가르치기 위한 과정도 이수했기 때문에 한국에 들어와 내가 잘할 수 있는 것으로 봉사를 하고 싶었어요. 이사 온 뒤 반상회에 참석해서 인사를 하며 일본어를 가르쳐주겠다고 우리 집으로 와도 된다고 했더니, 고개도 끄덕이고 웃기도 해서 약속 날짜를 잡았지요. 그래서 약속한 날 청소도 하고 차도 준비하고 현관문도 좀 열어놓고, 맞이할 준비를 했어요. 그런데 아무도 안 오시더라고요. 얼마나 속이 탔든지……. 내가 괜한 말을 했나 싶어 끙끙 앓았어요. 그랬는데 이렇게 찾아와주니 얼마나 기쁘고 고마운지 몰라요! 장소가 없으면 우리 집에서 해도 돼요."

성공적인 출발이 가져다준 자신감

이렇게 우리는 책 읽기와 일어 교실을 시작했고, 이어서 영어 교실도 문을 열었습니다. 그 뒤 자원 활동으로 참여한 이웃들과 배움의 기회에 목말라 있던 이웃들이 만나 서로 배우고 가르치며 힘을 주고받는 경험, 서로 협력해 문제를 해결하는 과정이 시작됐습니다.

이런 성공적인 출발은 함께 모인 '우리'에게 큰 자신감을 주었습니다. 우리는 스스로 문제를 해결하는 경험을 통해 점차 욕심을 내기 시작했습니다. 강북 지역의 아이들에게 더 다양한 교육 기회를 주기 위해 필요한 협력자들이 어디에 있을까 생각하면서 근처 대학교에 관심을 가졌고, 대학생 자원봉사자를 찾을 수 있었습니다.

그리고 지역에 사는 동생들을 위한 다양한 자원 활동이 필요하다고 설득해 대학 동아리 회원과 아이들의 활동을 연결했습니다. 엄마 자원봉사자들과 자신의 배움터를 바탕으로 한 대학생들이 참여하면서, 활동은 점점 풍성해졌습니다. 또 폐식용유 비누 만들기도 지역 주민의 관심을 끌면서 아파트 부녀회와 연계한 지역 활동으로 자리를 잡았습니다.

조직, 날다!

어느 날 우리는 하고 싶은 것을 실현하기 위해 조직을 만들고 활동을 시작했습니다. 그리고 활동을 통해 조직의 힘은 어디서 오는 것인지, 조직의 지속성은 어떻게 확보되는 것인지 확인할 수 있었습니다.

조직은 구성원들이 가지고 있는 관심과 욕구를 잘 모아서 설득력 있는 목적으로 담아내고, 그 목적을 실현하기 위해 할 일을 나누고 체계화하는 한

우이초등학교에서 아이들과 함께 폐식용유로 비누 만들기.

편, 비전을 공유함으로써 구성원들의 헌신과 열정을 높이는 과정을 통해 구체적인 성과를 냈습니다. 이렇게 우리들의 조직은 구성원 한 사람 한 사람에 기대어, 또 구성원들은 조직에 기대어 하고 싶은 일, 해야 할 일들을 더욱 늘려갈 수 있었지요.

수다의 재발견

- **수다, 그 왕성한 에너지**

우리는 아이들의 양육과 교육, 가정 경제 관리하기, 일가친척 돌보기, 또 자신이 어떻게 살아야 할지 등 많은 과제를 안고 살아갑니다. 따라서 이런 문제를 잘 관리하려면 많은 정보가 필요합니다. 이런 욕구를 일상적으로 드러내는 게 '수다'이고, 수다를 많이 떤다는 건 그만큼 해결하고 싶은 문제가 많다는 것이지요.

- **수다에서 대화로**

수다가 자신의 욕구와 관심을 일방적으로 풀어내는 것이라면 대화는 마주해서 이야기를 하는 것입니다. 마주한다는 것은 상대를 보고 듣는다는 것으로, 일방적으로 풀어내기보다 좀더 상호적인 방식, 즉 소통을 시작하는 것이죠. 마주한 사람이 풀어내는 이야기에 귀를 기울이고 눈을 맞추며 잘 들어보려고 노력합니다. 이렇게 대화는 좀더 진지한 관심을 반영한 관계를 전제로 합니다. 수다에서 그치지 않고 대화로 나아가는 관계는 일정한 지속성과 주고 받음이 보장되는 관계입니다. 수다와 대화 사이, 그 핵심은 관계성에 있습니다.

- **대화에서 회의로**

충족감을 느끼는 대화가 진전되면서 우리는 이 경험을 확대하려는 의지를 갖게 됐습니다. 대화를 하면서 동일한 관심과 욕구를 확인하면 대화의 단위를 확대해서 좀더 많은 이웃들이 한자리에 모였고, 가장 절실하고 공감이 가는 문제를 선택해 문제 해결에 집중했습니다. 함께 참여한 이웃들이 주제를 공유하고, 구체적인 해결 방안을 찾아내고, 그 방안을 실천하기 위해 할 일을 나누고, 다음에 언제 다시 만날지 결정하며 '회의'로 진전되었습니다. 대화와 회의 사이, 그 핵심은 목적성에 있습니다.

"우리도 회의를 했습니다!"

이 경험은 새로운 성취감을 주었습니다. 자신이 한 이야기가 회의의 주제가 되고, 자신이 제안한 생각과 의견이 받아들여지면서 책임감과 자긍심을 느꼈습니다. 이제 우리들의 '수다'도 제자리를 찾게 되었습니다. 시간만 보내거나 대책 없이 욕구만 드러내는 게 아니라, 우리가 해결하고 싶고 해결해야 할 삶의 과제를 발굴하는 소중한 통로가 된 것입니다.

"수다 만세!"

내 아이가 잘 크려면 이웃 아이가 잘 커야 합니다
— 아주 특별한 열린숙제방

아이들이 위험해요!

우리는 만나면 늘 무엇인가 열심히 이야기를 나눴습니다. 그날도 여러 이야기를 나누던 끝에 좀더 집중해서 한 얘기가 있었는데, 우리 지역의 '돌봄이 필요한 아이들'에 관한 것이었습니다.

"우리 애가 준비물을 빠뜨리고 가서 가져다주느라 학교에 갔거든요. 근데 교실에 들어가다 보니 뒤쪽에 남자아이들이 벌을 서고 있는데, 더벅머리에 철 지난 옷을 입어 땀을 삐질삐질 흘리는 거야. 그래서 왜 저러냐고 선생님께 물어봤더니, 선생님이 골치 아파 죽겠다고 하시는 거예요. 말도 안 듣고 준비물도 안 가져오고, 수업 시간에 다른 친구들 방해하고……. 학기 초에는 선생님도 나름 신경을 써서 다른 엄마들한테 준비물도 좀 부탁하고 그러면서 챙겼는데, 하루 이틀이지 감당이 안 된다는 거예요. 다른 아이들도 챙겨야 하니 어쩔 수 없이 벌을 준다는 거야. 그러면서 오랜 교직 생활 경험으로 보면 저 아이들이 저러다 조금 더 크면 주먹질하게 되고, 또 교도소 한두 번 들락거리면 인생이 끝난다면서 혀를 차시는 거야. 그 말을 들으니 가슴이 답답해지면서 불안해지는 거예요. 사실 그 애들이 주먹질하면 내 애가 당할 수 있는 일 아니겠어요?"

얼마 전 학교를 다녀온 이웃의 말에 꼬리에 꼬리를 물고 이야기가 이어집니다. 집에 딱히 기다리는 어른이 없다 보니 학교를 마치고도 집으로 가지 않고 제 몸보다 큰 가방을 메고는 오락실을 기웃거리는 아이, 어둑하니 해가 져도 불러주는 사람이 없어 놀이터 한구석에서 흙을 만지며 우두커니 앉아 있는 아이 등에 관한 이야기가 이어졌습니다. 한창 자라는 시기에 보살핌이 필요한 아이들이 보호자가 없어서 제때 필요한 관심과 도움을 받지 못하는 상황들, 그리고 그것 때문에 생기는 고통에 함께 가슴앓이를 하며 우리는 중요한 사실을 확인하게 됐습니다. 우리가 '아이들이 잘 자라려면 얼마나 많은 관심과 돌봄이 필요한지' 잘 알고 있는 '엄마'의 경험을 공유하고 있었기에 얻은 깨달음이었습니다. 이 아이들이 결국 우리 삶터에서 우리 아이들과 함께 살아가고 있고, 서로 영향을 주고받기 때문에, 우리 아이들이 잘 자라려면 이웃 아이들도 함께 잘 자라야 한다는 사실을 확인한 것이죠. 그리고 각자 아이를 키운 경험을 바탕으로 어려운 상황에 놓인 이웃 아이들을 도와주는 일을 시작하자는 결론을 내렸습니다.

무엇을 어떻게 할 것인지 긴 논의가 이어졌습니다. 아이들을 직접 낳고 길러본 우리가 잘할 수 있는 일이 아이들을 돌보는 일이며, 아이들이 안전하고 행복하게 잘 자라려면 이웃인 우리들의 우호적인 관심과 도움이 꼭 필요하다는 생각을 더 많은 이웃과 나누었습니다.

아이들을 어떻게 도우면 좋을까 생각하면서 앞서 얘기한 선생님의 말씀이 참고가 됐지요. 적어도 학교생활에 필요한 준비물이라도 챙길 수 있게 도와주고 숙제라도 할 수 있게 돕는다면 아이들에게 힘이 될 것이라는 의견을 모았습니다. 그리고 아이들이 방과후에 아무도 없는 집으로 가거나 길거리를 배회하지 않게 우리가 기다렸다가 반갑게 맞이하고 간식이나 점심이라도 함께 먹으면 참 좋겠다는 생각에 '공부방'을 시작하기로 했습니다.

그런데 문제가 생겼습니다. '공부'가 걸림돌이 된 겁니다. 공부방 활동에 적극 참여하기로 한 어느 여성이 평소 친구로 지내던 이웃 여성에게 이 얘기를 하며 함께하자고 했더니 "아이고, 공부방은 무슨, 니 애나 잘 키워!" 하는 말에 그만 상처를 받고 말았습니다. 친구가 지나가며 던진 한마디에 화들짝 놀란 여성은 "내 애도 잘 못 키우는 마당에 무슨 다른 애들 공부까지……" 하며 자신감을 잃고 활동을 접으려고 했습니다. 이런 도전을 받으며 우리는 다시 모였고, 도대체 우리가 무엇을 하려고 한 건지 구체적으로 확인했습니다. 우리는 아이들을 열심히 공부시켜 등수를 올리려고 한 게 아니었습니다. 학교에 다녀오면 "오늘 재미있었어? 별일은 없었니?" 하며 등 한번 두드려주고, 배고픈 아이들과 따뜻한 밥 한 끼 나누고, 숙제도 안 해가고 준비물도 못 챙겨 늘 수늑이 들어 있는 아이들이 숙제라도 할 수 있게 돕자고 모였다는 걸 다시 확인했습니다. 그래서 이름도 공부방이 아니라 취지에 맞게 '열린숙제방'으로 하자고 결정하며 다시금 마음을 다잡았습니다.

열린숙제방을 열다

나는야 엄마선생님

열린숙제방 활동을 위해 머리를 맞대고 앉기를 여러 차례, 우리는 실천에 옮길 수 있는 구체적인 방안에 관해 꽤 많은 내용을 합의했습니다. 먼저 각자 언제 시간을 낼 수 있는지 얘기하고, 또 자기가 잘할 수 있는 활동을 골라 해야 할 일을 나눴습니다. 누구는 일주일에 한 번, 누구는 한 달에 한 번. 누구는 숙제를 도와줄 수 있고, 누구는 간식을 해줄 수 있고, 누구는 태권도를 가르칠 수 있고, 누구는 칼라믹스 만들기를 할 것이고, 누구는 문제집 풀기를 도와주면 좋겠고……. 참 다양한 의견들이 쏟아졌습니다. 그런 이야기를 바탕으로 각자 할 일을 정했습니다. 학교에 다녀오면 일단 점심을 함께 먹고(1997년에만 하더라도 우리 지역은 초등학교 저학년은 급식을 안 하고 있었지요), 뒹굴면서 책을 좀 읽고, 각자 숙제를 확인하고, 간식도 먹고, 그리고 집으로 돌아가는 것이었습니다. 간식은 되도록 고구마, 삶은 달걀, 부침개 같은 자연식을 주기로 하고, 또 아이들을 위한 다양한 체험 활동으로 '엄마선생님'들이 할 수 있는 칼라믹스 만들기, 태권도, 산행 등을 하기로 했습니다.

없으면 만든다

무엇을 할 것인가 결정하고 난 뒤 우리가 해결해야 할 문제는 '장소'였습니다. 학교에서 돌아온 아이들을 일정한 장소에서 일정한 시간 동안 계속 돌봐야 하는 일이라 안정된 장소가 필요했지요. 그동안 근처 사무실이나 동사무소 등을 빌려서 활동을 했거든요. 다시 머리를 맞대고 의논을 한 결과 교회와 성당, 동사무소 등 다양한 공간의 문을 두드려 보기로 했고, 각자 연줄을 동원해 알아보기로 했습니다. 다시 모이기로 한 날, 모두 어깨가 축 늘어져서 왔습니다. 교회도 성당도 동사무소도, 어느 한 곳에서도 허락을 얻지 못한 것입니다.

어느 교회 목사님은 "일주일에 한 번이나 한 달에 몇 번 정도는 어찌 해보겠는데, 매일 사용하는 건 어렵습니다. 이게 다 용도가 있는 공간이라……. 도와야 하는데 참 미안합니다" 하셨습니다. 처음에는 다들 용기백배해서 좋은 일이고 필요한 일이니까 잘될 것이라고 생각했는데 난관에 부딪히자 풀이 죽었지요. 결과 보고와 함께 다들 힘 빠져 있을 때 어느 회원의 낮지만 단호한 목소리가 들렸습니다. "정 없으면 만들어야지 뭐!"

정신이 번쩍 들었습니다. 하지만 그것도 잠시, 공간은 결국 돈이고, 또 푼돈도 아니고 목돈이 든다는 생각에 쉽게 현실적인 대안으로 받아들여지지 않았습니다. 우리는 곧 우리만의 방식으로 해결책을 찾기 시작했습니다.

이웃 1 우리 동네는 북한산이 있어서 등산객이 좀 많아요? 주말이면 발 디딜 틈도 없잖아요. 오이를 깎아서 파는 거야. 봤잖아, 정말 잘 팔려요.

이웃 2 맞아요. 김밥도 함께 팔면 되겠네요.

이웃 3 1000원, 2000원, 그거 갖고 되나요? 아, 내가 도봉산에 갔다가 봤는데, 우유에 인삼 잔뿌리를 넣고 갈아서 인삼우유라고 하면서 5000원을 받는데, 그거 잘 팔리던데. 그리고 단가가 세잖아요!

이웃 4 그런데 우리도 새마을부녀회 같은 데서 하는 일일찻집 같은 거 하면 안 되나요?

이웃 5 좋지. 그런데 일일찻집 하면 안 돼. 인간들이 어디 간다 어디 간다 하면서 핑계를 대고 안 오니까 이틀찻집으로 해서 발을 꽉 묶어야 된다니까!

이렇게 문제를 해결하려고 하는 우리의 열정은 경험에서 나온 아이디어를 모두 쏟아내면서 조금씩 진전되고 있었는데, 마침내 그 절정의 순간에 이르렀습니다.

"뭐, 그런 것도 좋은데, 그것만 갖고는 어렵고……. 각자 차고 있는 쌈짓돈 조금씩 내놓는 건 어떨까요?"

정말 놀랐습니다. 그렇습니다. 우리 여성들은 누구한테도 말하지 않고 조금씩 아껴서 모아둔 쌈짓돈의 의미를 압니다. 알뜰살뜰 살림하면서 정말 꼭 필요할 때, 늘 가족이 우선인 우리가 언젠가 '나'를 위해 써야 할 때를 위해 소중히 모아둔 돈임을.

잠깐 시간이 흐른 뒤 놀라운 일이 일어났습니다. 모두 각자 할 수 있는 만큼 돈을 모아보기로 한 겁니다. 일단 누가 얼마를 낸 것은 말하지 않기로 하고 돈을 받는 총무만 알게 하자며 서로 배려했습니다. 그리고 앞에서 제안한 여러 가지 방법 중 '이틀찻집'을 하기로 했고, 다른 판매 활동도 병행하기로 결정했습니다.

조금씩 돈이 모이기 시작했습니다. 어떤 사람은 고심 끝에 친구들과 계모임을 해서 탄 목돈을 내놓았고, 어떤 사람은 크고 빨간 돼지저금통을 통째로 들고 오기도 하면서 이러저러한 마음들이 모여들었습니다.

그리고 '발을 꽉 묶기 위해' 이틀찻집을 열었습니다. 나름대로 열심히 티켓을 팔고, 또 많은 분들이 찾아줘서 찻집은 성공이었습니다. 마침내 우리는 돌봄이 필요한 아이들과 함께 생활할 수 있는 공간을 수유 3동에 마련하고, 1998년 5월 6일에 열린숙제방의 문을 활짝 열었습니다.

"얘들아, 학교 마치면 바로 와야 해!"

숙제방이 꼭 필요해요

내 아이를 키운 경험으로 이웃 아이들을 돌보겠다고 나선 엄마선생님들은 우리가 꼭 도와야 할 아이들을 찾아 나섰습니다. 동사무소에 가서 취지를 설명하고 도움이 필요한 아이들이 있으면 추천해달라고 부탁했습니다. 그리고 각자 잘 아는 통장님들에게도 말을 넣었습니다. 잇따라 아이들이 나타났습니다. 우리는 아이와 보호자를 함께 만나면서 우리가 하려는 일을 얘기했지요. 어느 날 남자 아이 셋을 앞세우고 들어선 한 여성은 자리에 앉자마자 울먹거리기 시작하더니 얘기 내내 흐느끼면서, 때로는 큰 울음을 섞어 자신의 얘기를 풀어냈습니다.

"얘기 듣고 반가워서 잠이 안 왔어요. 나는 남자 애 셋을 키우는데, 큰애가 3학년이고 1학년짜리 쌍둥이가 있어요. 시내 항아리수제비 집에서 일하기 때문에 아침 일찍 나가고 저녁에 늦게 들어오는데, 밤에 오면 텔레비전 혼자 찍찍거리고 있고, 애들은 밥도 잘 안 챙겨 먹고. 학교는 잘 가는지도 모르겠어요. 허약해서 그런지 아이들이 오줌도 자주 싸고. 일요일이면 교회 갔다 와서 이불 빨래하느라 하루가 가요. 열아홉에 아이 낳고 지금 아직 젊은데 안 아픈 데가 없어요. 애들이 학교 마치고 갈 곳이 있다는 게 얼마나 좋은지, 또 점심도 먹는다니. 우리 애들한테 정말 필요한 곳이니 꼭 좀 돌봐주세요!"

무엇을 해야 할지 더욱 분명해졌습니다. 이렇게 우리는 우리가 하려는 일을 통해 새로운 이웃들을 만나가기 시작했습니다. 그리고 이웃 아이들을 돌봐줄 자원 활동가도 부지런히 찾아냈습니다. 많은 이웃 여성들이 기꺼이 '엄마선생님'으로, '이웃 엄마'로 아이들을 만나러 왔습니다.

아이들이 정말 힘들었구나

열한 명의 아이들과 함께 열린숙제방 활동이 시작되면서 우리는 거의 매일 새로운 기쁨과 함께 새로운 도전에 전전긍긍했습니다. 끊임없이 문제가 튀어나와 때로는 울고 때로는 웃으며 정신없는 날들을 보내게 됐지요.

어느 날 한 아이가 엄마선생님과 함께 공책을 보며 그날 한 일을 확인하다가, 갑자기 뾰족한 연필을 세워 잡고는 공책이 너덜너덜해질 때까지 찍어댔습니다. 갑작스러운 상황에 당황한 엄마선생님은 아이를 진정시키기가 무척 힘들었지요. 이런저런 일들을 경험하면서 엄마선생님들은 이제 자신의 양육 경험을 넘어서는 무엇이 필요하다고 생각하게 됐고, 이런 문제의식이 자원교사들을 위한 교육이라는 프로그램으로 연결됐습니다.

먼저 몇몇 아이들이 보이는 특이 행동을 이해하기 위해 가까운 한일병원의 정신과 과장님을 찾아가 도움을 청했습니다. 과장님은 그 바쁜 시간에 기꺼이 병원을 비우고 열띤 강의를 해줬습니다. 정말 얼마나 도움이 됐는지 모릅니다.

"아, 그랬구나! 아이들이 그렇게 힘들었구나. 지금 그런 성장의 과정에 있는 거였구나."

학교를 찾아가야겠어요

어느 날 자원 교사의 지갑이 없어졌습니다. 몇 차례 이런 일이 반복되자 누가 그랬는지 알 수 있었습니다. 그 아이는 한부모 가정의 첫째 아이였고, 일곱 살 동생이 있었습니다. 엄마가 늦은 시간까지 일하는 직장에 다니고 있어 동생을 돌봐야 하는 부담이 있었지요. 어쩌다가 동생에게 문제가 생기면 아무래도 엄마는 큰애를 다그치게 됐고, 그런 일이 반복되면서 스트레스가 무척 많았나 봅니다. 이 문제를 고민하면서 아이들의 학교생활은 어떤지 무척 궁금해졌고, 논의 끝에 학교를 찾아가기로 했습니다.

학교에 찾아가서 아이들의 담임선생님을 만났습니다. 선생님들은 우리가 아이들의 부모가 아니라서 처음에는 경계를 했습니다. 그러나 무엇 때문에 이런 일들을 하는지 정성껏 얘기하자 조금씩 아이들의 학교생활 얘기를 들려주었지요. 역시 학교에서도 어려움이 많았습니다. 그리고 선생님들도 아이들의 가정 환경을 궁금해한다는 것을 알게 됐지요. 아이 문제로 의논할 게 있어 집으로 여러 번 전화를 해도 통화하기 힘들었다고 합니다.

선생님들의 말씀을 들으면서 우리는 새롭게 해야 할 일을 찾았습니다. 아이들의 보호자들과 소통이 없다 보니 학교 선생님도 아이들을 제대로 도와주기 어렵고, 또 보호자들도 학교생활에 관한 정보가 부족했습니다. 그렇다면 아이들의 집에도 찾아가서 가정 환경도 들여다보고, 보호자들이 아이들을 돌보면서 어떤 경험을 하고 있는지 확인할 필요가 있었습니다. 그리고 보호자와 선생님이 서로 정보를 나누고 소통할 수 있게 돕는 일 또한 우리가 할 일이라는 것을 확인했습니다.

가정 방문도 필요해요

드디어 엄마선생님들의 가정 방문이 시작됐습니다. 각자 짝이 된 아이들의 집에 찾아가서 보호자를 만났습니다. 그리고 숙제방과 집에서 지내는 아이들의 모습을 함께 나누고 기뻐하며 걱정했습니다. 한 여성은 일을 하다 보니 시간이 맞지 않아서 아직 아이들 학교에 한 번도 가본 적이 없다며, 학교에서 지내는 아이 이야기에 반색을 하는 한편 자신의 어려움을 털어놓기 시작했습니다.

그 여성은 자기 처지가 '외로운 섬'하고 똑같다며, 오랫동안 어렵게 사느라 시댁이나 친정하고 무척 소원해져서 이제는 정말 어디 한 군데 말 붙일 데가 없다고 했습니다. '외로운 섬'이라고 표현한 그 이웃의 고립감, 그 막막함에 가슴이 아려왔습니다. 이제 우리 엄마선생님들이 이 외로운 이웃들의 다리가 되어 학교와 동네와 골목을 왔다 갔다 하며 어우러져서 살 수 있게 돕고 싶었습니다.

학부모도 모임을 가집시다

엄마선생님들은 한 달에 한 번 자원 교사 회의에서 활동 전반에 걸쳐 진행 과정을 확인하고, 새로운 계획을 만들고, 열린숙제방의 여러 상황을 공유했습니다. 그리고 아이들의 변화나 성장에 관해 때로는 걱정으로, 때로는 기쁨으로, 때로는 행복에 겨워 많은 이야기를 나눴습니다. 그러면서 우리가 경

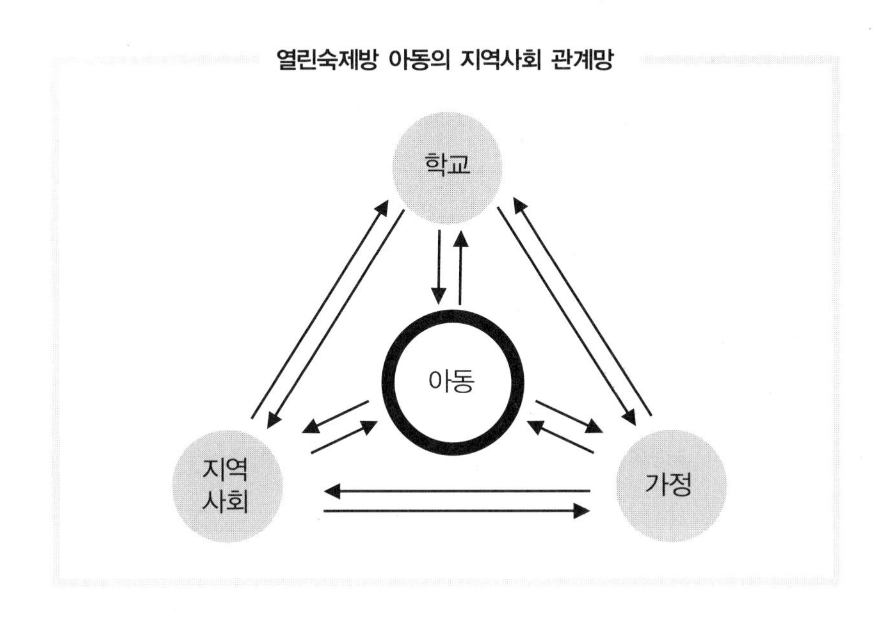

험하는 이 과정을 아이들의 보호자하고도 나누고 싶은 마음이 커졌습니다.

그렇지요. 누구보다 아이들이 자라는 데 책임이 있는 부모님이나 보호자들이 나날이 새로운 아이들의 모습을 지켜보는 우리의 경험을 함께 나눈다면 얼마나 좋을까요. 아이들의 부모님과 보호자들은 양육과 가정 경제를 혼자 꾸려가는 경우가 많기 때문에 아이들을 눈여겨볼 시간이 부족하다는 것은 잘 알고 있었습니다. 그래서 그분들이 보지 못하는 아이들의 모습을 잘 보고, 잘 전달해야 할 필요성을 느낀 것이지요.

한편 가정 방문에서 만난 보호자들은 '이웃 엄마'들이 아이들을 정성껏 돌봐주는 것이 고마워 뭔가 돕고 싶지만 그러지 못하는 것에 미안한 마음을 내비치곤 했습니다. 이런 마음이 모여 부모님과 보호자들도 모임을 만들어 달마다 한 번 만나기로 했지요. 쉽지는 않았습니다. 오랜 시간 일을 해야 하는 경우가 많아서 늘 시간에 쫓기고, 또 하는 일이 다르다 보니 모임 시간을 정하기도 어려웠습니다. 하지만 아이를 잘 키우고 싶은 마음, 내 아이처럼 돕고 싶은 마음으로 그 어려움을 조금씩 이겨내야 했습니다. 만남이 거듭되면서 부모님과 보호자들이 가까워지고, 또 아이들이 지내는 공간에서 만나다 보니 공간에 관한 관심도 커져서 좀더 안전하고 쾌적한 환경을 만들어주기 위해 스스로 할 일을 찾기도 했습니다.

어느 날은 구석구석 청소를 하고, 또 어느 날은 아이들 식기를 깨끗하게 삶아 정리하고, 또 반지하인 숙제방 입구 계단이 너무 높아 보인다며 간이 나무계단을 덧붙이기도 하고, 어느 날은 야외 활동에 참여해 내 아이뿐만 아니라 이웃 아이도 함께 건사해보고, 그렇게 열린숙제방의 식구가 되어갔습니다.

지금도 이어지는 아이들의 이야기

지역아동센터 '마을속 작은학교'

아이들의 선생님이 되어, 아이들 보호자의 이웃이 되어, 그리고 이 사람들의 가정과 학교를 연결하는 다리가 되어 지나온 세월이 12년이 됐습니다.

그동안 열린숙제방에는 손님도 참 많았습니다. 엄마들이 자투리 시간을 모으고 이웃들의 참여를 독려하면서 이웃 아이들을 함께 키우고 있다는 이야기가 여기저기 전해져서, 관심 있는 사람들이 열린숙제방에 많이 찾아왔습니다. 어떻게 시작했는지, 어떻게 진행하고 있는지, 운영은 어떻게 하고 있는지, 자원 교사는 어떻게 모집하는지, 아이들은 어떻게 찾아내는지, 운영에 어려움은 없는지 등 많은 질문을 던지며 우리의 경험을 구체적으로 듣는가 하면, 실제로 이런 공간을 만드는 데 필요한 자료를 가져가기도 했습니다. 그리고 미디어에도 열린숙제방 활동이 여러 번 보도되면서 더욱 많은 사람들의 관심을 받기도 했습니다. 이런 과정을 거치며 열린숙제방은 '이웃 엄마들이 이웃 아이들을 돌보는 활동'의 새로운 모델이 됐습니다.

그동안 열린숙제방에도 변화가 많았습니다. 먼저, 아이들이 많아지고, 2001년 4월에는 '청소년 공부방'도 생겼지요. 그리고 2003년 3월에 수유 2동 주민자치센터 2층에 개설된 '수유 2동 방과후 교실'의 운영도 위탁받았습니다. 그러다 보니 아동과 청소년 관련 활동이 많이 확장돼 효율적인 운영을 고민하게 됐고, 그 결과 2003년 4월에 열린숙제방과 청소년 공부방, 수유 2동 방과후 교실을 통합적으로 관리하는 사무국장을 두면서 이름도 '마을속 작은학교'로 바꿨습니다. 하지만 확장된 활동에 관한 재정과 관리 부담이 커지면서 2006년 8월에 청소년 활동이 마무리됐고, 2009년 2월에 수유 2동 방과후 교실 위탁 운영도 끝났습니다.

한편 '마을속 작은학교'는 그동안 지속적으로 활동한 공로를 인정받아 2007년 지역아동센터로 등록되면서 서울시에서 운영비를 지원받게 됐습니다. 그리고 공부방 환경 개선을 위한 전세 보증금 지원 정책에 따라 전세 보증금 일부도 무이자로 빌릴 수 있게 돼 99제곱미터(30평) 정도 되는 공간도 마련했습니다. 2010년 11월 현재 상근 시설장과 생활교사 한 명이 일상적인 운영을 책임지고 있으며, 자원 교사들과 함께 25명의 아이들을 보호하고 있습니다.

야간 보호 활동 '또가'

오랫동안 이웃 아이들과 그 가정을 만나는 활동을 하면서 끊임없이 제기되던 문제 하나가 보호자들이 일 때문에 늦게 귀가하는 가정의 아이들이 많은 위험에 노출된다는 점이었습니다. 그래서 아이들을 돌보는 시간을 좀더 연장하는 야간 보호 활동을 모색하게 됐습니다.

"아빠가 주야 2교대 양말 공장에 다니는 욱이는(가명. 앞으로 나오는 아이들 이름은 모두 가명입니다) 아빠와 단둘이 살고 있어요. 아빠가 밤일을 할 때 욱이는 저녁 다섯시부터 혼자 지냅니다. 그리고 다음 날 학교 갔다 오면 잠을 자는 아빠가 깰까봐 불도 켜지 않은 어두운 방에서 아빠가 일어날 때까지 뒹구는 게 생활이 됐습니다. 욱이는 지금 시력이 아주 나빠 정상적인 생활이 어려운 정도예요. 일상생활이 어려우니 학교에서 친구들이나 다른 아이들한테 따돌림을 많이 받고 있다고 합니다."

"은이네 아빠가 요즘 지방에서 일을 하거든요. 걱정이 돼서 어젯밤에 은이네 집에 가보고는 가슴이 철렁 내려앉았어요. 부엌문도 안 잠그고 있고, 창문 고리가 고장 나서 문을 잠글 수도 없는 거예요. 은이와 동생 두 명만 있는데……. 급한 마음에 창문에 빗자루를 끼워서 열리지 않게 해놓고 부엌문 꼭 잠그고 자라고 일렀는데, 걱정이 돼서 죽겠어요."

2002년 자원 교사 회의의 활동 보고 시간에 드러난 우리 이웃 아이들의 상황입니다. 이렇듯 많은 아이들이 위험한 상황에 놓여 있었지요. 하지만 우리는 열린숙제방에서 귀가한 뒤에도 여전히 돌봄이 필요한 아이들의 문제를 해결하기 위한 방안을 찾기가 무척 어려웠습니다. 그러다가 2008년 마침내 그 문제를 조금이나마 해결하기 위한 야간 보호 활동, '또가(또 하나의 가족)' 활동을 시작하게 됐습니다. 아이들을 위해 활동 시간을 좀더 늘린 것입니다. '또가' 식구들은 저녁을 함께 먹은 뒤 그날의 생활에 관한 이야기도 하고, 놀이도 하고, 뒹굴뒹굴 쉬기도 하면서 가족이 됐지요. 그리고 저녁 여덟시 반이 되면 선생님과 친구들과 손을 잡고 노래도 부르고, 소곤소곤 속 깊은 이야기도 나누면서, 그렇게 골목길로 접어들어 집으로 향합니다.

2010년 8월, 또가 식구들은 밴드 활동 재미에 폭 빠졌습니다. 음악에 열정이 있는 상근 교사의 활약으로 밴드 동아리가 만들어져 나날이 멋진 모습으로 발전하고 있지요. 기타와 전자 오르간, 멜로디언, 하모니카 등 악기를

1998년 5월 6일, 열린숙제방 개방하는 날.

마련해 제법 모양새를 갖추고 있는데, 지금은 10월에 있을 골목축제 초청 공연을 위한 연습에 공을 들이고 있답니다. 앞으로 '마을속 작은학교'의 자랑이자 '녹색마을사람들'(2010년 4월 사단법인으로 전환한 '녹색삶'의 법인명)의 기쁨, 그리고 우리 이웃들의 즐거움이 될 것 같아 아주 기대가 큽니다.

우리들의 공간 만들기

- **1차 공간 만들기(1998년 4월)**

  공간 기금을 모으려고 운영위원들이 중심이 되어 종자돈을 마련하고, 이틀찻집을 열어 수익금을 모아 첫 보금자리를 만듦. 약 33제곱미터(10평) 남짓 공간 확보. 11명의 아이들과 활동 시작.

- **2차 공간 이전(2000년 3월)**

  아이들이 많아지자 다시 하루찻집을 열고, 청소년 봉사 활동 동아리 '나누리'의 기금 100만 원, 녹색가게 수익금 150만 원, 후원자의 기금 등을 모아 숙제방 이전. 약 50제곱미터(15평) 반지하 공간에 17명 안팎의 아이들 보호.

- **3차 공간 이전(2002년 4월)**

  반지하라 곰팡이와 누수가 심해 이전하기로 하고, 하루찻집을 열어 수익금과 후원금을 모아 약 83제곱미터(25평) 공간으로 옮겨 20명 안팎의 아이들 보호.

- **4차 공간 이전을 위한 기금 마련 사업(2005년 10월)**

  장마철에 침수 피해를 입자 반지하를 벗어나기 위해 다시 하루찻집을 진행. 헌신적이고 열정적인 참여로 기금을 마련했지만, 전세 가격이 엄청나게 올라 집을 옮기지 못함.

- **4차 공간 이전(2007년 2월)**

  서울시의 공부방 전세 보증금 대여 정책으로 보증금 일부를 지원받아 숙원이던 '지하 탈출'을 할 수 있게 돼 지상 2층으로 이전. 약 83제곱미터(25평) 공간에 20명 안팎 보호.

- **5차 공간 이전(2009년 4월~현재)**

  집주인이 계약을 종료해서 이전하게 됨. 햇볕도 잘 들고 바닥이 마루로 되어 있는 약 99제곱미터(30평) 규모의 1층. 현재 아이들이 편안하게 생활하고 있는 공간이며, 계약이 계속 이어지길 기대하고 있음. 25명의 아이들 보호.

1 천연 염색을 하고 있는 아이들. 2 우리들의 열린숙제방. 3 놀이터에서 엄마선생님한테 태권도를 배우고 있는 아이들.

수유 2동 방과후 교실의 하지영 선생님과 아이들.

마을속 작은학교의 학부모 모임.

지속 가능한 삶터를 위한
왁자지껄 녹색가게

아까운 마음, 안타까운 마음을 모은 '아나바다 운동'

물이 넘쳐나던 때의 수유리를 기억하는 사람들은 물이 많이 말랐다며 안타까워합니다. 또 골목 여기저기에 버려진 물건들이나 아파트의 재활용 분리수거일에 나오는 멀쩡한 물건들을 보며 '필요한 사람들에게는 요긴한 물건일 텐데' 하고 안타까워하는 사람도 많습니다. 이런 마음들이 모여 우리는 또 할 일을 찾았습니다. 물도 살리고 땅도 살리는 활동의 출발은 '폐식용유로 비누 만들기'였죠. 나아가 물건의 생명을 연장해 자원을 절약하고, 이웃 사이에 정도 나눌 수 있는 활동으로 '아나바다 운동'을 시작했습니다.

아파트 부녀회나 종교 단체와 연계해 '재활용 주민 축제'라는 재활용 장터를 열었는데, 1997년에만 하더라도 아직 이런 활동이 활발하지 않을 때라 지역 주민들이 호기심을 가지고 많이 참여했습니다. 어떤 사람은 이사를 가려니 버리기는 아깝고 그렇다고 가져갈 수도 없어 안타까운 물건이 많았는데 아주 잘 됐다면서 기쁘게 참여했고, 또 다른 주민은 다음에 또 언제 하는지 물으며 "미리 알면 준비를 좀 할 텐데……" 하고 아쉬워했지요. 그리고 어떤 사람은 아예 "이렇게 할 게 아니라 상설로 하면 잘 될 텐데, 한번 해보세요"라고 적극 제안하기도 했습니다.

한편으로는 비닐봉투 사용을 줄이기 위해 장바구니 들기를 적극 제안했습니다. 그런데 생각보다 '장바구니 들기 운동'은 잘 되지 않았습니다. 모두 공감은 하고 이해도 하지만 정작 실천이 어려웠지요. 그런 상황을 두고 모여 앉아 이런저런 이야기를 나누다 또 새로운 일을 벌이게 되었답니다.

이웃 1 아니, 사람들이 실천을 해야지. 나는 늘 가방 안에 장바구니 하나 넣고 다녀요. 볼일 보고 들어가면서 장 보는 경우가 많잖아. 미리 넣어두면 될 것을. 아, 그게 뭐 어려운 일이라고 그렇게들 못하는지 참.

이웃 2 근데 솔직히 나도 잘 안 되더라고요. 자꾸 잊어먹고…….

이웃 3 나도 집에 장바구니가 몇 개씩 있는데 잘 안 챙기게 되네요.

이웃 4 사실 다들 집에 한 두 개씩은 있어요. 그런데도 안 들고 다니잖아요. 습관이 안 돼서 그래.

이웃 5 그럼 아예 슈퍼 같은 데서 장바구니를 놔두고 안 가져온 사람에게 빌려주면 되겠네. 다음에 갈 때 돌려주면 되잖아.

이웃 6 아니 누가 빌려간 줄도 모를 텐데 굳이 갖다 주겠어요?

이웃 7 보통 다들 자주 가는 데가 있잖아요. 주인들도 알고. 아니면 장부에 다 적어서 확인하면 되잖아.

이웃 6 그거 진짜 좋은 생각이네! 어쩜 그렇게 창의적인 생각을!

이렇게 해서 우리는 1999년 4월 처음으로 '장바구니 빌려주기 운동'을 시작하게 됐답니다. 각자 자기가 아는 슈퍼마켓이나 가게를 찾아가서 주인과 이야기를 나눴습니다. 왜 이런 일을 시작하게 됐는지, 하면 무엇이 좋은지, 어떻게 하면 되는지……. 처음에 주인들의 반응은 '잘 안 될 텐데'였습니다. 빌려줄 때마다 장부에 적고, 또 돌려받을 때마다 확인하는 일은 번거롭고 귀찮은 일이었지요. 그런데도 한번 해보자는 적극적인 권유에 참여하겠다는 가게들을 찾아낼 수 있었지요. 빅마트, 미아마트, 국제슈퍼 등 참여한 다섯 군데 슈퍼마켓에 장바구니 50장씩을 나눠줬습니다. 그리고 한 달 뒤 참여한 슈퍼마켓 주인들을 초대해서 소감을 나누는 자리를 마련했습니다.

"갖고 가면 거의 안 가져와요. 그렇다고 얼굴 아는 사이에 그거 가져오라고 다그치기도 그렇고……. 하여튼 진행하기가 쉽지 않더라고요."

어렵사리 말문을 연 슈퍼 주인아저씨의 말씀에 모두 고개를 끄덕이네요. 그동안 겪은 어려움을 알 것 같았습니다. 그 뒤 '장바구니 빌려주기' 활동은 추진력이 떨어져 계속할 수 없었습니다. 이렇게 우리들의 의욕은 때로 실행력이 뒷받침되지 않아 성공적인 결과를 얻지 못하는 경우도 있었답니다.

녹색가게가 딱이야!

주부라는 직업을 가진 우리들은 수입이 있으면 그 수입에 맞게 저축도 하고 지출을 조절하며 가정 경제를 꾸려온 생활인들입니다. 활동에서도 이 특성은 그대로 반영됐지요. 숙제방 공간은 마련했지만 월세를 내야 했기 때문에, 이것을 유지하려면 뭔가 수입이 되는 활동이 필요하다는 생각이 들었습니다. 다시 무엇을 할 것인지 고민하고 논의했습니다. 그 결과 재활용 주민축제를 하다가 재활용을 위한 상설 공간이 있으면 좋겠다는 주민들의 의견이 떠올라 재활용 가게를 열기로 했습니다. 마침 YWCA에서 '녹색가게' 운동을 시작하던 초기라 우리도 여기에 관심을 갖게 됐고, 운영위원 회의를 거쳐 마침내 1998년 5월 19일 '강북 녹색가게'의 문을 활짝 열었습니다.

녹색가게 활동을 통해 우리는 참으로 많은 이웃들과 이야기를 나누는 즐겁고 유쾌한 경험을 하게 됐는데, 우리의 능력과 준비된 정도에 잘 맞는 활동이었기 때문입니다. "그래, 녹색가게가 딱이야!"

큰돈은 아니지만 물건을 판매하면서 지속적인 수입이 생겼고, 이것은 참여하게 된 우리들의 관심을 끌 수 있는 중요한 요소가 됐습니다. 달마다 한 번 자원봉사자 회의를 열어 경험과 노하우를 나누고, 수익금을 어떻게 쓸지 결정하고, 자기가 참여하고 있는 활동을 통해 지역과 맺는 연계성, 활동의 사회적 의미를 확장해 나갔습니다.

두 번 접은 5천 원짜리 지폐

녹색가게를 시작하면서 운영위원들과 열성 회원들은 정말 열심히 준비를 했습니다.

"우리 장롱 3분의 1은 털었어!"

"재활용하는 날 아파트 한 바퀴 돌았어요. 아이들 장난감이며 자전거, 쓸 만한 어린이 용품이 아주 많아요!"

그리고 녹색가게에서 활동할 자원봉사자를 모집하고, 각자 활동할 수 있는 시간을 짜 맞춰 활동을 시작했습니다.

한 이웃이 아이가 사용하던 기저귀를 잘 삶아서 모양을 잡아 접고, 깨끗한 비닐에 포장해서 사연을 적은 쪽지까지 붙여왔습니다. 초등학교 교사라 아이를 낳고 육아휴직도 끝나서 이제 복귀하는데, 이 기저귀를 누군가 꼭 다시 쓰면 좋겠다는 바람을 얘기하더군요. 그 마음 때문이었는지 기저귀는 금방 새 주인을 만났고, 그 이웃은 정성스레 적힌 쪽지를 읽으며 감동했습니다. 이렇게 녹색가게에서는 참으로 많은 기쁨과 감동, 그리고 이야기가 만들어졌답니다.

어느 날, 이제 막 백일이 지난 갓난애를 업고 있는 새댁이 녹색가게에서 물건을 고르다 말고 옆을 스쳐 지나가는 초등학생 아이들을 보며 묻습니다.

이웃 저 아이들은 여기서 뭐 하나요?

자원봉사 이웃 아, 저 안쪽에 공부방이 있어요. 우리 이웃에 있는 아이들인데, 학교 끝나면 바로 여기로 와서 밥도 함께 먹고 숙제도 하고 놀기도 하고 그래요.

이웃 그럼 누구라도 올 수 있어요?

자원봉사 이웃 애들이 모두 오면 좋지만 장소도 좁고, 또 저희가 회비와 녹색가게 수입으로 운영을 하고 있어서, 당장 도움이 꼭 필요한 아이들부터 먼저 거두고 있어요. 집안 형편이 많이 어렵고, 또 한부모 가정이나 조손 가정처럼 도움이 더 많이 필요한 아이들부터 돌보고 있어요.

이웃 저기, 작지만 이걸로 아이들 초코파이라도 한 통 사주세요.

새댁이 작은 손지갑을 열고 내민 두 번 접은 5천 원짜리 지폐! 아마도 그날 저녁상을 마련하기 위한 돈이었을 겁니다. 그 돈을 선뜻 내미는 그 마음, 그 손길로 그날 녹색가게는 온통 감동이었습니다. 이렇게 녹색가게를 꾸리는 자원봉사 이웃, 그리고 이곳을 이용하는 지역 주민인 우리 이웃들, 이 사이에 '내 아이'가 아닌 '우리 아이들'에 관한 이야기가 오가고, 공감대가 형성되고 있었습니다. 자원봉사자는 이웃 아이들을 도울 수 있다는 자긍심으로 힘이

나는가 하면, 녹색가게를 이용하는 이웃들은 단지 물건을 사는 것만으로도 아이들을 돕는다는 생각에 뿌듯했지요.

한편 이 활동이 지속되면서 우리는 색다른 기쁨도 경험했습니다. 녹색가게 자원봉사자로 참여하던 한 이웃이 활동 경험을 바탕으로 운영위원을 맡으며 단체의 지도자로, 나아가 지역사회의 여성 지도자로 커가는 과정을 구체적으로 지켜봤습니다.

이웃 1 동사무소가 기능 전환을 통해 주민자치센터가 되면서 지역의 주민자치위원을 위촉하는데, 그 지역의 시민단체나 지역 단체에서 주민의 대표성을 갖는 사람을 주민자치위원으로 적극 추천해주면 좋겠다고 하네요.

이웃 2 주민자치위원? 그게 뭔데?

이웃 3 왜 있잖아! 우리 동네도 간판 새로 다 달았던데. 동사무소가 이제 주민자치센터로 바뀐다잖아요.

이웃 4 지역 주민이 지역 살림에 관심을 갖고, 직접 참여해서 스스로 지역 살림을 꾸려가는 경험을 확대하자는 거죠. 말하자면 주민의 대표성을 가지고 스스로 지역 살림을 하는 주체가 되자는 거예요. 지역에 있는 시민단체들이 관심을 갖고 참여한다고 하던데요.

이웃 5 그럼 어떻게 하면 되는데요?

이웃 6 주민자치위원으로 잘 활동할 수 있겠다 싶은 사람을 그 사람이 살고 있는 동네 주민자치위원으로 추천하는 거죠.

이웃 7 아, 그런 일에는 서경석 형님이 딱이네!

이웃 8 어머, 난 못 해! 밥만 하던 사람이 어떻게 그런 일을……. 아이고, 난 못 해!

이웃 9 아니, 우리가 그동안 회의를 해도 얼마나 했고, 또 활동은 얼마나 잘했는데 못 할 게 뭐 있어요?

이웃 10 그래요. 하면 정말 잘하실 것 같아요!

이렇게 해서 '녹색삶'은 지역에 기반을 두고 활동한 개인적인 경험과 단체의 대표성을 근거로 수유동 주민자치센터 세 곳에 주민자치위원을 추천했습니다. 하지만 아무데서도 연락이 없었습니다. 기다렸다가 물어보고 또 찾아가고 하는 과정을 거치면서 확인한 사실은 주민자치위원이 대부분 기존 동사무소와 연계를 갖고 활동하던 단체들, 즉 새마을운동협의회, 자연보호협회, 새마을부녀회, 통반장협의회, 바르게살기협의회, 마을문고 등의 대표로 이미 구성이 됐다는 사실이었지요. 녹색삶처럼 이렇게 자발적으로 추천한 경우가 하나도 없었다고 합니다.

하긴 처음 추천서를 가지고 동사무소를 찾았을 때 담당 직원이 이 일을 어떻게 알았느냐고 하기에 "그럼 이 일이 비밀입니까?" 했더니 손사래를 치며 그건 아니라고 하던' 일이 새삼 생각났습니다. 그리고 동장님부터 모두 긴장해서 거부감이 꽤 컸더랬지요. 하지만 그동안 우리들이 지역에서 활동한 과정들을 정성스럽게 안내하고, 추천하는 사람들이 이 지역에 오래 살면서 이웃과 지역사회를 위해 자원 활동에 참여한 내용을 구체적으로 전달하고, 추천 과정에서 단체 대표성을 획득하고 있다는 점을 설득해, 결국 그중 두 곳에 진출하게 됐습니다.

추천된 사람들이 주민자치위원으로 활동하는 모습을 지켜보며 우리는 확인했습니다. 알뜰살뜰 살아온 여성들의 살림 경험이, 삶터에서 이웃들을 거들며 우리 문제를 해결해온 경험이 결코 녹록치 않다는 사실을…….

이웃 1 어머, 형님 오시네. 주민자치회의 잘하셨어요? 어떠셨어요?

이웃 2 아무것도 아니야. 주눅들 것 하나도 없어. 아, 글쎄 처음에는 다 무슨 무슨 회장, 또 지역 유지들이야. 구의원도 오셨대. 그래서 쫄았지 뭐야. 근데 회의를 해보니까 자신감이 확 생기는 거야. 글쎄 이 사람들이 보고 사항과 안건도 제대로 구분을 안 해요. 그러고는 시간 되면 "밥 먹으러 갑시다!" 하는 거야. 우리가 밤낮 수다 떨면서 회의하는 거 별 거 아니라 생각했는데, 이거 정말 보통 내공이 아니더라니까!

이웃 3 거봐, 그럴 줄 알았다니까. 우리가 잘하실 거라고 했잖아요.

'형님'의 힘찬 넉살에 우리는 큰 웃음으로 격려와 기대를 쏟아냈답니다. '형님'은 유연하고도 뛰어난 지도력을 발휘하며 우리 구 최초의 여성 주민자치위원장을 지냈지요. 그리고 지금도 '전국 녹색가게협의회'의 임원을 하시면서, 지역에서도 이웃 여성들의 활동을 지원하고 있답니다.

"경석 형님 보면 정말 60대는 일하기 딱 좋은 나이라니까!"

주민자치센터와 '밀땅'하기

이런저런 이야깃거리를 만들어내는 녹색가게에는 어려운 점도 있었습니다. 공간이 좁아 이용하는 주민들도, 자원 활동을 하는 이웃들도 많이 불편했습니다. 위치도 주민들이 쉽게 접근하기 어려운 곳이라 더 많은 이웃이 이용할 수 없어 아쉬움도 컸습니다. 마침내 우리들은 또 다른 모의를 시작했습니다.

2003년, 때마침 수유 2동 동사무소가 주민자치센터로 바뀌면서 새로 건물을 지어 이전한다는 소식이 들려왔습니다. 녹색가게가 주민들이 많이 오고가는 주민자치센터 안에 공간을 마련하면 참 좋겠다는 생각을 하게 됐고, 방법을 찾기 시작했습니다. 그때 우리에게는 큰 자산이 있었습니다. 수유 2동은 바로 우리 단체에서 추천한 주민자치위원이 활동하고 있던 곳이었지요.

먼저 우리의 제안을 구체화해서 주민자치센터와 구청에 찾아갔습니다. 주민자치센터가 지역 주민의 관심을 끌고, 주민과 접촉을 높이는 데 녹색가게 활동이 얼마나 효과적으로 기여할 수 있는지 설득하고, 또 환경 실천 활동이 얼마나 필요한지, 지역사회에 어떻게 유익한지 열심히 얘기를 나눴습니다. 나아가 주민자치센터에 에어로빅 등 다양한 취미 활동 프로그램도 필요하겠지만, 지역에는 또 다른 다양한 욕구도 있다고 강조했습니다. 그중 대표적으로 '방과후에 돌봄이 필요한 아이들을 위한 공간'이 중요하다고 진지하게 설득했습니다.

밀고 당기는 과정을 통해 2003년 3월, 마침내 수유 2동 주민자치센터 안에 녹색가게와 함께 '수유 2동 방과후 교실'이 새로 문을 열었습니다. 이 과정에서 우리가 운영하고 있는 열린숙제방의 공간이 비좁아 이용하려는 아이들이 줄을 서서 대기하고 있는 현실을 그대로 자료를 만들어 보여준 게 큰 힘이 됐습니다. 이렇게 해서 우리는 '돌봄이 필요한 이웃 아이들을 위한 공간'을 하나 더 만들어 더 많은 아이를 도울 수 있게 됐습니다. 녹색가게 또한 비좁은 공간 문제를 극복하는 한편 접근하기가 훨씬 쉬워졌습니다. 또 '녹색삶'이 아니라 주민자치위원이 새로운 주체가 돼 운영하게 되면서 또 다른 이웃들이 참여할 수 있는 기회도 마련됐습니다.

녹색가게의 진화, 풀빛살림터

새로운 관심은 또 새로운 결론으로

우리들이 운영하던 녹색가게가 주민자치센터로 이관되고 난 뒤, 그 자리에는 숙제방 아이들과 지역 아이들, 그리고 주민들을 위한 작은 도서관을 만들었습니다. 좁지만 엄마의 마음으로 가려 뽑은 좋은 책들이 자리를 차지하고, 마룻바닥도 깔아 제법 아담한 공간으로 변했습니다. 아이들이 책을 더 많이 접할 수 있어 뿌듯했지만, 한편으로는 그동안 기쁨과 감동을 주던 녹색가게가 우리 손을 떠나 섭섭해하는 회원들도 꽤 많았습니다. 뭔가 환경과 관련한 활동을 지속할 수 있는 '거리'가 있었으면 하는 바람이 있었지요. 다시 논의가 시작됐습니다.

이웃 1 녹색가게가 주는 재미가 쏠쏠했는데……. 쇼핑하는 재미도 있고, 수입도 꾸준히 있었고. 좀 아쉽네.

이웃 2 나도 왠지 허전한 거 있죠. 주민자치센터로 가긴 가지만 좀 다른 분위기인 것 같기도 하고……. 여하튼 허전해요. 우리, 뭔가 해야 되지 않나요?

이웃 3 아! 그때 왜 녹색가게에 와서 자원봉사자랑 대판 말다툼한 아저씨 기억나요? 그 아저씨가 가져온 물건이 수선이 필요한 상태였거든요. 그래서 자원봉사자가 못 받는다고 하면서, 다른 사람이 바로 사용할 수 있는 상태라야 받을 수 있다며 거절했잖아. 그랬더니 버럭 소리를 지르며 '왜 멀쩡한 것만 받느냐, 골목에 나가봐라. 조금 손보면 되는 물건들이 그냥 버려지고 있는데, 이런 것들도 받아서 재활용해야지' 하면서. 그러고 보니 정말 아까운 것 참 많이들 버리더라고요.

이웃 4 그러면 우리가 조금 고치면 재활용할 수 있는 방향으로 좀 새로운 녹색가게를 해보는 건 어떨까요?

이웃 5 재미있는 생각인데, 어디서 하지요? 여긴 도서관으로 꾸몄으니 공간이 없잖아요.

이웃 6 주민자치센터들 한번 돌아다녀보면 어떨까요? 혹시 활용할 만한 공간이 있는지.

이렇게 시작한 우리의 이야기는 시간이 지날수록 재미있고 유익한 내용들을 담아갔습니다. 기존의 녹색가게와 좀 달랐으면 좋겠다는 생각은 언젠가 녹색가게를 이용하던 이웃 아저씨의 푸념에서 얻은 발상이었답니다. 그런데 이야기를 계속 하다 보니 조금만 손보면 되는 물건을 버리는 게 단지 그 사람들이 게으른 탓이 아니라는 사실을 알 수 있었습니다. 요즘 물건이 옛날 것하고는 달라서 그냥 망치질 한 번 하면 되는 게 아니라는 것이죠. 재료나 나무질이 다양해서 못이 잘 박히지도 않을 뿐더러 망치질을 하면 '쩍' 나가버리기 때문에 손대기가 어렵고, 집집마다 공구를 다 갖추고 있지도 않다는 것이었지요. 생각해보니 우리 어릴 때만 하더라도 집집마다 손재봉틀이 있어 필요하면 그때그때 박을 수 있었지만, 요즘은 바짓단 하나 줄이려고 해도 세탁소에 돈을 주고 해야 되는 상황이 됐지요. 우리는 이런 사실에 많이 공감하며 문제를 새롭게 이해하게 됐습니다. 그러고는 '마을 공동의 작업 공구나 재봉틀을 마련해서 필요한 이웃들은 누구나 이용할 수 있게 하자'는, 참으로 놀랍고도 멋진 결론을 만들었지요! 이런 결론을 내린 우리가 참 대견하고 기특했습니다.

"역시 우리는 만나야 돼. 만나서 얘기하면 못할 게 없다니까."

마을 공동 되살림 작업장 풀빛살림터

'마을 공동의 작업 공구나 재봉틀이 있어서 필요한 이웃들은 누구나 자유롭게 이용할 수 있는 마을 공동 되살림 작업장!'

무엇을 할 것인지 확실해지자 바로 할 일을 나눴습니다. 그리고 주민자치센터의 남는 공간에 관한 정보를 모았습니다. 그 결과 미아 8동 주민자치센터 건물 지하 공간이 거의 방치되고 있다는 사실을 확인했습니다. 99제곱미터(30평) 정도의 공간인데 많이 낡은 건물이라 상태가 나쁘지만 손을 좀 보면 사용할 만하다고 결론을 내리고 구청 자치행정과에 문의했습니다. 그 뒤 여러 차례 활동 계획과 운영 방안을 설명하고 설득해서 마침내 사용 허가를 받아냈습니다.

이웃들 누구나 필요할 때 이용할 수 있고, 자신의 능력이나 재주를 활용해 스스로 하고 싶은 작업도 할 수 있는, 그야말로 '이용하는 주민'이 주인이 되는 공간이 만들어졌습니다. 마을 사람들이 함께 이용하고 관리하는 되살림 작업장, 이름은 '풀빛살림터'로 붙였습니다. 그리고 이런 취지에 맞춰 좀더 적극적인 관심을 갖고 활동할 이웃들을 모았습니다. 정말 어디 숨어 있다가 나타났는지, 딱 맞는 분들이 모였습니다.

서양화가이면서 평소 생태 미술에 큰 관심을 갖고 있던 중산 님은 풀빛살림터의 생각에 공감하면서 흔쾌히 참여했고, 그 뒤 지킴이가 되어 살림을 도맡았습니다. 또 비즈 공예 강사인 양미애 님은 풀빛살림터를 통해 자신의 기술을 이웃들에게 더욱 활발히 전하고 싶다는 바람으로, 또 박영남 님과 몇몇 이웃들은 직접 목공 작업도 해보고, 아이들과 함께 생태 미술도 해보고 싶어 참여했지요. 먼저 참여한 이웃들이 정성들여 쓸고 닦고 가꾸면서 어두침침하던 공간이 반짝반짝 빛나기 시작했고, 지역 주민들이 기증하고 '시민운동지원기금'의 도움을 받아 재봉틀과 전동 드라이버, 전기톱 등 필요한 공구들도 하나씩 마련했습니다.

드디어 2004년 4월 28일, 단장을 마친 풀빛살림터가 활짝 문을 열었습니다. 그 뒤 이곳은 각자 지닌 기술과 재능을 가르치고 배우는 공간, 풍성한 점심 도시락을 나누는 정겨운 공간, 음악과 차 향기가 넘치는 품격 있는 공간으로 변해갔습니다. 그리고 이곳을 모임의 터전으로 하는 이웃들이 생기면서 또 다른 변화가 시작됐지요.

수선과 리폼 등 재봉틀을 쓰는 이웃들 몇몇이 모여 장바구니와 면 생리대를 만드는 작업을 하는 동아리가 생겼습니다. 또 해마다 가로수 가지치기를 하면 나오는 나뭇가지들을 활용해 나무 목걸이, 휴대전화 고리, 찻잔 받침 등 다양한 생활용품을 만드는 작업이 진행되는가 하면, 의자 등 여러 생활도구를 만드는 목공 작업도 진행됐지요. 또 홍대입구에서 평생 사진관을 운영하던 문성근 님이 은퇴하면서 인화지, 흑백 필름 등 사진 작업과 관련된 재료를 기증해주셔서 흑백 사진 작업도 할 수 있게 됐습니다.

참여하는 이웃들의 다양한 재주와 재능에 기대어 참 많은 활동이 생겨났고, 각자의 관심이나 욕구에 따른 동아리도 만들어졌습니다. 이렇게 우리는 이웃의 이야기를 귀담아 들으며 새로운 영감을 얻기도 하고, 대화 속에서 공동의 목적을 찾아내는가 하면, 이것을 바탕으로 다시 할 일을 나누고 진행하면서, 또 '작은 성공'을 일구어낸 것입니다.

이제 풀빛살림터는 무언가를 만들고 되살려가는 노작 활동을 통해 이웃 사이에 소통이 일어나고, 각자 자신이 가진 재주와 기술로 서로 배우고 가르치며, 그 과정에서 상상력과 창의력을 발휘하고 도모하는 장으로 발전했습니다. 나아가 2007년에는 '풀빛살림터를 사랑하는 사람들의 모임'(풀사모, 회장 중산 님)이 결성돼 더 주도적으로 풀빛살림터의 운영을 책임지려고 노력했습니다.

풀빛살림터 활동이 입소문을 통해, 또 신문 등 언론을 통해 알려지면서 많은 단체와 지역 활동가들이 찾아왔지요. 어떻게 이런 생각을 했느냐며 놀라기도 하고 재미있어 하면서, 자신이 사는 지역에도 만들어보고 싶다는 의욕을 보이기도 했습니다.

우리는 모두 마을환경강사

풀빛살림터 활동이 진전되면서 새로운 욕구가 나타났습니다. 버려지는 가로수 가지들로 친환경 나무 목걸이를 직접 만들어본 사람들이 우리 아이들에게도 이런 활동을 해볼 수 있는 기회를 만들어주자고 적극 제안한 것입니다. 새로운 고민이 생겼지요. 아이들을 만나려면 학교에 가서 수업을 해야 하는데 어떤 준비가 필요한지, 또 누가 할지가 문제였습니다.

다시 머리를 맞대고 논의하면서 내린 결론은 우리가 삶터에서 만나는 마을 아이들에게 말 한마디, 행동 하나부터 친환경적 가치를 보여주자는 것이었습니다. 마을 어른 누구라도, 또 삶터 어디에서든 마을 환경을 얘기하는 '선생님'이 되는 것이죠. 사실 되돌아보면 우리 어릴 때 부모님과 이웃 어르신들한테 들은 얘기, 하다못해 잔소리 하나도 친환경적 삶의 태도를 가르치는 내용이 아니었던가요?

이런 논의 과정을 거치면서 '폐가로수 가지를 이용한 나무 목걸이 만들기 수업'을 위한 교안을 만들고, 구청과 연계해 초등학교 환경 수업을 진행하게 됐습니다. 그리고 지역에 있는 여러 공부방 아이들하고도 나무 목걸이 만들기 수업을 했답니다.

환경 수업을 맡아 활동에 나선 이웃들은 아이들의 열띤 반응에 고무되고,

학교와 구청도 이렇게 호응이 좋은 환경 수업은 처음이라는 긍정적인 평가와 함께 계속 수업을 맡아달라는 요청을 해 더욱 열심히 활동할 수 있었습니다. 그리고 더 책임 있게 진행하기 위해 함께 모여 공부도 하면서 내용과 기술이 많이 발전되고 풍부해졌지요.

"아침에 시장 골목을 지나오는데 갑자기 '선생님!' 하며 아이들 대여섯이 달려드는 거예요. 깜짝 놀라서 쳐다보니까 이 녀석들이 환경 수업에서 절 봤다는 겁니다. 어찌나 반갑던지……. 아이들이 '선생님' 하며 큰 소리로 부르니까 기분도 좋고요."

싱글벙글, 중산 선생님의 하루가 기분 좋게 시작됩니다.

환경 수업이 성공을 거두면서 자신감을 갖게 된 우리는 더 많은 마을 어른들이 '마을환경강사'가 되는 것을 돕기 위해 강사 양성 교육과정을 진행하기로 했습니다. 그동안 쌓은 경험을 잘 정리하고, 또 외부 전문가들의 도움을 받아 교육과정을 만들었습니다. 그리고 관심 있는 이웃들이 참여할 수 있게 적극 홍보했지요.

마을환경강사 교육과정의 특징은 강좌를 수료한 뒤 소모임을 구성해 실제 수업과 활동으로 이어지도록 구성한 것이었습니다. 2005년 1기 과정을 시작으로 2010년 4기까지 진행됐습니다. 지속적으로 마을환경강사로 활동하는 사람들을 중심으로 소모임이 구성되어 있는데, 이 분들은 마을 아이들의 생태 감수성을 북돋우고, 친환경적 태도와 습관을 키우기 위해 이 학교 저 학교, 이 공부방 저 공부방 열심히 찾아가고 있습니다.

이렇게 주민 한 사람의 욕구나 관심이 이웃들을 자극하고, 그 결과 다양한 정보와 지식이 모이면서 새로운 활동이 일어나고, 그 영향으로 우리들의 삶터에 작은 변화들이 이어지는 모습, 참 신이 납니다.

우리들의 보물창고, 강북 녹색가게.

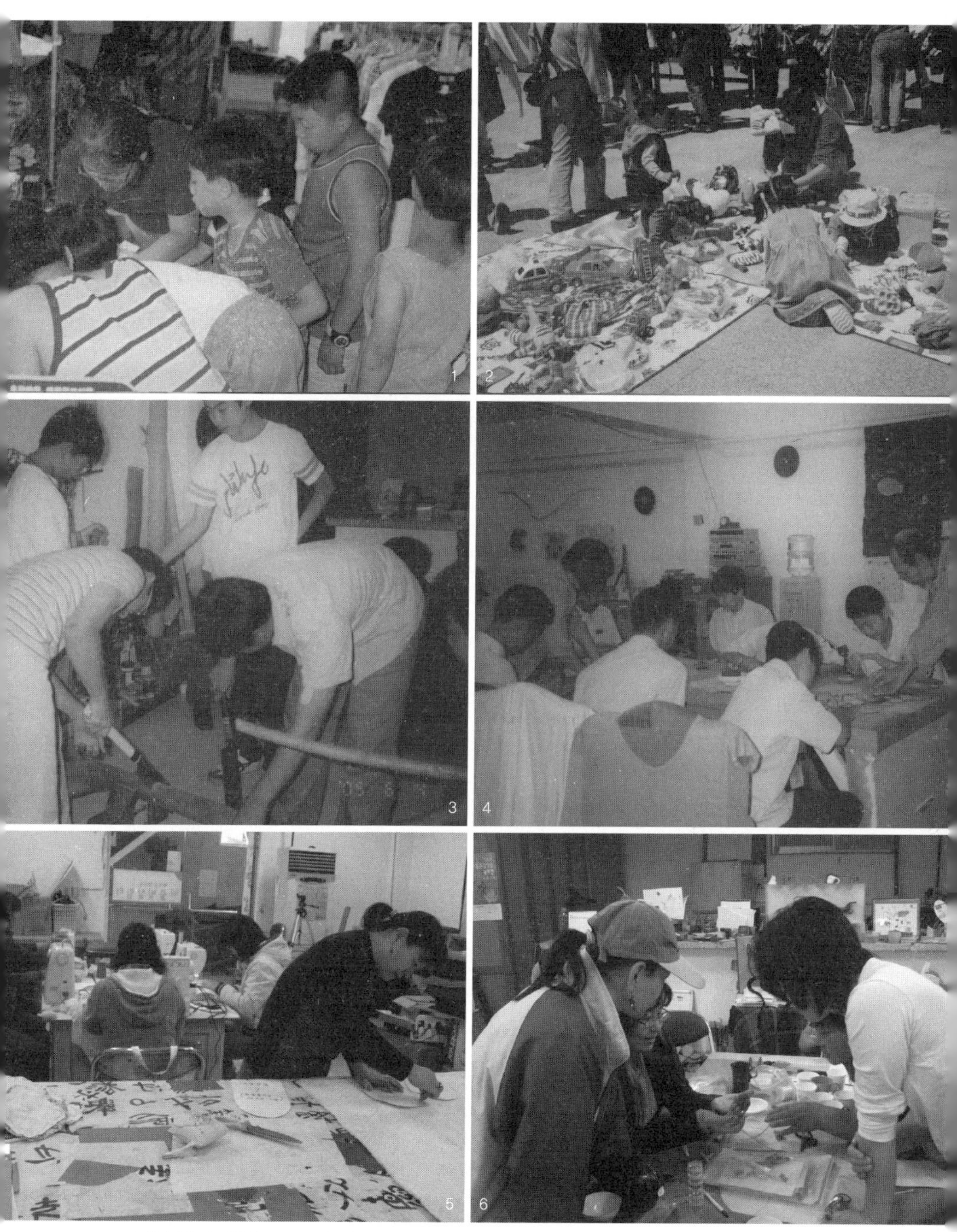

1 녹색가게에 온 어린이 손님. 2 이동 녹색가게 하는 날. 3 못 쓰는 나뭇가지를 잘라 나무 목걸이 만들기. 4 중산 님과 함께 하는 친환경 수업. 5 풀빛살림터 재봉틀 교실. 6 풀빛살림터 비즈 공예 교실.

1 마을환경강사 활동. 2 마을환경강사와 함께 하는 동네 숲 체험. 3 마을환경강사 교육.

우리가 하면 봉사 활동도 놀이가 된다
— 청소년 봉사 활동 동아리 '나누리'

아이들 봉사 활동이 점수가 된대요

1997년 5월 어느 날, 옹기종기 모여 앉아 이야기를 나누고 있는 우리는 꽤 심각한 모습입니다. 중·고등학교 자녀들의 봉사 활동에 점수를 주면서 생기는 여러 부정적인 모습들에 관한 이야기였습니다. 자연히 중고생 자녀를 둔 회원들이 많은 관심을 보이며 모여 앉았지요.

이웃 1 애 봉사 활동 때문에 속상해 죽겠어. 왜 요새 아이들 봉사 활동이 점수로 되잖아요. 그래서 의무적으로 해야 하거든. 엊그제 애가 학교 갔다 오더니 투덜대는 거야. 뭐 누구는 순 거짓말로 확인증을 받아 왔대나 어쨌다나. 하루에 열두 시간 했다면서 확인증을 받아 왔는데, 그 병원장이 아빠 친구라서 그렇게 할 수 있었대요. 글쎄, 그러면서 엄마 아빠는 왜 병원장 친구도 하나 없느냐면서 속을 확 긁는 거야!

이웃 2 내가 아는 한 엄마는 애가 갑자기 봉사 활동 시간이 필요하다고 해서 아무리 생각해도 갈 데가 없더래. 급한 마음에 집 가까운 파

출소에 가서 애 봉사 활동 좀 시켜달라고 떠맡기다시피 했다는 거야. 그랬더니 나중에 애가 집에 와서 다시는 봉사 활동 안 한다면서 짜증을 있는 대로 내더라는 거야. 기껏 하고 온 일이 아저씨들 라면 먹은 설거지하고 재떨이 청소. 그러고는 얼쩡거리니까 아저씨가 시간 써줄 테니 그만 가라고 하더라는 거야. 사실 그 경찰 아저씨도 황당하지. 갑자기 봉사 활동 시켜달라고 애를 떠맡기니 뭐 시킬 게 있어야지. 참 이게…….

이웃 3 세상에 어쩌면 좋아. 사실 우리가 하는 게 정말 봉사 활동의 모범인데. 진짜 봉사 활동이라면 뭔가 보람도 있고, 또 하면서 아이들이 배우고 깨닫는 게 있어야 하는 것 아니에요? 아니, 우리만 잘하지 말고 애들 것도 좀 어떻게 해봐요!

이렇게 시작된 이야기가 이어지며 우리 아이들에게도 진정한 봉사 활동 경험이 필요하다는 문제의식을 갖고 '청소년 여름방학 자원봉사 캠프'를 해보기로 했습니다. 시간에 좀 여유가 있는 방학 때 의미 있는 봉사 활동을 해서 보람도 느끼고 점수도 따는 좋은 경험이 되기를 바라는 마음이었습니다.

스스로 만들어가는 '나누리'의 봉사 활동

홀로 사는 어르신들을 위한 점심 상차림

'청소년 여름방학 자원봉사 캠프'가 8월 18~19일로 정해지자 입에서 입으로, 또 간단한 홍보물을 만들어 참가자를 모았습니다. 회원들의 자녀와 지역의 청소년, 또 이 아이들을 지원할 엄마 자원 교사들과 실무자 등 30여 명이 한 팀이 되어 진용을 갖추었습니다.

청소년 자원봉사 캠프는 먼저 홀로 사는 어르신을 위한 무료 급식 시설을 찾아 그날 점심을 준비해 대접하는 것으로 활동을 시작했습니다. 준비 기간에 미리 아이들이 함께 참여해 의논한 식단을 바탕으로 팀별로 할 일을 나누고, 장을 봐 70명이 넘는 어르신들이 드실 밥과 닭볶음을 만들고 국을 끓였습니다. 한여름에 뜨거운 불구덩이를 오가며 준비하다 보니 너나 할 것 없이 땀으로 온몸이 흠뻑 젖었습니다.

어르신들은 일찌감치 기다리고 계십니다. 음식을 나르기 시작하자 여기저기서 재촉과 성화가 대단합니다. 옆에 있는 어르신 다음에 당연히 차례가 되건만, 먼저 주지 않는다고 역정을 내는 어르신들을 진정시키며 아이들의 몸놀림이 날랩니다. 식사가 끝나고 설거지와 뒷정리까지 깔끔하게 다 마치고서야 모두 준비된 차량에 올라 다음 활동을 위해 캠프장으로 향했습니다.

청소년 자원봉사 동아리가 만들어졌어요!

우리가 도착한 곳은 경기도 가평 '약속의 섬.' 저녁을 먹은 뒤 활동 평가 시간을 가졌습니다. 청소년들과 이웃 엄마들이 둥글게 마주앉아 이야기를 나눴습니다.

청소년 1 저는요, 이렇게 땀을 뻘뻘 흘리며 하는 봉사 활동은 처음이었는데요. 힘은 들었지만 보람 있었어요.

청소년 2 음식을 나를 때 서로 먼저 달라고 하시는 할아버지들을 보며 짜증났어요. 순서대로 드리고 있는데 막 화를 내시고…….

청소년 3 저는 우리 엄마 아빠가 생각이 났는데요. 내가 공부 잘해서 잘 모셔야겠다고 생각했어요.

이웃 엄마 1 아니, 나는 아침에 저 학생이 머리에 노란 물도 들였지, 또 귀고리도 떡하니 하고 나타나기에, 아이고, 저래 가지고 무슨 봉사 활동을 하겠나, 걱정했지 뭐야. 근데 그렇게 일을 잘할 수가 없네. 꾀도 안 부리고 어찌나 열심히 하던지……. 내가 반성했다니까. 겉만 볼 게 아니더라고!

이웃 엄마 2 온 몸이 땀에 다 절어가지고 힘들었을 텐데, 불평도 없이 참 대단하더라고요.

청소년 4 그런데요, 이런 활동을 이렇게 한 번만 하는 게 아니고 꾸준히 했으면 좋겠어요.

아이들은 자기가 한 봉사 활동에 무척 긍정적인 평가를 내렸고, 앞으로도 계속 이런 봉사 활동을 하고 싶다고 했습니다. 그리고 이 의견에 공감하는 친구들이 많아서 마침내 중요한 결정을 내렸지요. 지속적이고 보람된 봉사 활동을 위해 스스로 계획하고 참여하는 청소년 봉사 활동 동아리를 만들기로 했고, 이름도 '나누리'로 정했습니다.

봉사는 의무가 아니라 놀이다

그 뒤 청소년들이 스스로 만들어가는 봉사 활동은 녹색삶의 새로운 자랑이 됐습니다. 아이들은 한 달에 한 번 정기 모임을 열어 계획을 세워 활동하고 평가 회의를 진행했습니다.

녹색삶의 활동과 연계한 열린숙제방의 초등학생 동생들 함께 돌보기, 녹색가게와 도서관 관리, 재활용 주민 축제 진행 등은 나누리의 지속적인 활동으로 자리를 잡았습니다. 그리고 전철역에서 길을 묻는 사람들에게 길을 알려주고, 무거운 짐을 든 사람들의 짐을 들어주는 '수유 전철역 길눈이' 활동은 스스로 지역을 들여다보며 만들어낸 아주 창의적인 활동이었습니다. 수유 전철역 바로 옆에는 오래된 시외버스 터미널이 있어서 무거운 짐을 든 어르신들이 꽤 많이 오가셨거든요. 이런 활동을 하려고 아이들은 자기가 살고 있는 지역의 지도를 만들며 준비하는가 하면, 사람들에게 도움을 줄 때도 어떻게 다가가야 상대가 그 도움을 거절하지 않고 잘 받아들일 수 있는지 경험하며 스스로 훈련했습니다.

그밖에도 북녘 동포에게 사랑의 옷 보내기, 의정부 수해 지역 복구 작업 지원하기, 장애 어린이 지원 활동, 유기농 농장 일손 돕기 등 도움이 필요한 곳을 찾아내 적극적으로 활동했습니다.

"길눈이 활동이 단순해 보이지만 '고마워요' 하는 말 한마디에 희열까지 느껴요. 해보지 않으면 절대로 모를걸요."

《하이서울뉴스》에 실린 인터뷰에서 어느 친구가 한 말입니다.

"수박은 먹어봐야 맛을 알잖아요. 진짜 경험해보지 않으면 모르는 체험이라서 말로 제대로 설명할 수 없어서 답답해요. 활동하면서 즐거운 것은 '놀이'라고 하는데, 봉사 활동을 즐겁게 하면 그것도 '놀이'가 됩니다."

또 한 친구의 말에 기자는 "의무가 아닌 '놀이'가 돼버린 청소년 봉사 단체 나누리의 활동을 통해 최근 문제가 되고 있는 청소년 봉사 활동의 대안을 찾아본다"고 적고 있습니다.

그 뒤 나누리 활동 내용이 여기저기 많이 소개됐는데, 특히 수유 전철역 길눈이 활동은 인천 YMCA까지 전해져 그 지역에서 진행되기도 했답니다. 이렇게 아이들의 꾸준한 활동이 조금씩 알려지면서 큰 경사가 났습니다. 1999년 제1회 전국중고생 자원봉사대회에서 우리 나누리가 대상인 문화관광부 장관상을 받게 된 겁니다.

"얼씨구나~, 경사 났네!"

기특하게도 나누리 친구들은 상금으로 받은 100만 원을, 내부 토론을 거쳐 돌봄이 필요한 이웃 동생들을 위해 열린숙제방 공간 마련 기금으로 내놓았습니다.

"아이고, 대견하고도 자랑스러운 우리 새끼들!"

그래도 나누리

"그저께 토요일에, 우리 집에 난리가 났었어요! 저녁을 먹는데 우리 큰아들이 낮에 진칠역에서 봉사 활동을 하고 온 이야기를 꺼내는 거예요. 평소 말수가 없던 애라 온 식구가 신기해서 듣고 있었지요. 할머니 한 분이 큼지막한 보따리를 머리에 인 채 손에도 짐을 들고 오시기에, 그 짐을 받아서 계단을 올라왔답니다. 뒤따라오신 할머니가 주소가 적힌 종이쪽지를 펴주시며 어디로 가야 하느냐고 물으시더래요. 보니까 국립재활원 근처인데, 짐도 있는데다 길도 좀 멀다 싶어 택시를 타고 가시라고 권하고, 차를 잡아서 기사 아저씨께 주소를 보여주며 잘 모셔다달라고 부탁했대요. 그러고서 할머니께 인사를 하고는 택시 문을 닫으려고 하는데, 갑자기 할머니께서 잠깐 있으라고 하더니 속주머니에서 만 원짜리를 하나 꺼내시고는 꼭 쥐어주시더래요. 고맙다면서. 아이가 안 받겠다고 했더니 막 우기시는데, 순간 안 되겠다 싶어 돈을 던지다시피 건네고 택시 문을 닫았대요. 그 얘기를 듣더니 우리 애 아빠가 입이 귀에 걸려가지고 잘했다고, 우리 아들 멋있다고 얼마나 좋아하는지, 통닭 두 마리 그냥 쐈어요!"

중학교 2학년인 큰아들이 게임에만 빠져 있어 걱정하다가 봉사 활동은 해야 하니 한 번만 가보자며 나누리로 이끌던 엄마는 심드렁한 아들의 반응에 가슴앓이도 꽤 했는데, 그날 뜻밖의 경험에 신이 날대로 났습니다. 가족들 앞에서 얘기를 꺼낸 것을 보니, 아들도 보람차고 자랑스러웠던 것 같습니다.

이렇게 이야기를 만들어내며 나누리는 아이들에게, 가족들에게, 그리고 우리들에게 자랑거리가 됐습니다. 그 뒤 나누리 친구들은 자신들의 봉사 활동 경험을 정리해서 다른 학교 친구들에게 전하며 스스로 봉사 활동 교육도 진행하는 등 주도적이고 적극적으로 활동을 일구어 나갔습니다. 때로는 환경 문제와 결합해 '녹색마을 지킴이단'으로 새로운 활동 틀을 만들기도 하면서 여러 경험을 쌓았지요.

나누리 활동은 2005년까지 계속되다가, 처음부터 중심이 돼 활동하던 아이들이 학교를 졸업하고 새로운 참가자가 줄어들면서 점차 활동력이 떨어져 더는 이어가기가 어려워졌습니다. 그 뒤 지금까지는 봉사 활동을 바라는 지역 청소년들이 개별적으로, 또는 친구와 함께 찾아와 다양한 활동에 참여하고 있습니다.

2010년 8월 13일 오전 열한시, 이웃들이 함께 모여 영화를 감상하는 '이야기가 있는 영화' 시간입니다. 방학 동안 자원봉사 활동에 나선 청소년 두 명이 영화를 보러 오는 이웃 어른들과 동생들에게 인사도 하고 자리도 안내합니다. 일찌감치 와서 장소를 정리하는 등 준비 작업도 도맡았습니다. 덕분에 이웃들은 편안히 영화를 볼 수 있습니다. 영화를 본 뒤 소감을 나누는데, 아이들은 열심히 카메라를 들고 사진을 찍는가 하면 또 어른들의 얘기를 듣기도 하면서 진행을 돕습니다. 이렇게 지역의 청소년들은 조금씩 지역사회의 구성원으로 이웃과 어우러지는 경험을 하나 봅니다.

청소년 봉사 활동은 이렇게!

"청소년들이 봉사 활동을 꾸준히 할 수 있으려면 무엇보다 활동터가 집에서 너무 멀어서는 안 됩니다. 또 학교 중심의 대규모 단위로 진행되는 틀에서 벗어나 소모임 단위로 진행함으로써 봉사 활동이 필요한 곳을 다양하게 개발해야 합니다. 그리고 체험적 봉사 활동과 함께 적절한 교육 기회를 마련함으로써 보람과 함께, 청소년이 스스로 자신이 살고 있는 이 지역사회의 중요한 구성원이라는 의식을 가질 수 있게 도와야 합니다. 또 청소년 개개인의 특성을 잘 살리며 할 수 있는 봉사 활동을 개발하면 더욱 좋겠지요."(《5차 정기총회 보고서》, 2000)

청소년 자원봉사단 나누리.

1999년 제1회 전국중고생 자원봉사대회에서 대상을 받은 나누리.

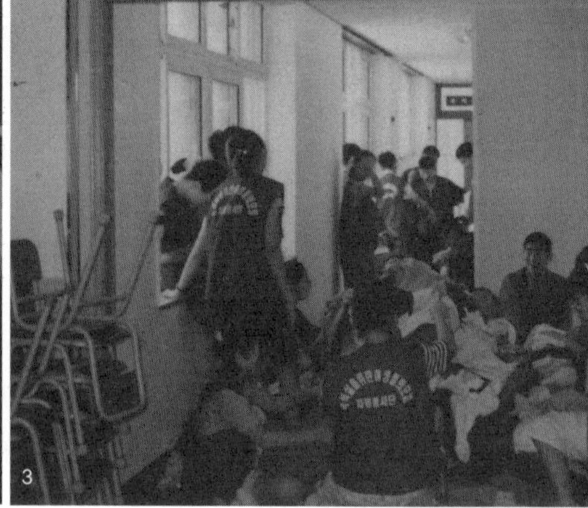

1 나누리 정기 모임. 2 나누리의 전철역 길눈이 활동. 3 수해 복구 지원 활동 중인 나누리 아이들.

찾아가는 이웃산타, 골목을 누비다

몰라서 못 오면, 우리가 찾아간다

2000년 초여름, 골목길 입구 반지하 살림을 살고 있던 열린숙제방의 문 앞에 내려놓은 발이 들리더니 '휙' 날아든 비닐봉지. 야쿠르트가 30여 개 담겨 있었습니다. 그날의 담당 자원 교사가 얼른 뛰어나가 보니 골목 안쪽으로 휘적휘적 걸어가는 아저씨 한 분!

자원 교사 저 혹시 야쿠르트, 아저씨께서 넣어주셨지요?

이웃 아저씨 …….

자원 교사 정말 고맙습니다. 성함이?

이웃 아저씨 에이, 이름은 무슨. 근데 여기 있는 아이들은 그래도 행복한 거예요. 엄마선생님들이 공부도 가르쳐줘, 간식도 먹여줘. 사실 더 어려운 애들도 몰라서 못 오는 경우가 많아요.

이렇게 이웃 아저씨가 던진 말 한마디에 큰 고민을 안게 된 자원 교사는 한 달에 한 번 있는 자원 교사 모임을 기다렸다가 이 얘기를 쏟아냈습니다.

자원 교사 1 글쎄 공부방을 몰라서 못 오는 애들이 많다고 하네요. 어쩌면 좋아요?

자원 교사 2 우리가 알린다고 알려도, 사실 구석구석 사는데 어떻게 알겠어요?

자원 교사 3 몰라서 못 오면 어떡해. 모르면 우리가 찾아가야지!

자원 교사 4 요즘 누가 문 열어놓고 사는 사람 있나요? 어떻게 찾아가요?

자원 교사 5 누가 아이들 사정을 가장 잘 알까요?

자원 교사 6 동사무소 사회복지사? 통장? 아니면……. 아, 학교 선생님!

자원 교사 7 그래, 맞아. 학교 선생님은 그래도 날마다 아이들을 만나잖아요. 그래, 선생님한테 아이들을 좀 찾아달라고 해야겠네!

자원 교사 8 선생님들도 요즘은 가정 방문은 안 하니까 구체적인 건 잘 모르겠지만, 그래도 아이들 정보를 가장 많이 갖고 있을 것 같네요.

어느새 또 일을 만들고 있었습니다. 사실 도움이 절실히 필요한 가정이 있어도 모르면 도울 방법이 없지요. 이렇게 우리가 직접 어려운 가정을 찾아 나서야 한다는 의견에 따라 새로운 일거리가 생겼습니다.

먼저 학교에서 꼭 이웃의 도움이 필요한 아이들을 추천받고, 그 아이들의 집을 직접 찾아가 상황을 살펴보기로 했습니다. 마침 크리스마스 때 우리가 산타가 되어 찾아가는 게 좋겠다는 아이디어가 나왔습니다. 그날은 산타가 있다고 믿는 아이들이나 또 믿지 않는 아이들도 마음을 좀 여는 날이라는 겁니다.

산타가 있으면 루돌프도 있어야겠지요. 우리는 산타와 함께 차량 봉사를 할 루돌프도 모집하기로 했습니다. 루돌프 한 명과 산타 두 세 명이 한

팀이 돼 학교에서 추천받은 집을 찾아가기로 했지요.

이렇게 해서 2000년 12월 22일, 드디어 '찾아가는 이웃산타' 활동이 시작됐고, 이 활동은 지금까지 이어지고 있습니다.

아이들을 찾아내자!

학교를 부지런히 들락거리던 엄마선생님들은 교장선생님을 어렵사리 설득한 끝에 저학년 담임선생님들한테 한 번쯤 가정 방문이 필요한 아이들을 추천받았습니다. 꼭 이 활동에만 써야 한다는 다짐을 받고서.

드디어 1년에 한 번, '이웃산타'나 '루돌프'가 돼 이웃에게 다가갈 수 있는 기회가 왔습니다. 뭔가 도움이 필요한 사람을 돕고 싶다는 마음을 가진 이웃들, 하지만 생활이 바쁘면서 실천할 기회가 없던 사람들이 1년에 한 번 '따뜻한 이웃', '좋은 이웃'이 될 기회입니다. 평소 마음은 있지만 참여하지 못하던 많은 사람들이 관심을 가져주었습니다.

이웃산타와 루돌프 등 서너 명이 한 팀이 돼 약속한 날 저녁 일곱시쯤부터 활동을 시작합니다. 빨간 산타 모자를 쓰고, 작은 선물을 마련합니다. 우리 활동의 목적이 선물 한 번 전달하는 게 아니라, 그 아이와 아이의 가정 환경을 알아보는 것이어서 선물에 관해서는 따로 규정을 뒀습니다. '내 아이, 내 조카, 내 손자에게 줄 선물을 준비할 때 이웃 아이 것 하나 더!'라는 슬로건을 걸고, 만 원 이하의 선물을 준비하되 마음을 담은 카드를 함께 넣기로 했지요. 그리고 가족을 위해서는 쌀이나 떡, 간단한 생활용품을 마련했습니다.

이웃산타와 루돌프가 만난 아이들

드디어 이웃산타와 루돌프가 되어 온 동네를 헤집고 다니는 날이 왔습니다. 추천받은 아이들의 주소를 들고 가까운 집을 묶어 한 팀마다 다섯 집 정도를 찾아가게 됩니다. 어떻게 하면 아이들을 더 반갑게 만날까 고민하며 '루돌프 차량'을 반짝이로 예쁘게 치장하고, 캐럴송도 연습하고, 함께 즐길 수 있는 놀이도 준비했습니다.

집에 찾아가면 먼저 손을 내밀어 어서 오라고, 반갑다고, 추운데 들어오라며 음료수를 권하고, 저녁은 먹었는지 챙기는 살가운 마음을 만나기도 하지만, 때로는 여러 이유 때문에 우리를 문 밖에 세워두는 집도 있습니다. 늦은 시간에도 아이만 덩그러니 있어 가슴 아린 경우도 있지요. 하루저녁 이웃을 찾아 나서면서 우리는 참으로 많은 사연들을 담아오게 되었답니다.

얼음 공주

2000년 12월, 이웃산타가 된 날, 추천 아동 명단에 적혀 있는 주소를 들고 여기저기를 헤매고 있었습니다. 분명 주소가 맞는데 문을 찾지 못해 헤매고 있었지요. 전화를 했습니다. 자기가 나오겠다고 하더니 '드르럭' 하는 소리가 나며 바로 우리 뒤쪽 차고 문짝이 열렸습니다. 다람쥐같이 한 아이가 폴짝 뛰어나왔습니다. 우리가 찾고 있는 아이였지요. 비교적 큰길가에 있었지만 지붕이 낮은 옛집이라 잘 보이지 않았고, 낡은 차고 셔터를 출입구로 이용하고 있어 찾지 못한 겁니다.

차고를 통해 안으로 들어가니 입구부터 술병이 수북이 쌓여 있습니다. 현관 미닫이문을 여니 좁은 마루와 방은 그야말로 어지럽기 짝이 없는데, 한쪽 구석에 몸집이 작고 예쁘장한 여자아이가 앉아서 우리를 쳐다보고 있었지요.

애써 목소리를 높이며 “부모님은 어디 가셨니?” 하고 물으니, 남자아이가 대답을 합니다.

“일하러 갔는데 곧 오실 거예요. 크리스마스라 갈비 사 오신다고 했어요.”

“많이 늦으시는구나. 매일 늦게 오시니?”

물어가며 방을 살펴봅니다. 방 곁에 놓여 있는 세탁기에는 이리저리 뒤섞인 옷가지들이 차고 넘칩니다. 방 한쪽 구석에 놓여 있는 작은 밥상에는 그릇 몇 개가 물기 마른 채 덩그러니 놓여 있습니다. 이불을 당겨서 앞을 가리는 여자아이에게 말을 걸어봅니다. “몇 살이니?” 일곱 살이라며 짧은 답을 하고는 입을 굳게 다뭅니다. 표정이 많이 굳어 있어 얼음처럼 차기만 합니다. 가슴이 싸해집니다. 오빠가 “동생도 내년에 학교 가요.” 하며 거듭니다. “어머, 좋겠다!”

어떤 이유인지는 몰라도 아이들을 제대로 돌보지 못하고 있는 상황이 한눈에 드러나는데 늦은 시간인데도 보호자들이 오지 않아서 일단 다시 오겠다고 인사하고는 집을 나섰습니다. 우리들의 가슴을 아리게 하는 아이들의 모습을 되새기며, 한 이웃은 여자아이를 ‘얼음 공주’라 불렀습니다.

며칠 뒤 여러 차례 통화를 한 끝에 어렵사리 아빠를 만날 수 있었습니다. 아빠에게 내년에는 작은 아이도 학교에 가야 하는 상황이니 지금부터라도 열린숙제방에서 아이들을 돌보겠다고 제안했습니다. 아버지는 무엇보다 아이들이 공부방에서 함께 밥을 먹을 수 있다는 상황에 무척 안도하는 모습이었습니다. 이렇게 해서 이 두 아이들은 열린숙제방 식구가 되었습니다.

달걀 박사

2002년 12월, 올해도 이웃산타가 되어 한 가정을 찾아갔습니다. 담임선생님의 추천서에는 혹시 아이가 밤늦게 집에 없으면 근처 피시방을 들러보라는 얘기가 있더군요. 집을 찾아 낡은 철문을 두드렸지만 아무 응답이 없고, 성긴 문틈으로 들여다본 집안은 불이 꺼져 있었습니다. 선생님 말씀대로 근처 피시방에 들러 주인에게 아이 이름을 말하고 확인을 부탁하자 한쪽 구석을 가리켰습니다.

이렇게 만난 아이를 앞세우고 집으로 갔습니다. 집 안에 들어서면서 어디에 발을 디뎌야 할지 참 난감했습니다. 양말부터 옷, 가방, 신발주머니 등이 있는 대로 바닥에 뒹굴고 있었고, 좁은 싱크대 위에는 냄비와 프라이팬이 겹겹이 쌓여 있습니다. 가스레인지에 연결된 중간 밸브가 제대로 잠겨 있지 않은 것을 발견한 순간 긴장해서, 아이에게 가스를 사용하고 나면 중간 밸브를 꼭 잠그라며 다짐을 받습니다.

아빠는 어디 가셨느냐고 물으니 지방에 일하러 가셔서 안 오신다고 합니다. 언제쯤 오시느냐고 묻는 말에 모른다고 하며, 준비해간 선물에 마음을 빼앗겨 잠시도 몸을 가만두지 못합니다. 밥은 어떻게 하느냐고 물어보니 주로 달걀을 먹는다고 하면서, "삶아도 먹고요, 프라이도 해서 먹고요, 날것도 먹어요" 하며 자신 있게 대답하고는, 선물과 함께 들어 있던 과자 봉지를 힘차게 뜯어냅니다. 주로 피시방에서 시간을 보내서 그런지 또래보다 크고 무거운 몸이 걱정스럽습니다. 아빠는 집에 전화가 없으니 아이와 연락을 하려고 그나마 아이가 좋아하는 피시방을 선택한 듯합니다.

방문을 마치고 다 함께 모여 활동 마무리를 하는 자리에서 여러 산타들은 방문 상황에 관한 결과와 의견을 주고받았습니다.

이웃산타 1 나는 서울에서 20년을 넘게 살았는데 내 가까운 이웃에 이런 집이 있을 줄은 상상도 못했어요. 바퀴벌레가 사람을 피하지도 않고 아예 함께 살고 있었어요. 무척 놀랐고, 또 내가 정말 무관심했구나 하는 생각이 들었습니다.

이웃산타 2 내가 간 집 아이는 혼자서 달걀만 먹는다고 하는데, 보니까 가스 밸브가 제대로 잠겨 있지 않아 저러다 불이라도 나면 어쩌나 싶은 게 정말 걱정되더라고요. 집안 정리도 하나도 안 돼 있고, 설거지도 안 하고 쌓아두고 있는 것을 보니 정말 이 아이를 잔소리라도 해서 가르쳐야 할 것 같아요. 아빠가 제구실을 전혀 못하는 것 같고, 또 혼자 있는 아이를 피시방에 맡기고……. 정말 가슴이 답답했어요.

루돌프 1 아니 구청에서는 뭐합니까? 이런 일 안 하고.

이웃산타 3 우선 급한 아이들은 열린숙제방이나 가까운 공부방에 연결해야 할 것 같아요. 그리고 루돌프 아저씨 말씀대로 구청에 알리고 제도적으로 지원받을 수 있는 방법을 챙겨야 할 것 같습니다.

마음이 따뜻한 이웃들은 이것저것 어려운 상황에 놓인 이웃을 도울 방법을 제안하기도 하고 거들기도 하면서 한참을 뜨겁게 논의했습니다.

꼬마 화가

2004년 12월, 이웃산타가 찾아간 가정에는 할머니 혼자 손자 넷을 거두고 있었습니다. 추천 명단에는 손자가 둘이라고 되어 있었지만 정작 만나고 보니 다른 상황이었지요. 먼저 가져간 두 아이의 선물(고학년에게는 물감, 저학년에게는 크레파스와 스케치북)을 나누고, 부족한 선물은 다시 가져다주겠다며 아이들에게 양해를 구했습니다.

한동안 할머니의 구구절절한 사연이 이어졌습니다. 결혼한 딸이 이혼을 하면서 일자리를 구하기 위해 당분간 아이들을 맡긴다는 게 여러 해가 지났다고 합니다. 그런데 지난 6월, 멀쩡하던 큰아들이 갑자기 짐을 싸들고 와서는 집을 나간 며느리를 찾아 나선다면서 아이 둘을 또 맡긴 것입니다. 처음에는 며칠에 한 번씩 들르곤 하더니 서너 달 전부터는 아예 연락이 끊어졌다며 깊은 한숨을 쉽니다. 아이 셋은 골방 컴퓨터 앞에서 게임을 하는지 서로 다투며 요란스럽습니다. 제법 학년이 있어 보이는 남자아이만 얌전히 텔레비전 앞에 앉아 있습니다. 이웃산타가 아이에게 말을 걸자 내처 할머니가 말씀을 이어갑니다.

"걔가 다리병신이지 뭐여. 저래 통 걷질 못하네. 이 일을 어찌해야 할지, 내가 전생에 무슨 죄를 그렇게 지었는지……."

주먹으로 당신 가슴을 내려치는 할머니를 보며 산타들의 가슴도 무너집니다. 이불을 걷고 다리를 봅니다. 바짝 말라 있습니다. 언제부터 아팠느냐고 했더니 3년 정도 지났다고 합니다. 처음에는 엄마가 업고 학교에 다니기도 하고, 병원에도 다녔는데, 의사 선생님이 가망이 없다고 했답니다. 5학년까지 다니던 학교를 못 간 지 1년이 되어가고, 하루 종일 혼자서 집에 있다는 아이는 어렵사리 대답을 하면서도 숙인 머리를 들지 않습니다. 좋아하는 게 무엇인지 묻는 말에 한참 입을 다물고 있더니 아주 작은 소리로 그림 그리기라고 대답합니다. 오늘 선물이 딱 너를 위한 것이라며 애써 웃음을 보낸 뒤 다시 만나자고 약속하며 헤어졌습니다.

대책 회의가 열렸습니다. 먼저 형편이 어려워 지원을 받아야 했습니다. 동사무소 사회복지사와 연결해 경제적 지원에 관한 문제를 상의했지요. 아빠가 가출한 사실을 신고하고 소년소녀가장으로 지원받을 수 있게 조치했습니다. 그리고 아이의 상태를 더 정확히 확인하기 위해 다니던 학교하고도 연락해 병원과 담당 의사도 확인했습니다.

한편 아이의 고립을 조금이라도 해결하기 위한 방안을 찾았습니다. 그림 그리기를 좋아한다고 했는데, 마침 성북동 갤러리 사장님이 자기 갤러리에 올 수만 있다면 그림과 도예 등 여러 활동을 지원하겠다며 흔쾌히 응하셨습니다. 일주일에 한 번 갤러리 활동을 위해 차량 자원 봉사자가 조직됐습니다. 갤러리 공간이 3층이라 자원 활동가로 참여한 이웃 엄마들은 아이를 업고서 3층까지 오르내렸습니다. 참으로 많은 이웃들이 수고를 마다하지 않고 헌신적으로 보살폈습니다.

그러다가 참 다행스럽게도 젊은 의사들을 중심으로 지역 의료 활동을 실천하는 '아름다운 생명사랑'이라는 단체와 연계가 됐습니다. 아이의 상태를 전하고 긴급히 도움을 요청했고, 대표를 맡고 있는 젊은 목사님은 기꺼이 아이를 지원하겠다고 약속했습니다. 그 뒤 아이는 가족과 상의해서 재활 시설에 들어갔고, 지금까지도 '아름다운 생명사랑'의 후원을 받고 있습니다.

'꼭꼭 숨어라' 자매

2006년 12월, 추천 목록에 있는 주소를 들고 집을 찾아 헤매다 보니 좀 늦게 어느 집에 도착했습니다. 지하라 좁은 계단을 내려가는데, 계단 입구부터 예사롭지 않습니다. 온갖 박스와 비닐들이 정리되지 않은 채 쌓여 있어 발을 딛기가 불편할 정도였습니다. 아이의 이름을 힘차게 부르며 이웃산타가 왔다고 문을 두드렸지만 아무 대답이 없습니다. 안쪽에서 아주 약하긴 하지만 불빛 같은 것이 어른거렸습니다. 다시 여러 차례 문을 두드려봅니다. 하지만 끝내 문은 열리지 않았습니다. "준비한 선물은 문 앞에 놓고 갈게." 큰소리로 인사를 하고 물러났습니다. 분명히 안에 사람이 있는데 없는 척하는 것 같았습니다.

다음 날 오후 네시경 다시 그 집을 찾아갔습니다. 낮이라 그런지 문이 반쯤 열려 있는데 문 안쪽 상황은 참으로 대단했습니다. 산더미처럼 쌓여 있는 옷가지와 화장품, 그릇들과 다양한 모양의 박스들. 여긴 창고 같은데…….
다시 돌아 나와 잠시 주변을 둘러보는데 저만치에서 한 여자아이가 걸어옵니다. 혹시나 하는 마음에 이름을 불렀습니다. 아이는 움칫 놀라며 걸음을 멈추고 쳐다보더니 고개를 끄덕였습니다.

"맞구나! 어제 왔다가 못 만나서 다시 왔어. 이웃산타야! 만나서 반갑다."

얼른 아이를 앞세우고 따라갑니다. 아이는 조심스레 계단을 내려가더니 우리가 창고라고 생각한 곳으로 들어가면서 "엄마가 다른 사람들은 집에 못 오게 하라고 했어요" 하며 몸을 가립니다. 하지만 여러 해 동안 쌓인 녹록치 않은 이웃산타 경험을 동원해 아이의 경계심을 허물어가며 아무렇지도 않은 듯 문에 발을 들여놓습니다. "아, 어머니는 아직 안 오셨구나. 언제쯤 오시는데?" 계속 아이에게 말을 거는 바람에 아이는 연신 대답을 하며 쌓여 있는 옷가지들을 건너 마치 분지처럼 가운데 동그란 부분을 골라 앉습니다. 밥은 어디서 해먹느냐고 물으니 아이가 손가락으로 가리킨 곳은 세탁기 하나가 어정쩡하게 놓여 있는 작은 공간이었습니다. 물론 그 공간에도 여러 물건이 정신없이 흩어져 있습니다. 아이를 앞세워 엄마와 전화 통화를 시도했습니다. 이미 집 안에 들어와 있다는 말에 전화기 너머 목소리에서 체념하는 기운이 느껴집니다. 평일에는 시간이 없으니 토요일에 사무실로 한 번 찾아오겠다며 약속을 합니다.

그 엄마는 이혼을 하고 혼자 여자아이 둘을 키우고 있습니다. 여러 일을 해봤지만 일이 잘 되지 않아 많이 지쳐 있는 상태였지요. '이렇게 살지 말아야 하는데……' 하는 생각을 하지만 뜻대로 되지 않았다고 합니다. 집이 이런 상태라 아이들에게도 일절 친구를 집에 데려오지 못하게 했다면서, 옷이며 살림도구며 화장품 세트 등 모두 팔다 남아 쌓아두게 된 것이라고 합니다. 한번 치워야지 하면서도 엄두가 나지 않아 포기한 상태로 있었다는 그 엄마는 우리가 찾아갔을 때 방에 있었지만 없는 척했다며 미안해했지요.

이렇게 우리의 인연은 시작됐습니다. 아이들은 공부방에서 새로운 친구들을 만나게 됐고, 엄마는 아이가 위험한 환경에서 자라는 문제에 관해 이야기를 나누며 새롭게 엄마의 의지를 다지기 시작했습니다. 구청에서 전세금을 지원받아 집도 옮기고, 아이들과 씩씩하게 살아가고 있습니다. 이제 큰아이는 이미 중학생이 됐고, '마을속 작은학교'의 밴드 동아리에 참여해 행복한 인연을 이어가고 있답니다.

이웃을 돌보는 이웃

찾아가는 이웃산타 활동은 벌써 11년째가 됐습니다. 그동안 이 활동이 이웃들에게 미친 영향은 참 컸습니다. 위험에 빠진 이웃 가정과 그 아이들을 발견해 때로는 긴급하게 구청과 연결해서 제도적 지원을 이끌어내기도 하고, 때로는 이웃들이 너나없이 거들어 심각한 상황에 놓인 아이들을 건사하기도 했습니다.

활동이 지속되면서 많은 단체와 개인들이 찾아와 함께 참여하기도 하고, 도움말과 함께 자료를 요청하기도 했습니다. 우리 지역에서는 '어린이책시민연대 강북지회'와 '생명평화연대' 등 여러 단체와 연대해서 더 많은 이웃들을 찾아 나서고 있습니다.

어느 집을 방문해 이야기를 나누고 있는 이웃산타들.

꼬마 화가가 그린 그림.

이웃산타는 이렇게 활동한다(《사랑의 책 배달부 활동 보고서》, 2004)

이웃산타 활동 기금 마련 사업 진행

지역 내 초등학교 어린이 추천받음
→ 저소득 맞벌이·한부모·조손 가정 등
어려운 환경에 있는 1~3학년 어린이 70여 명

- 이웃산타 자원봉사자와 루돌프(차량) 자원봉사자 모집
- 선물 마련과 활동 준비
- 이웃산타 발대식

어려운 이웃이 훈훈한 겨울을 보낼 수 있게 작지만
마음이 담긴 선물을 전달하는 이웃산타 활동 진행(가정 방문)

평가 모임을 통해 지원 대책 논의

- 시급히 도움이 필요한 어린이를 지역 내 공부방들과 연결
- 방학에 학원을 다니지 못하거나 보호가 필요한 어린이를 신나는 방학교실과 연계
- 한 달에 두 번 좋은 책을 가지고 가 지속적인 관계를 맺는 사랑의 책 배달 활동
- 구청의 가정복지과, 각 동사무소와 연결해 현실적으로 가능한 지원책 마련
- 아동을 보호할 수 있는 공간이 지역 곳곳에 생길 수 있게 적극적으로 문제를 제기하고, 함께 참여할 주민과 후원자 발굴

꼬리에 꼬리를 무는 활동

방학중 열린학교

방학 때가 더 힘들어요

이웃신다 활동을 하면서 우리는 가정으로 직접 찾아가 이웃들을 만나고, 어떻게 사는지 확인하고, 무엇이 필요한지 얘기를 들을 수 있었지요.

2001년 12월, 이웃산타로 찾아간 집에서 만난 여성은 혼자 아들 둘을 키우고 있었습니다. 일터가 멀어 일찍 나갔다가 늦게 들어오는 탓에 아이들 얼굴도 제대로 못 본다면서, 가장 속상한 건 아이들이 밥을 잘 챙겨먹지 않는 것이라 했습니다. 그러면서 그래도 학기 중에는 학교 급식으로 점심 한 끼는 해결이 되는데, 방학 때는 진짜 어렵다면서 하소연했습니다. 방학 때 혹시 친척집에는 가지 않느냐고 물었더니 갈 곳이 마땅히 없다 합니다.

"이 좁은 방에 하루 종일 배 깔고 누워 텔레비전만 보는 것 같아요. 학년은 자꾸 올라가는데 공부도 안 하고……."

우리는 아이들의 방학이 어느 가정에는 더 큰 부담이 될 수 있다는 사실을 확인합니다. 엄마 얼굴에 깊게 드리운 근심에 또 마음이 무거워졌습니다.

아이들의 방학을 신나고 즐겁게

방학이 더 힘들다는 이웃의 말에 다시 머리를 맞대고 이야기를 나눴습니다. 그리고 열린숙제방 공간이 너무 좁아 새로운 아이들을 오게 할 수가 없으니 따로 공간을 빌려 방학만이라도 함께 지낼 수 있는 방법을 찾자고 결정했습니다. 역시 1순위는 주민자치센터였습니다. 열린숙제방 가까운 곳에 있는 수유 3동 주민자치센터를 찾아 동장님한테 구체적인 사연들을 전하며 '방학중 열린학교'를 해야 할 필요성을 자세하게 얘기했습니다. 동장님은 주민자치위원회와 의논해서 공간을 제공하겠다고 약속하는 한편, 주민자치위원으로 활동하는 마을문고 회장님과 회원들이 아이들 점심을 만들어주겠다고 나섰다는, 참으로 반가운 소식을 전해주었습니다. 아이들 점심을 해결해야 하는 큰 과제가 해결되는 순간이었지요. '방학중 열린학교'를 위한 자원 교사가 모이고 아이들이 찾아오기 시작했습니다.

따뜻한 관심이 아이들의 마음을 열다

2002년 1월, 드디어 '방학중 열린학교'가 문을 열었답니다. 참여한 아이들은 30명이 넘었습니다. 그만큼 이런 곳이 필요한 이웃들이 많았던 것이죠. 그러다 보니 돕겠다고 나서는 분들도 많았습니다. 식당을 하는 이웃은 외식 프로그램으로 모든 아이들을 초대해 밥을 먹였고, 학용품 등 문구류를 후원하는 이웃, 간식을 지원하는 이웃 등 많은 협력자가 나타났습니다.

사건도 많았습니다. 어느 날 비명소리와 함께 혁이라는 아이가 자기보다 덩치도 더 큰 아이의 멱살을 잡고 그대로 벽으로 밀쳐버렸습니다. 아주 순식간에 일어난 일이라 아이들도 자원 교사도 혼비백산했습니다. 어찌나 악착같은지 떼어내기도 쉽지 않았고, 정말 많이들 놀랐습니다.

4학년인 혁이는 밥도 잘 먹지 않고 자주 까탈을 부리며 자원 교사들을 힘들게 했습니다. 굳은 얼굴 표정과 거친 행동에 '싫어', '몰라' 등 거의 반말에 가까운 말을 썼지요. 그런데 어느 날부터 조금씩 변하기 시작했습니다. 자원 교사들의 살가운 관심 속에서 서서히 마음의 문을 열고 있었습니다. 특히 아이들을 위해 따뜻한 점심밥을 지어주던 엄마선생님은 이 아이가 밥을 먹으러 오면 아예 옆자리에 앉아 엉덩이를 두드리고 반찬을 집어주며 끊임없이 관심을 보임으로써 아이를 응원하고 있었습니다. 그런 정성 덕분이었을까요. 일주일 정도 지나면서 이게 웬일, 밥을 싹 먹어치우더랍니다.

"봉사 생활 20년이 넘었는데, 이렇게 보람을 느낀 건 처음이야!"

밥을 지어준 엄마선생님은 자신의 경험을 감동적으로 전했습니다. 정말 아이를 품어 키운 경험이 생명을 잘 돌보는 데 더할 수 없는 힘을 발휘할 수 있다는 것을 보여준 현장이었습니다.

그 뒤 우리는 방학 중에 아이들을 지원하는 사업을 더욱 발전시키고 확장해가면서 '저소득 한부모 가정 자녀 양육 지원 방안'을 마련해야 할 필요성을 지속적으로 지역사회에 제기했습니다.

이웃상담원

위로와 응원이 필요합니다

열린숙제방과 이웃산타 활동을 하면서 어려운 상황에 처한 이웃들의 가정을 더 가까이 들여다보는 기회가 많아졌습니다. 그중에서도 특히 가정 경제와 자녀 양육이라는 두 짐을 지고 힘겨워하는 저소득 한부모 가정을 만나며, 그 부모들이 겪는 어려움이 무척 크다는 사실도 확인했습니다. 저임금과 장시간 노동, 불안정한 고용 상황, 아이들이 바라는 것을 제대로 해주지 못하고 있다는 죄책감, 혼자서 감당하기에는 너무 힘겨운 아이들의 성장통, 이러다가 아이들을 제대로 키우지 못하면 어떡하나 하는 불안과 두려움……. 참으로 많은 짐을 지고 버거워하고 있었지요. 더욱이 그런 상황에서 마음 편하게 의논할 사람 하나 없다며 답답함과 고립감, 무력감을 호소했습니다. 이런 이웃들의 모습을 보며 안타까움에 돕고 싶은 마음, 도와야 한다는 생각이 점점 커졌습니다. 누군가 말벗이 되어 아이들의 걱정을 함께 나누고 위로하고 응원하며, 그 사람들 곁에 함께 있어만 줘도 힘이 되겠거니 하는 마음, 때로는 필요한 정보와 사회적 지원을 연결하는 일도 하면 좋겠다는 생각으로, 2001년 '이웃상담원' 활동을 시작했습니다.

힘 받는 이웃들

이러저러한 사정으로 흔들리고 아파하던 이웃들이 이웃상담원과 연결되면서 또 다시 많은 이야기를 만들었습니다.

예순이 가까운 여성이 아이를 앞세워 열린숙제방을 찾아왔습니다. 손에는 담임선생님이 주신 쪽지 편지가 들려 있습니다. 아이의 급한 사정을 알고 열린숙제방에서 아이를 좀 돌봐주면 좋겠다며 담임선생님께서 추천하셨다는데, 함께 온 여성은 아이의 고모였습니다.

초등학교 2학년 경아는 부모가 이혼하면서 아빠와 함께 고모집에 살고 있습니다. 그러다 얼마 전 아빠가 엄마를 찾아가 말다툼을 한 뒤 술김에 엄마를 차로 들이받아 징역형을 받고 수감됐습니다. 이 일로 고모네 집도 큰 어려움을 겪게 됐고, 아이는 자세한 상황은 모른 채 많이 위축되어 있었습니다.

이웃상담원이 연결돼 고모와 담임선생님을 만나고, 또 수감되어 있는 아빠와 편지를 주고받으며 아이의 주변 환경을 개선하기 위한 노력이 시작됐습니다. 아빠는 아이 걱정에 마음을 잡지 못하다가 이웃상담원이 열린숙제방에

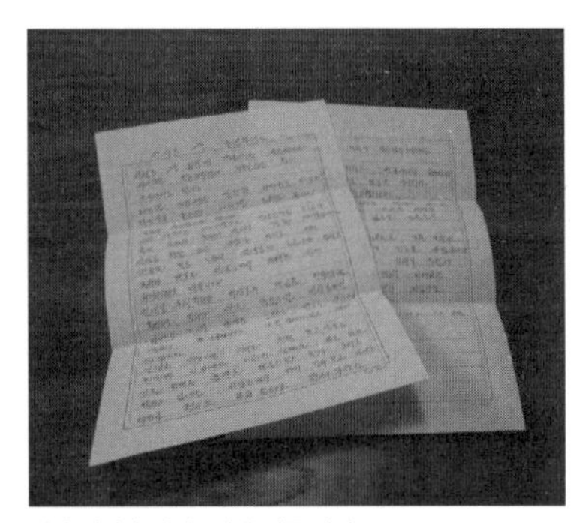
경아 아빠가 정성스럽게 써준 편지.

서 함께 생활하고 있다는 소식을 전하자 점차 안정이 됐습니다. 그리고 수감 생활을 잘해서 하루라도 빨리 나오겠다며 의지를 다졌습니다. 또 신앙에 의지하고 싶다는 뜻도 밝혀 이웃상담원이 지역의 교회를 찾아가 상황을 얘기하고 부탁했습니다. 아직 그런 경험이 없어 할 수 있을지 모르겠다고 하면서도 목사님은 아이를 위해 방법을 찾아보겠다며 협력을 약속했습니다.

학교 선생님의 관심과 교회 등 이웃들의 지원, 열린숙제방의 살가운 돌봄, 그리고 이웃상담원의 지지와 응원이 하나가 돼 경아는 조금씩 안정되면서 밝고 씩씩한 모습을 회복했고, 아빠는 수감 생활을 잘 견디고 1년이 되어 가던 즈음 가석방으로 출소했습니다.

경아와 함께 인사차 들른 아빠는 고맙다는 인사와 함께 빨리 일자리를 구해서 아이를 잘 키우겠다는 의욕을 보여주었지요. 그리고 얼마 뒤 일을 구했고, 직장 곁에 방을 얻어 아이와 함께 이사를 했습니다.

이런저런 사연을 안고 살아가는 이웃들이 위험한 상황에 놓일 때 곁에 누군가가 있어 삶에 의욕을 잃지 않고 다시 설 수 있는 용기를 가지도록 거들 수 있다면, 그건 내가 나서서라도 꼭 해야 할 일이라는 생각, 그것이 바로 이웃상담원들이 종종걸음으로 골목 여기저기를 찾아 나선 이유입니다.

보람과 어려움 사이에서

이웃상담원들은 활동하면서 가슴 뿌듯한 보람도 느꼈지만, 많은 어려움도 겪었습니다. 대부분 자신의 결혼 생활과 자녀 양육 경험 등을 '밑천'으로 출발한 상담원들은 한부모 가정이 마주하고 있는 문제의 복잡함에 자신감을 잃을 때가 많았지요. 그래서 이 활동가들을 돕기 위한 교육과 훈련이 마련됐습니다. 결혼, 가족, 가정 내 성역할과 성교육, 관련 법률, 상담의 실제 등 다양한 교육이 진행됐습니다. 또 의사소통 훈련, 갈등 해결 훈련, 분노 조절과 관계 형성 프로그램도 진행했고, 사례 연구와 전문가의 조언도 들었습니다.

이것을 바탕으로 이웃상담원들은 자신과 짝이 된 한부모 가정 이웃들을 일상적으로 만나며 때로는 문제 해결을 돕기도 하고, 때로는 심리적·정서적인 지지를 보내 힘을 주며 관계를 열어갔습니다. 또 필요할 경우 전문가나 기관의 도움을 받을 수 있게 연결해주기도 했습니다. 하지만 활동이 진행되고 관계가 진전될수록 시간과 심적 부담이 커지면서 활동가들의 자신감과 동력이 떨어지기 시작했고, 2003년 활동이 마무리됐습니다.

이웃상담원들은 내가 성숙하는 데 도움이 됐고, 다른 사람들을 조금이라도 도울 수 있다는 데서 희망을 느꼈다, 살면서 스스로 오픈할 기회가 별로 없었는데 활동을 하면서 나를 오픈하게 되고 나보다 더 어려운 사람이 있구나 싶어 동질감을 느꼈다, 계속해서 조언도 듣고 여러 사람들 얘기도 들으면서 많은 도움이 됐다고 활동 소감을 얘기합니다. 그런가 하면 이웃상담원과 만나는 한부모 가정 여성들은 가까이 의지할 이웃이 있다는 것, 믿음이 가는 이웃과 조금이나마 얘기를 나눌 수 있다는 사실에 위로를 받고, 새로운 힘과 희망을 얻게 됐다고 말합니다.

이 활동을 통해 우리는 서로 위안이 되고 지지하고 격려하며 함께 성장하는 역동적인 이웃이 될 수 있다는 희망을 키우게 됐답니다. 그리고 이 역동성이 우리의 삶을, 우리를 둘러싼 이웃 공동체를 더욱 풍요롭고 살기 좋은 곳으로 변화하게 만드는 큰 힘이라 믿고 있습니다.

이웃상담원 활동 보고서

"빈곤은 그 자체만이 아니라 보육, 양육이나 교육 문제, 아동의 정서나 애착의 문제, 유기나 방임 등 학대의 문제, 가족 성원간의 관계 문제 같은 많은 가족의 복지 문제와 얽혀 있습니다. 그리고 이것은 물질 혹은 제도로 접근하기보다는 '대면적인 접촉과 관계' 속에서 접근해야 할 일들입니다."(남기철 동덕여대 사회복지학과 교수, 《찾아가는 이웃상담원 활동 보고서》, 2002)

이웃상담원 김미희 님의 활동 보고

횟수	4	장소	퇴근길 (내담자)	상담일	2001년 6월 ○일
피상담자	○○ 어머니	상담자	김미희	시간	2시간(늦은 8:30~10:30)

① 상담 내용

내담자가 스스로 전화를 걸어왔다.

"선생님, 시간 좀 내주세요. 답답해서 말씀 좀 드리고 싶은데, 퇴근길에 잠깐 뵐 수 있을까요?"

약속한 시간에 약속 장소에는 긴 머리를 짧게 자른 어머니가 캔 커피를 손에 든 채 앉아 계셨다.

"선생님, 요즘 사는 게 왜 이리 힘이 들어요. 제가 괜한 말을 해서 선생님 힘들게 하지요? 일하는 곳 사정에 맞추다 보면 우리 애들은 늦게까지 혼자 있어야 되고, 집도 엉망이고 애들도 엉망이고, 좀 그래요. 애들은 해달라는 건 많고, 저는 능력은 안 되고, 앞이 안 보여요. 그렇다고 아이들이 철이 들어 엄마를 이해하는 것도 아니고……. 너무 답답했는데 말이라도 하고 나니 속이 후련하네요. 죄송해요. 좋지 않

이웃상담원 교육.

은 말만 해서…….”

“어머니 형편과 생각을 아이들한테 솔직하게 말씀하실 필요가 있어요. 내가 지금 이러이러하니 너희가 이렇게 해줬으면 좋겠다. 힘들면 힘들다, 표현을 하세요. 얘기하실 게 있으면 아무 때고 전화주세요.”

② 상담자 의견

상담 교육을 받으면서 내가 해줄 수 있는 노력의 범위가 넓어진 느낌이 든다.(《찾아가는 이웃상담원 활동 보고서》, 2001)

사랑의 책배달부

공부방이 멀어서 올 수가 없어요

이웃산타 활동이 계속 진행되면서 꼬리에 꼬리를 무는 활동이 이어졌습니다. 보살핌이 필요한 상황에 있는 아이들을 찾아냈지만, 이 아이들을 공부방으로 연결하기 어려운 경우가 생겼습니다. 공부방이 집과 너무 멀어 학교를 마친 뒤 아이가 혼자 오기가 어렵다거나, 드물게는 보호자가 보내고 싶어 하지 않는 경우도 있었습니다. 이 문제를 해결하기 위해 방안을 찾기 시작했습니다.

처음에는 당번을 짜서 학교가 끝난 아이들을 직접 데려오자는 의견, 차를 한 대 마련해서 학원처럼 태워오자는 의견 등 이런저런 의견이 나왔지만 현실성과 지속 가능성을 고려하면서 하나로 의견을 모았습니다. 우리들이 해야 할 가장 중요한 일은 아이들이 스스로 자신이 놓인 상황에 잘 대응할 수 있게 지원하는 것이라는 점을 확인했습니다. 그래서 한 달에 한 두 번이라도 아이들 집으로 직접 찾아가서 아이들이 생활하는 데 필요한 최소한의 것, 즉 가스 밸브 잠그기, 청소하기, 설거지하기, 숙제하기, 준비물 챙기기, 책 읽기 등을 스스로 할 수 있게 옆에서 '잔소리'하며 돕자고 결정했습니다. 그리고 이 일을 하는 이웃들을 '사랑의 책배달부'라고 이름 짓고, 아이들 집에 갈 때 책을 두세 권 정도 가져가서 함께 읽거나 대화할 거리로 활용하자고 의견을 모았습니다.

사랑을 전하는 책배달부

2004년 봄에 사랑의 책배달부 활동이 시작됐습니다. 활동 초기 우리가 만나는 아이들은 대부분 책을 잘 읽지 않아 어떻게 접근해야 할지 난감한 경우가 많았습니다. 그래서 우리는 모임 때마다 서로 활동 내용을 얘기하면서 도움을 주고받았습니다.

책배달부로 참여한 한 이웃은 집으로 찾아가도 아이들이 별 관심을 보이지 않아 무척 섭섭했다고 합니다. 그런데 어느 날 지나는 길에 아이들 집에 들러 "너희들 저녁 먹었니?" 하고 물으니 안 먹었다며 고개를 흔들더랍니다. 이미 저녁 시간이 좀 지난 때라 "그럼 우리 저녁 챙겨 먹을까?" 하고서는 냉장고 문을 열어보니 거의 비어 있었습니다. "우리 장 보러 가자. 음~ 카레 해서 먹으면 맛있을 거야!" 이렇게 해서 아이 둘을 앞세우고 골목 시장에 가 양파와 당근을 사와서 아이들과 함께 후다닥 만들어서 먹었답니다. 아이들이 맛있게 먹고 나서는 불쑥 "책 읽어주세요" 하더랍니다. 세상에 이게 웬일? 이웃 엄마는 입이 귀에 걸렸지요. 우리는 그 엄마의 순발력을 마구 칭찬했습니다.

사랑의 책배달부 활동은 빠르게 퍼졌습니다. 한 가정에서 아이들이 잘 자라는 데 필요한 것을 미처 갖출 수 없다 하더라도 이웃이 관심을 갖는 순간 참 많은 게 해결됐습니다. 미용실을 하는 이웃은 아이들 머리를 관리해주고, 재활용 가게 사장님은 아이들한테 필요한 책상과 가재도구를 챙겨주고, 성당 레지오 봉사팀 아저씨들은 꼭 필요한 집에 도배를 직접 해주기도 하면서 이웃의 삶에 구체적인 관심을 갖는 사람들이 늘어났습니다.

혼자 있을 때 일어날 수 있는 위험 상황에 대처하는 능력을 키울 필요가 있다는 생각에 아이들과 함께 서울시민안전체험관을 방문해 화재나 비상시에 필요한 대처 훈련을 하기도 하고, 가정에서는 아이들이 한 가족의 구성원으로서 부모나 보호자를 도울 수 있도록 최소한의 생활 훈련도 도왔습니다.

참 부지런한 발길들, 참 따뜻한 손길들이 보태져 아이들과 그 가정의 작은 변화를 이끌었지요.

사랑의 책배달부 활동 매뉴얼을 만들다

활동이 지속되자 관심 갖는 사람들이 점점 늘었습니다. 이런 활동이 자기가 사는 지역에서도 일어났으면 좋겠다는 바람을 가진 사람들이 많아지면서 사랑의 책배달부 활동가들의 경험을 바탕으로 활동 내용과 목표, 그리고 준비부터 진행과 평가에 이르는 구체적인 과정을 정리했습니다. 또 활동하려는 사람 누구라도 쉽게 할 수 있도록 돕기 위해 《사랑의 책배달부 매뉴얼》(2005년 12월)을 만들었습니다. 또 사랑의 책배달부 활동 모습을 담은 영상 자료도 만들었는데, 10분 남짓 되는 짧은 자료지만 보는 사람은 누구나 무엇을 위한 활동인지, 어떻게 하는지 금방 이해하면서 큰 감동을 받았습니다. 그리고 주변 단체나 기관의 요청에 적극적으로 응해 강의를 통해 우리 경험을 전하기도 했습니다.

2009년 말, 사랑의 책배달부 팀은 활동 평가를 통해 중요한 결정을 내렸습니다. 지역아동센터와 공부방 등 아이들이 이용할 수 있는 시설이 많이 생겼고, 저소득 가정에 '방과후 유급 돌봄 도우미'가 파견되는 등 지역사회의 객관적인 상황이 크게 변한데다 활동가 발굴도 어려워지면서 계속하기가 어렵다는 사실에 공감하면서 활동을 마무리하기로 한 것입니다. 계속 활동하고 싶은 사람들은 이웃산타 동아리에 결합하기로 했습니다.

사랑의 책배달부 활동은 특정한 시기에 경제적으로 어려운 상황에 놓인 아이들과 그 가정을 향한 이웃과 지역사회의 관심을 높이고, 나아가 어떻게 지원하고 응원할 수 있는지 보여준 또 하나의 사례입니다. 최근 정부의 저소득 가정 양육 지원 정책 중 방과후 직접 가정으로 찾아가 아이들을 보호하는 '돌봄 도우미' 사업은 바로 이런 문제의식을 담아낸 것입니다.

사랑의 책배달부.

스스로 열어가는 지역사회복지의 가치

복지는 가진 사람의 시혜도, 국가가 선택적으로 베풀어주는 것도 아닌, 인간다운 생활의 보장이라는 국민의 기본권이다. 그리고 시민사회의 차원에서 본다면 자조(selp-help)의 전통과 미덕이, 내가 살아가는 지역사회를 인간다운 '마을 공동체'로 만들어가는 나눔의 과정으로 승화된 것이다. 그리고 여기서 자체적인 주민 조직과 네트워킹은 다른 무엇으로도 대신할 수 없는 소중한 역할을 한다.(남기철 동덕여대 사회복지학과 교수, 《사랑의 책배달부 활동 보고서》, 2004)

책배달부로 나온 세상

늘 다니는 우리 동네 사거리 도로변에 내 시선을 잡는 플래카드가 하나 있었다. "사랑의 책배달부를 모집합니다." "책배달부? 뭐지?" 그러다 며칠이 지났다. '전화 한 번 해볼까?' 또 몇 주가 지나고 어느 날 전화를 걸었다. "네, 다름이 아니고 플래카드 보고 전화했는데요." 이렇게 긴 고민을 털어내고 마침내 책배달부가 됐다. '내가 과연 잘할 수 있을까? 남보다는 나를 먼저 생각하는 내가, 중간에 포기하는 일 없이 끝까지 해낼 수 있을까?'

2주에 한 번 모임을 하면서 많은 공부를 했다. 책을 매개로 저소득층 한부모 아이들을 만나면서 부딪치는 여러 가지 어려움을 해결하자니 공부를 하지 않으면 안 됐다. 공부를 하면서 도움이 필요한 부분은 사회복지 전문가를 초빙해서 강의를 듣기도 했다. 우리가 고민하던 많은 부분들을 속시원하게 풀어주고 천군만마를 얻은 것처럼 자신감이 생기기도 했다.

내가 만나는 아이들은 아빠와 산다. 초등학교 3학년, 1학년 여자아이 둘이다. 둘째가 돌 때부터 아빠하고만 살았다고 한다. 그런데 둘째가 아직 한글을 읽지 못한다. 책을 읽어주면 재미있어 하는데 학습에는 흥미가 없다. 무엇보다 한글을 깨치도록 도와주는 것이 급선무라 생각해서 한글 공부를 시작했다. 처음에는 힘들어 하더니 지금은 잘 따라한다. 다행이다. 어느 날 찾아가기로 약속한 시간에 맞춰 아이들 집

사랑의 책배달부 정기 모임.

에 갔다. 아이들 이름을 부르며 들어갔더니 친구가 와서 함께 놀고 있었다. 그런데 둘째가 나를 보더니 갑자기 "나 이제부터 선생님한테 엄마라고 불러도 돼요?" 한다. 순간 당황하면서 눈물이 핑 돌았다. "그래, 엄마라고 부르고 싶니? 그럼 그렇게 해." 좋아라 하며 내 품에 안긴다. 아직은 너무 어린 아이다. 한글도 중요하지만 사랑이 먼저인 것을. 내가 얼마나 이 아이들을 사랑으로 대했나 반성하는 하루가 되었다. 이렇게 여러 시행착오를 겪으며 아이들을 통해 세상을 배운다.(이복희, 《사랑의 책배달부 활동 보고서》, 2004)

이야기엄마

이야기 친구가 필요한 아이들

열린숙제방과 이웃산타, 사랑의 책배달부 활동 등을 통해 아이를 키우는 데 주변의 지원과 협조가 절실히 필요한 이웃들을 계속 만나면서 이웃 엄마들의 활동은 더욱 다양해졌습니다.

저소득 한부모 가정이라는 이름으로, 소년소녀가장이라는 이름으로 성장 과정에서 충분한 관심과 지지를 받지 못하면서 학습에 심각한 장애를 겪는 아이도 있었고, 자긍심이 많이 훼손돼 동기 유발이 취약하고 매사에 의욕이 떨어지는 아이도 있었습니다. 아이들이 학습에 뒤처지면서 자신들이 겪는 삶의 어려움을 반복할지도 모른다는 두려움과 압박감을 호소하는 보호자들의 이야기는 더욱 우리를 애태웠습니다.

24시간 어린이집 아이들도 대부분 보호자의 품으로 돌아가는 주말, 홀로 남아 있는 아이들을 보며 그 외로움을 채워줄 무엇이 필요하다는 원장님의 말씀에, 이웃으로서 뭔가 해야 한다는 문제 제기도 있었습니다. 이런 호소에 생명을 보듬어 안고 돌보며 북돋우는 '엄마'라는 경험을 가진 지역 여성들의 마음이 또 움직였습니다.

2005년 4월, 10여 명의 이웃 여성들이 모여 자신들의 양육 경험과 지혜를 바탕으로 이웃 아이들이 건강하게 자라도록 무엇을 할 수 있을지 의견을 나눴습니다. 그리고 아이들이 조금 더 즐겁고 행복하게 삶을 꾸리는 데 도움이 되는 힘과 지혜가 담긴 '이야기', 즉 좋은 '책 친구'가 필요하다는 데 공감하고 '이야기엄마'가 되기로 합의했습니다. 어린이집에서, 놀이터에서, 골목 도서관에서, 공부방에서 이야기엄마들의 열정과 재능이 발휘되기 시작했습니다.

"아직 살림집을 마련하지 못한 아빠는 지방 건설 현장에서 일하면서 여인

숙에 머물고 있어요. 어쩌다 주말에 올라와도 아침에 아이를 데리고 나가 점심 한 끼 함께 먹고는 다시 어린이집에 맡긴 뒤 일터로 내려갑니다. 아이의 세계는 오로지 어린이집이 거의 전부에요. 만나는 사람도 어린이집 교사가 전부고. 무척 안타까워하던 참에 이야기엄마 얘기를 듣고 신청하게 됐어요."

원장님 말씀을 떠올리며 오늘따라 이야기엄마는 욕심이 커집니다. 더 많은 즐거움을 주고 싶고, 더 많은 호기심을 불러일으키고 싶고, 더 많이 안아주고 싶고, 더 오래 데리고 있고 싶고…….

이야기엄마 1 어제 어린이집에서 책을 읽어주고 왔는데, 아이들이 초롱초롱한 눈망울로 어찌나 집중해서 잘 듣던지 정말 예뻐요! 다음에는 한 권 더 읽어야 할까봐.

이야기엄마 2 우리 팀은 도서관에서 '똥벼락' 슬라이드를 상영했거든요. 이야기엄마들이 어쩌면 그렇게 실감나게 대사를 하는지, 애들이 정말 재미있어 했어요.

이야기엄마 3 놀이터 귀신잔치도 참 대단했어요! 입소문으로 동네 아이들과 어른들이 모여들어서, 휴대폰으로 사진 찍느라 난리법석이었어요. 특히 드라큘라, 그렇게들 좋아하데! 다음에 자기도 귀신하면 안 되느냐고 미리 신청하겠다는 거예요.

두런두런, 하하 호호. 동네 놀이터에서, 어린이집에서, 골목 도서관에서 때로는 시끌벅적하게 때로는 진지하게 때로는 신명이 넘친 이야기엄마들의 멋진 무용담이 신나게 펼쳐집니다.

우호적인 관심과 보살핌이 필요한 아이들, 삶의 지혜와 용기를 북돋우고 싶은 어른들이 한데 어우러져 서로 힘이 되고 자랑이 되고픈 우리, 오늘도 동

이야기엄마 정기 모임.

이야기엄마 사전 교육.

네 여기저기서 살아가는 이야기, 살맛나는 이야기가 이야기엄마들의 신명에 실려 아이들을 행복한 마법의 세계로 안내하고 있답니다.

우리도 이야기엄마 하고 싶어요!

이야기엄마 활동이 '(재)서울여성'에서 살기 좋은 지역을 만들어가는 지역 여성들의 모범적인 활동 사례로 선정돼 으뜸상을 받았습니다. 어느 지역의 여성들이든 누구나 생활 속에서 쉽게 참여할 수 있는 활동이라는 점이 높게 평가된 것이었습니다. 그 뒤 이야기엄마 활동은 서울시 여성 자원봉사 활성화 사업으로 선정됐고, '서울시 동부여성플라자'에서는 지역 여성들을 대상으로 이야기엄마 활동가를 모집하고 교육을 거쳐 활동으로 연결시키는 사업을 진행했습니다(2006년 9월). 그 교육과정에서 녹색삶의 이야기엄마들은 자신의 활동 경험을 잘 정리해서 다른 지역 여성들에게 전달하는 강사 일을 훌륭히 해냈답니다.

이야기엄마들의 활동은 2007년 녹색삶 사무국의 공간이 이전되고, 또 주요 활동가들이 취업 등 변화를 겪으면서 2008년에 마무리됐습니다.

어린이집에서 활동하는 이야기엄마.

이야기엄마의 역할극.

진짜 스타가 된 기분이에요
— 환경 연극 동아리 '만년대계'

연극으로 하면 어때요?

숙제방 꼬마 식구인 호야는 마음을 주는 데가 없습니다. 집에서도 학교에서도 숙제방에서도 재미있는 일이 없고, 그냥 건성입니다. 어쩌다 눈이 마주치면 눈동자가 텅 빈 듯한 모습에 가슴 한구석이 아립니다. 아빠는 '아주 어릴 적인데 그 기억을 잘 잊지 못하는 것 같다'며 어렵사리 말문을 엽니다.

호야가 네 살 때, 심한 다툼 끝에 엄마는 집을 나가고, 그 뒤 아빠는 엄마를 찾아 많이 헤맸다고 합니다. 어느 날 어렵사리 만난 엄마와 싸우다가 감정이 격해진 아빠가 칼로 엄마를 찔렀고, 아빠를 따라나선 호야도 그 현장을 보게 됐다고 합니다. 다행히 엄마는 많이 다치지 않았지만, 그 뒤 헤어졌고요. 그렇게 호야는 아빠와 함께 할머니 집으로 와서 살게 됐고, 이제 3학년이 됐습니다. 오늘도 할머니는 숙제방에 찾아와서 호야 때문에 속상하다며 이런저런 하소연을 한참 동안 하시더니 마칠 시간이 돼서야 관절염으로 아픈 다리를 절룩거리며 아이를 앞세워 휘적휘적 집으로 가십니다.

"다행스럽게 호야 담임선생님이 참 좋은 분이세요. 지난 번 학교 방문 때 가서 만났는데, 어떻게든 호야를 도와주려고 하는데 잘 돕지 못하는 것 같다며 안타까워하셨어요. 그러고는 숙제방 엄마선생님들이 잘 좀 돌봐달라며 부탁하셨어요."

지난 번 학교 방문에서 호야 담임선생님을 만나고 온 자원 교사가 안쓰러운 마음으로 학교에서 있었던 일을 전해줍니다. 그렇지 않아도 모두 호야에게 마음을 쓰고 있던 참이라 이런저런 이야기들을 나눈 끝에 한 가지 결정을 내리게 됐습니다.

먼저 우리 호야에게 마음을 써주는 선생님께 감사한 마음을 담아, 그리고 호야에게 '네 뒤에는 우리가 있어! 호야, 힘내, 힘내자!'고 격려하고 응원하는 마음으로, 우리가 할 수 있는 일을 찾아보자는 것이었지요.

그런데 마침 차세대 환경 교육을 더 효과적으로 할 수 있는 방안으로 환경 연극을 준비하고 있던 터라, 그렇다면 연극을 만들어 호야네 반부터 응원 공연을 가자고 의견을 모았습니다.

연극 준비에 탄력이 붙었습니다. 구체적인 목표가 하나 더 얹어지니 열정도 더 커졌습니다. 연극을 하고 싶어하는 이웃을 모았습니다. 마치 이 기회를 기다렸다는 듯이 나타나는 이웃들이 있었습니다. 결혼과 더불어 자신의 색깔을 찾는 작업을 포기했는데 이제 기회가 왔다며 열정을 보이는 사람, 학창 시절 연극을 했다며 진지하게 참여를 결정한 사람, 호야를 돕고 싶은 마음 하나로 또는 분위기에 휩쓸려 얼떨결에 참여한 사람 등 다양한 동기를 가진 이웃들이 모여 환경 연극 동아리를 만들었습니다. 그리고 우리와 우리 아이들이 대대손손 건강한 생명을 이어가며 잘 살아가자는 바람을 담아 동아리 이름을 '만년대계'로 지었습니다.

동아리 구성원들이 모여 합의한 내용을 바탕으로 대본도 짜고, 배역을 나눠서 연습도 하고, 필요한 소품도 만들며 공연을 준비했는데, 사실 준비하는 과정 그 자체가 한 편의 연극이었습니다. 모든 사람이 연출자가 되고 배우가 되어 좌충우돌 웃고 떠들며, 서로 거들어가면서 있는 신명 없는 신명을 다 쏟아냈습니다.

엄마 배우들의 연극 열전

이렇게 준비한 첫 연극 〈비닐귀신은 물렀거라!〉는 1999년 7월 14일 우이초등학교 3학년 한 교실에서 막을 올렸습니다. 공연을 하러 학교에 간 우리는 깜짝 놀랐습니다. 호야네 반 아이들만 보는 줄 알았는데, 이웃한 두 개 반 아이들까지 한 교실에 모여 공연을 기다리고 있었습니다. 담임선생님이 옆 반 선생님들도 함께 보자며 졸랐다고 합니다.

갑자기 불어난 관객 때문에 더욱 두근대는 가슴을 진정시키며, 오그라지는 입을 풀어가며 무대랄 것도 없이 칠판 앞에서 공연을 했지요. 맨 앞에는 바닥에 엉덩이를 대고 열을 맞춰 앉은 아이들, 그 다음에는 의자에 앉은 아이들, 그 다음에는 책상 위에 앉은 아이들, 무려 세 개 반 아이들을 기술 좋게 한 교실에 다 모아놓았으니 분위기도 아주 산만했지요. 그런데 연극이 시작되자 아이들이 점차 극에 몰입하기 시작했습니다. 열심히 박수도 치고 대꾸도 하며 빠져들더군요. 이런 경험은 처음이다 보니 나름 관심을 끌었나 봅니다.

연극이 끝나자 아이들은 고맙게도 큰 박수와 환호성으로 마무리를 해줬습니다. 선생님들은 복도에 책상을 이어붙여 식탁을 만들어놓고 먹음직스러운 수박을 푸짐하게 차려주셨습니다.

"어떻게 이런 생각을 하셨어요? 정말 재미있으면서도 유익하네요."

"연극을 통해 전달하니까 일반적인 환경 교육 때보다 아이들이 훨씬 더 집중했어요. 또 머리에 쏙쏙 들어가 기억도 잘할 것 같아요!"

선생님들의 칭찬에 내심 어설프지나 않았을까 마음 졸이던 '엄마 배우'들의 기가 좀 살아납니다.

"어찌나 떨리던지……. 선생님, 대사가 제대로 전달이 됐나요? 생각보다 아이들이 잘 호응해줘서 좋았어요."

"처음에 어찌나 긴장했는지 정신이 하나도 없었는데, 아이들이 적극적으로 맞장구도 쳐주고 거들어주니까 신이 나서 하긴 했어요."

마침내 선생님들이 결정타를 날렸습니다.

"그런데 이거 우리 학교 아이들 전부 다 봐야 하는 것 아닌가요?"

"맞아요. 우리만 보긴 정말 아까워요!"

미숙한 연기와 초라한 소품인데도 아이들과 선생님들이 열렬히 호응하고 칭찬해줘 엄마 배우들이 무척 고무됐답니다.

전진, 또 전진!

엄마 배우들 가슴에 불이 붙었습니다. 아이들의 환호에다 선생님들의 칭찬과 격려까지, 활동 뒤 평가 자리는 그야말로 잔칫집 분위기입니다.

"자긴 정말 타고났어! 어쩜 목소리가 그렇게 쨍쨍하니?"

"아, 저이 순발력 정말 끝내주더라. 그 애드리브, 완전 수준급이었어!"

서로 상대방의 모습에 감탄하며 엄마 배우들의 웃음소리가 높아갑니다.

"그래, 그 선생님 말씀처럼 더 많은 아이들이 봐야 해!"

"떡볶이 컵 아무데나 휙 던지지, 음료수도 마실 줄만 알고, 캔 하나 제대로 분리수거할 줄 모르지. 정말 어릴 때부터 잘 가르쳐야 해. 습관을 잘 들여야 한다니까!"

신명에다 불타는 사명감까지, 엄마 배우들은 내친김에 또 일을 저지릅니다. 의욕적인 계획을 세우고 서울시 자치행정과에서 프로젝트를 지원받아, 3년 동안 인수초등학교, 쌍문초등학교, 번동초등학교 등 여러 초등학교와 강북구민회관, 도봉구민회관 등 여러 기관에서 강북·도봉 지역의 5천 명이 넘는 아이들을 만나 공연을 했습니다.

해를 거듭하며 우리 연극은 〈쓰레기는 반으로 재활용은 두 배로!〉, 〈나는야 지구지킴이〉로 다양해졌고, 공연 뒤 교실에서 진행되는 환경 체험 수업까지 마련되면서 형식도 더욱 풍부해졌습니다. 그리고 우리 동네에 사는 연출가 고진희 님과 연극배우 길혜연 님의 도움을 받으며 연기 수업도 좀 했답니다. 참으로 유쾌한 경험이었지요.

지역에서 활동하면서 학교와 우호적인 관계를 형성하기가 쉽지 않았는데, 연극 공연이라는 새로운 활동이 계기가 돼 서로 관계를 열어가는 데 큰 힘을 발휘했습니다. 또 공연을 위해 관할 구청과 기관 등에 장소 협조를 의뢰하는 일부터 구체적인 업무를 나누는 일까지 경험하면서 관계 형성에 자신감을 갖게 되었습니다. 무엇보다 연극에 직접 참여한 지역 여성들 스스로 환경에 관한 인식을 새롭게 하고 실천의 중요성과 필요성을 깨닫는 소중한 기회였고, 또 연극이라는 창의적인 활동 영역을 개척함으로써 자신의 이야기를 잘 표현하고 전달할 수 있는 힘도 기르게 됐습니다.

이런 성과에 힘입어 '만년대계'는 4년 동안 활동을 지속할 수 있었습니다. 2003년 핵심 구성원들이 지방으로 이사를 가고 창업 등 여러 변화를 겪으면서 활동을 마무리했습니다.

열연 중인 엄마 배우들.

우리가 바로 롤모델

엄마 배우들의 신명나고도 유쾌한 활동에 나누리의 청소년들과 열린숙제방 아이들도 관심을 갖게 됐습니다. 청소년들은 머리를 맞대고 궁리를 하더니 벼락같이 작품을 만들었습니다. 각자 배역을 맡아 연습을 한 뒤 녹색식구들 앞에서 공연을 올렸지요. 바로 〈비실이의 하루 — 인스턴트 식품은 물러가라!〉입니다. 자신들의 식습관을 돌아보며 인스턴트 식품의 폐해를 구체적이면서도 재미있게 살펴보는 내용이었습니다. 그 뒤 어느 중학교에 초대되어 공연하는 기회를 갖기도 했습니다. 한편 열린숙제방 아이들은 〈캠프장에서 생긴 일〉이라는 연극을 만들어 학부모와 자원 교사들을 초대해 공연을 했습니다. 캠프장 쓰레기 문제와 불량식품을 연결한 내용이었지요. 그리고 다른 공부방 친구들을 위해 공연도 했답니다.

엄마 배우들의 한 판 수다가 시작됩니다.

"그러니 아이들한테 최고 좋은 게 뭘 하라고 시킬 게 아니라 부모들이 하

환경 연극을
기다리고 있는 아이들.

면 되는 거예요. 그러면 아이들은 다 해! 보는 게 얼마나 중요한대. 잔소리하는 것으로는 안 된다니까."

"그래도 참 기특하네요. 연극을 보는 것만으로도 많은 영향을 받는데, 직접 그렇게 하고 나면 얼마나 많이 변하겠어요?"

"우리가 그렇게 한 게 아이들 호기심을 자극했나 봐요. 아줌마들도 하는데, 뭐 그런 것 있잖아요? 하핫!"

"그럼 우리가 롤모델이 된 거네!"

모두 자신이 자랑스럽고, 또 새삼 우리 아이들이 대견합니다.

우리는 지금 '열공' 중!
— 신명나는 학습 동아리

NGO 학습 동아리를 만들다

열린숙제방을 비롯한 우리들의 지속적인 활동이 많은 사람들의 관심을 불러일으켰나 봅니다. 《중앙일보》, 《경향신문》, 《한겨레》, 《시민의 신문》, 《강북 새소식》, 《동북신문》, UNEP(유엔환경계획기구) 한국위원회 등에서 사진과 함께 우리 기사를 싣는가 하면, MBC의 〈아침마당〉, KBS 뉴스 등에도 소개됐습니다. 언론에서는 우리 활동을 일컬어 '모범적인 NGO다, 지역시민운동의 새 지평을 연다, 더 선진화된 시민단체의 모델이다, 세상을 바꾸는 아줌마들이다' 등으로 표현하며 여러 의미를 부여해줬지요. 또 활동이 알려지자 이런 활동에 관심을 가진 단체나 개인들도 많이 찾아왔습니다. 그러던 2000년 말, 운영위원이자 열린숙제방 자원 교사로 활동하는 한 회원이 의미 있는 문제 제기를 했습니다.

"지난번에 다른 단체에서 탐방 왔을 때 내가 우리 활동을 소개했어요. 열린숙제방과 녹색가게 활동을 중심으로 최근에 진행하고 있는 활동을 소개했는데, 그분들이 '참 새로운 NGO 활동이다, 모범적인 풀뿌리 단체다' 하더군요. 나는 이웃으로서 우리가 해야 한다고 생각하는 일을, 할 수 있는 만큼

한 것뿐이라고 했어요. 그러고 보니 우리가 하는 일이 사회적으로 어떤 의미가 있는지 다시 정리해보면 좋겠다는 생각이 들었어요. 또 다른 시민단체들은 어떻게 활동하고, 어떤 목표를 갖고 있는지 궁금하기도 하고. 사실 그동안 우리 단체도 많이 성장해서 여러 소모임에서 올라오는 요구도 많고, 해결해야 할 고민거리도 많은데, 우리 조직의 방향성이나 비전을 다시 확인해봐야 하지 않을까요?"

우리는 이 의견에 공감하면서 '함께 공부하자'는 결정을 내렸습니다. 그리고 어떤 내용을, 어떤 방법으로 공부할 것인지 구체적인 얘기를 나눴지요. 먼저 시민단체 활동에 관해 알아보는 것부터 시작하기로 했습니다. 그리고 강사가 일방적으로 강의를 하는 것보다는 참여하는 구성원들이 좀더 주도적으로 진행하는 방식이 좋겠다고 의견을 모았습니다. 2001년 봄, 기본 교재와 내용을 정해 돌아가면서 발제하고 토론하는 방식으로 공부를 시작했습니다. 그리고 성공회대학교에 NGO 관련 학과와 연구팀이 있다는 사실을 확인하고는 학교를 방문해 조효제 교수님과 장화경 교수님을 만나 도움이 되는 말씀도 들었습니다. 이런저런 자료에다 필요할 때 언제라도 도와주겠다는 약속까지 받은 우리는 든든한 협력자를 만난 기쁨에 사뭇 흥겨웠답니다. 우리는 이 모임을 'NGO 학습 동아리'라고 불렀습니다.

책을 읽고, 발제하고, 공부하고,

먼저 2년 이상 활동한 경험이 있는 운영위원과 핵심 활동가들이 참여했습니다. 그리고 시민운동에 관한 길잡이가 되는 책을 선정하기로 하고 여러 책을 검토한 끝에 《한국 NGO — 시민사회단체, 21세기의 희망인가?》로 시작하기로 했습니다.

참석자들이 차례를 정해 한 단원씩 내용을 정리해서 발제하고 토론하는 방식으로 진행했습니다. 그동안 회의도 많이 하고 교육도 받았지만, 이렇게 책을 읽고 발표를 하고, 이것을 바탕으로 서로 생각을 주고받는 경험은 새로웠습니다.

어떤 회원은 자기가 발표할 내용을 손으로 빼곡히 적어오기도 하고, 어떤 회원은 아들한테 부탁했더니 생색을 내며 '워드'로 쳐주더라고 하고, 또 다른 회원은 독수리 타법으로 요거 정리하는 데 몇 시간이 걸렸다는 등 각자의 상황과 형편에 따라 발제가 진행됐지요. 일주일에 한 번 진행된 학습 모임에서 어떤 사람은 열심히 읽어오고, 어떤 사람은 참가하는 데 의의를 두었으며, 어떤 사람은 척 보니 그거 우리가 다 하던 얘기라며 일갈하기도 하면서 나름대로 학습 모임을 꾸준히 했습니다.

필요할 때 강사로 참여해 우리를 이끌어준 분들도 있었고, 정성스레 조언을 아끼지 않는 분도 있었지요. 또 워크숍 과정을 마련해 시민교육 전문가들과 함께 집중적인 교육을 받는 시간도 가졌습니다. 이렇게 우리 활동의 근거가 되고 방향을 가늠하게 도와주는 여러 주제들을 선택해 꾸준히 학습 모임을 진행했지요.

물론 어려움도 많았습니다. 공부를 할 길잡이 교재를 찾아봤지만 우리의 문제의식이나 준비 정도에 맞는 책을 찾기가 어려웠습니다. 주로 대학교 교재로 나온 책들이 많아 읽기에 부담이 됐고, 그래서 책 내용 중 필요한 부분을 선택해서 재편집하는 경우도 있었습니다.

또 학습에 참여하는 우리들도 처음에는 관심과 열정이 넘쳤지만, 주부라는 직업이 얼마나 바쁜지 지속적으로 시간을 빼서 공부한다는 게 그렇게 쉽지가 않았지요. 또 모이면 두세 시간 집중해야 하는 것도 큰 부담이었습니다.

나중에는 책을 쳐다만 봐도 머리가 아프다느니, 모임 날이 다가오면 울렁증이 생긴다느니 하며 부담을 호소하는 사람도 많았습니다. 그리고 3년이 지나자 "이제 공부는 그만!"을 외치기도 했지요. 그 뒤 학습 모임은 구성원들의 요구에 따라 중남미문화원 탐방, 전시회 관람 등 문화 활동 요소를 더 강화하는 방향으로 진행됐습니다.

지행일치를 향한 열공 모드

동화 읽는 어른 모임, 동화사랑방

'동화사랑방'은 자녀들의 좋은 책 읽기에 관심을 가진 일곱 명의 지역 여성들이 모여 동화를 함께 읽고 토론하는 동아리로, 1999년에 모임을 시작했습니다. 주로 미취학 아동이나 초등학교에 다니는 자녀를 둔 여성들이 중심이었지요.

매주 한 번 모여 동화책을 선택해서 읽고 진지하게 비판하고 토론하면서도 때로는 자지러지는 웃음으로 서로 힘을 주고받았습니다. 이렇게 책이 좋아 모였지만 책을 읽고 토론하는 데 그치지 않고, 열린숙제방 아이들과 주변 이웃 아이들을 위한 다양한 활동으로 이어갔습니다.

이웃 아이들을 위해 '좋은 책'을 가려내서 작은 도서실에 꽂아놓고, 놀이터 등에서 어린이 도서 축제를 열어 '좋은 책'을 안내하고 동화를 들려주는가 하면, 그림책도 만들고 젓가락 인형극도 하고, 전래놀이 등을 진행해 아이들을 동화의 세계로 안내했습니다. 열린숙제방의 자원 교사가 되기도 하고, 이웃상담원이 되어 이웃들을 격려하고 지지하는가 하면, 이야기엄마가 되어 아이들의 '책 친구'가 되기도 했습니다.

활동이 4년째 접어들던 2003년, 회원들도 많이 늘어나고 활동이 무척 활발해지면서 동화사랑방 식구들은 새로운 선택을 했습니다. 전국 조직인 '어린이도서연구회'의 지역 조직인 '강북 동화읽는 어른모임'이 되었지요.

"동화사랑방 식구들을 만나고 돌아가는 날이면, 나도 아이가 되어 비 개인 오후 푸른 풀밭을 걷는 기분이다. 살면서 누구에게나 있을 삶의 퍅퍅함을 나 또한 갖고 있기에, 생각도 마음도 몸도 '미역을 감을' 곳이 필요하고, 금요일마다 나는 동화사랑방에서 미역을 감는다. 이제 작은 바람이 있다면 정말 바쁘고 할 일 많은 세상이지만 가까운 내 이웃부터 우리 아이들 모두 좋은 책 한번 읽고, 좋은 사람 만나 차 한 잔의 향기를 음미할 수 있는 세상에서 삶의 여유를 나누었으면 좋겠다. 그러면 참말로 좋겠다."(장옥근, 《동화사랑방 이야기》, 2001)

아름다운 미래를 준비하는 사람들

우리가 만나서 나누는 이야기 중에는 어르신들에 관한 이야기도 많았습니다. 친정 쪽이든 시댁 쪽이든 '어르신 문제'에서 자유로운 사람이 별로 없었지요. 어느 날은 시어머니 대표를 할 사람과 며느리 대표를 할 사람을 뽑아 자신의 처지와 의견을 진솔하게 나누는 토론을 한 적도 있었답니다. 그러다가 1999년에 혼자 사는 어려운 가정의 여성 어르신을 돕기 위해 '따뜻한 이웃' 활동을 시작했습니다.

먼저 '따뜻한 이웃' 활동에 관심을 갖는 지역 여성들을 모집해 짝꿍 어르신을 정했습니다. 한 달에 한 번 함께 목욕을 하고, 따뜻한 한 끼 식사도 나누고, 가끔 연락도 하며 이웃의 정을 나눴습니다. 그리고 사회복지공동모금회의 지원을 받아 '노인복지학교'를 열면서 우리 사회 노인 문제를 공부하고, 영정 사진 찍기, 생신상 차리기 등 여러 활동을 진행했습니다. 이 활동 과정에서 자신의 노후를 더 아름답고 건강하게 만들어가는 데 관심을 갖자며 '아름다운 노후를 준비하는 사람들(아노사)'이라는 동아리를 만들었습니다.

또다시 많은 이야기를 만들어냈지요. 짝꿍인 이웃 여성이 잠깐 짬을 내 차린 점심상을 받고는 "내가 늘그막에 복 받았나벼" 하시며 눈물을 훔치는 어르신, 불편한 몸을 이끌고 2층 사무실 계단을 올라오셔서 가쁜 숨을 몰아쉬며 검은색 비닐봉지를 쑥 내미시고는 "팬티 몇 장 샀어! 이거 나 찾아오는 그 젊은 엄마한테 좀 전해줘. 고마워서 그래. 이런 것도 안 하면 내가 사람이 아니제!" 하시며 살가운 마음을 표현하는 어르신. 어르신들은 정을 나눠준 이웃에게 그렇게 마음을 표현하셨습니다.

활동한 지 2년쯤 될 때 녹색삶이 있는 수유 2동 가까운 곳에 다양하고 전문적인 프로그램과 목욕탕을 갖춘 노인복지관이 들어섰습니다. 우리는 어르신들을 복지관으로 연결하고 활동을 마무리하기로 의견을 모았고, 2001년 아노사 활동을 정리했습니다. 그리고 2004년에 다시 아노사의 뒤를 잇는 '아미준(아름다운 미래를 준비하는 사람들)'이라는 동아리가 만들어졌습니다.

"우리 세대만 해도 평균 연령이 급격히 높아져 특별한 문제만 없다면 아흔 살 이상은 살 것 같은데 '노후'라는 말을 사용하기에는 좀 부담스럽지 않아요? 젊은 사람들도 관심이 있다면 참여할 수 있게 '노후'라는 말 대신 '미래'를 넣어 이름을 만들면 어떨까요?"

이런 논의 끝에 동아리 이름을 아미준으로 지었답니다.

동아리 구성원들은 자신의 미래에 관한 생각을 나눴고, 행복한 노후를 위해 꼭 필요한 것으로 '육체적 건강, 경제적 독립, 직업 갖기, 지속적인 교육, 역할 개발, 자원봉사, 변화하는 사회에 대한 대응 능력' 등을 꼽으면서 '뒷방 늙은이는 더는 없다, 또 없어야 한다'며 목소리를 높였지요. 그리고 이런 준비를 위해 '자기 드러내기, 자기 들여다보기'를 통한 미래 설계를 진행했답니다. 'MBTI'로 자신을 탐색하고 가족들의 유형을 가늠하면서 이런 특성들을 잘 이해해 가족 관계에서 리더십을 발휘할 필요성을 확인했습니다. 또 '인생 곡선'과 '진로생애 무지개 프로그램' 등을 통해 자신의 삶을 더 풍부히 이해했으며, 크리스티안 노스럽의 《폐경기 여성의 몸 여성의 지혜》를 함께 보면서 우리 몸의 변화를 이해하는 데 도움을 받기도 했답니다.

이 과정에서 우리는 '여성의 삶에서 독립적인 태도와 자세를 갖는 것'이 무척 중요하다는 데 동의했습니다. 특히 40대 후반에서 50대에 해당하는 사람들은 부부 관계에서 오는 다양한 문제들 때문에 삶이 흔들린 경험들을 갖고 있어서, '여성이 행복해야 가족이 행복하다'는 결론을 내리며 스스로 행복할 수 있는 능력을 키워야 한다는 말에도 깊이 공감했지요.

한편 더 풍요로운 삶을 위한 문화·예술적 감수성을 키우기 위해 전시회 관람 등 문화생활을 즐기고, 영어도 함께 공부하면서 자신감을 가지고 미래를 준비하는 힘을 키웠습니다.

다시 3년의 세월이 지나면서 핵심 구성원들이 멀리 이사를 가고, 취업도 하고, 새로운 활동을 찾아 집중하면서 활동이 마무리됐습니다.

환경 연극을 위한 환경 공부

환경 연극을 하면서 대본을 만들다 보니 더 구체적이고 정확한 환경 지식과 정보가 필요했습니다. 그래서 관련 내용을 공부하기로 했지요. 《녹색시민 구보 씨의 하루》 같은 책을 읽기도 하고, 〈꾸리찌바 이야기〉 같은 영상 자료도 활용하면서 필요한 공부를 했습니다. 이렇게 학습을 하고, 또 공부한 내용을 바탕으로 새로운 활동을 구상하기도 하면서, 우리의 내용은 더 풍부해지고 실천하는 힘 또한 강화되었지요.

이웃상담원의 공부 모임

저소득 한부모 가정 여성을 지원하는 이웃상담원들도 좀더 책임 있게 활동하고 싶어서 공부 모임을 만들었습니다. 일주일에 한 번 모여 《상담면접의 기초 — 마음을 변화시키는 대화》, 《사람만들기》 등을 중심으로 발제와 토론을 했지요. 이렇게 주도적이고 집단적인 학습 활동은 교육이나 훈련 과정에서 가지던 문제의식을 더 잘 정리하는 데 도움이 됐을 뿐만 아니라 함께 활동하는 구성원들의 지혜를 모으는 소중한 통로가 됐습니다. 그리고 실제 현장에서 바로 발휘할 수 있는 문제 해결 능력과 통찰력을 키우는 소중한 자리였습니다.

골목을 변화시키는 동아리의 힘

그밖에도 '좋은 부모 되기 모임,' '여성 가장 힘 주고받기 모임' 등 그때그때 참여하는 이웃들의 관심과 욕구에 따라 다양한 동아리 모임이 만들어졌다가, 욕구가 해결되면 또 다른 선택을 하면서 활동을 마무리하곤 했습니다.

각 동아리는 따로 활동하지만, 1년에 한 번 동아리 워크숍을 통해 전체 동아리 구성원들이 한자리에 모이는 기회를 가졌습니다. 활동 내용을 공유하고 평가하며, 동아리 활동을 발전시키는 데 필요한 교육을 하면서 새로운 비전을 구상하는 시간이지요.

이렇게 NGO 학습 동아리가 생긴 뒤 '학습과 실천이 결합된 동아리' 활동 방식은 지금도 아주 중요한 활동 전략이 되고 있습니다. 각 단위의 활동에 참여한 지역 주민들은 주도적인 학습을 함께하면서, 함께 배우고 성장하는 기회를 가집니다. 다른 사람들의 얘기에 귀 기울이고, 생각과 느낌을 나누며, 배우고 익힌 것을 지역사회의 필요한 곳에서 실천하는 과정, 이런 과정 속에서 참여자들은 자기 삶의 주인, 지역사회의 주인으로 성장한답니다.

"아이가 자라고 있는 크고 둥근 배를 안고 부지런히 골목길을 걸어오고 있는 인희 님. 넘치는 정보 속에서 어떻게 하는 것이 진정 아이를 잘 키우는 것인지 늘 고민하다가 함께 공부하고 토론하는 '좋은 부모 모임'에 참여하면서 나날이 새로운 힘을 얻는다고 자랑스러워합니다.

30년 직장 생활을 하다 명퇴한 종숙 님. 특별한 문제가 없는 한 90세까지는 살 것 같은데 어떻게 해야 한 가족의 엄마와 아내로, 그리고 이웃으로 행복하게 살 것인가 하는 고민을 해결하기 위해 아미준 활동을 선택했답니다. 앞으로 펼쳐질 삶이 무척 기대가 되고, 남편이 정년퇴임을 하면 남편의 행복을 도와줄 수 있는 힘이 생긴 것 같다며 많이 행복해합니다.

이렇게 각자 자신의 관심과 욕구에서 출발해 공동의 주제를 가진 여성들이 서로 지지하고 격려하면서, 또 가르치고 배우면서 나와 내 이웃들의 삶에 공감하는 힘과 서로 기대어 문제를 해결하는 힘이 커졌습니다. 이것을 토대로 더욱 역동적이고 적극적인 관계 맺기를 실천하면서 내가 살고 있고 내 아이들이 자라고 있는 우리 골목, 우리 마을, 우리 삶터를 더 우호적이고 협력적이며 연대감이 살아 움직이는 곳으로 만들어가고 있습니다. 이것이 오늘 우리를, 우리 골목을 변화시키는 동아리 활동의 힘입니다."(《성장·나눔·연대를 위한 여성 동아리 활동 자료집》, 2004)

학습과 실천이 결합된 동아리

학습과 실천이 동시에 진행되다

우선 무엇보다도 녹색삶의 소모임 활동 영역은 다른 단체들에 견줘 문화 학습 활동, 자원봉사 활동, 지역사회운동 영역이 명확하게 구분지어진 것이 아니라 이 세 영역이 자연스럽게 어우러져서 활동이 진행되고 있었다. 즉 학습과 실천이 동시에 이루어지는 사례의 예를 보여준 것이다. …… 마지막으로 내가 본 녹색삶의 활동가들은 본인이 현재 하고 있는 소모임 활동이 갖는 사회적 의미가 무엇인지 고민하면서 활동에 임하고 있다는 인상을 받았다. 활동이라는 것이 개인과 자기 가족의 발전을 위한 활동으로 끝나는 것이 아니라, 이것을 지역사회로 확대하고자 노력하고 있었으며, 이 속에서 여성의 잠재력과 지역 발전의 접목 가능성을 눈으로 확인시켜주었다.(이순희 서울시정개발연구원, 《학습 동아리 활동 보고서》, 2002)

'삶의 정치'의 전형을 보여주다

이들은 '아래로부터' 문제를 파악하고 해결책을 간구하려 한다. 많은 남성적 권력의 샹들리에가 밝혀 있고, 주홍의 카펫이 깔린 공간에서 '세계시민', '민주주의의 정착', '시민사회와 시민의식의 부활' 그리고 '참여와 삶의 정치'에 대해 번드레한 공언들을 의례적으로 교환할 때, 그리고 아무에게도 실제적인 도움을 주지 못하는 공염불로 끝날 때, 녹색삶의 학습 동아리 회원들은 이미 생존과 협상, 그리고 도전을 위한 자신들의 실제적인 경험과 지식을 토대로 진정한 변화를 조근조근 만들어왔다. 이들의 활동이야말로 기든스가 말한 '삶의 정치(life politic)'의 전형이며, '발생적인 정치'의 실행이고, 민주주의를 진정 민주화하는 시도이며, 전문가가 배제된 개인(일반인)과 개인(일반인)의 결합이다.

도움이 될 것이라고 여겨지던 거의 대부분 남성들이 권력을 독점하고 있는 정치, 경제, 종교, 사회운동이 문제가 되고, 장애가 되며, 걸림돌이 되어버린 오늘, 계산적이지도 않고, 통계적인 수치도 없고, 가부장적이지도 않고, 정치적이지도 않지만 삶의 경험 위에서 현재의 불확실성의 실제를 보여주고, 모순을 지혜롭게 살아내는 사람들이 바로 녹색삶의 학습 동아리 회원들이다.(콘라드 아데나워 재단의 고상준, 《성장·나눔·연대를 위한 여성 동아리 활동 자료집》, 2004)

책이랑놀자, 함께 놀자

어린이 도서관 '책이랑놀자'

아이들의 책 읽기에 관심이 많던 열린숙제방은 2002년 10월 31일, 숙제방 한쪽에 도서관을 만들었고, 아이들과 보호자, 자원 교사, 지나던 이웃의 환호 속에 문을 열었습니다. '사회복지공동모금회'가 저소득 지역 아동들의 교육 문화 서비스를 확대하기 위해 공부방 아이들을 위한 독서 지도 프로그램과 함께 아동 도서관 지원 사업을 진행하고 있었는데, 여기에 신청을 해서 지원을 받게 된 것이죠.

회원들과 관심 있는 이웃들이 때때로 책을 가져다주면서 책이 조금씩 많아지고, 숙제방 아이들뿐만 아니라 가까운 곳에 사는 이웃 아이들도 관심을 갖고 드나들기 시작했답니다. 책이 있다 보니 책과 관련한 활동이 벌어지기 시작하면서 좁은 도서관은 더 비좁고 불편하게 느껴졌습니다. 그러다 녹색가게가 주민자치센터로 옮겨가면서 공간이 생기자 그 자리를 도서관으로 하자는 의견이 나왔고, 모두 흔쾌히 동의했습니다.

멋진 도서관을 만들기 위해 다시 머리를 맞대고 앉았습니다. 아이들이 편하게 책을 읽으려면 마룻바닥이어야 한다, 책꽂이도 더 필요하다, 밝고 즐거

책이랑놀자에서 대학생 자원봉사자와 책을 보고 있는 아이들.

운 분위기였으면 좋겠다, 아이들의 상상력을 북돋우는 분위기를 만들자, 다양한 문화 활동을 했으면 좋겠다, 어른들도 이용할 수 있게 성인 도서도 더 마련하자 등 여러 의견이 쏟아졌지요. 이 많은 기대와 희망을 다 담으려면 꽤 많은 예산이 필요한데, 어떻게 마련해야 할지 고민하면서 방안을 찾기 시작했습니다.

먼저 책을 마련하는 문제는 출판사의 협력을 받기로 했습니다. 출판사 여러 곳에 아이들과 자원봉사자들이 직접 편지를 써서 보냈습니다. 우리 지역에 왜 도서관이 필요한지, 주로 누가 이용하게 될지, 책을 협조해주면 어떻게 활용할지 자세히 설명했습니다. 참 고맙게도 사계절, 비룡소, 산하, 까치 등 여러 출판사에서 책을 보내줬습니다. 정말 좋은 이웃들 덕분에 골목에 있는 작은 도서관 '책이랑놀자'가 반짝반짝 빛나기 시작했답니다.

또 다른 좋은 협력자도 만났습니다. CJ그룹의 사회공헌팀이 도서관 만들기를 지원하겠다고 알려왔습니다. 먼저 33제곱미터(10평) 남짓한 넓이에 마룻바닥을 깔았고, 또 튼튼한 책꽂이도 마련해줘 도서관 모습을 갖추게 됐답니다. 그것뿐만 아니라 도서관을 옮기는 날 CJ 이재현 사장 가족과 사원들이 자원 활동으로 참여해 도서관 공간을 깨끗하게 청소하고, 열린숙제방의 낡은 철문에 분홍색 페인트를 다시 칠하고, 곰팡이 슨 벽지를 새 벽지로 깨끗하게 갈아주기도 했답니다. 덕분에 2003년 6월 20일, 좀더 쾌적하고 아늑한 분위기로 단장한 어린이 도서관 책이랑놀자가 많은 아이들과 이웃들의 격려를 받으며 활짝 문을 열었습니다.

책이랑놀자가 만들어낸 이야기들

골목 초입에 있는 작지만 아늑하고 편안한 도서관의 힘은 대단했습니다. 이 도서관을 터전으로 많은 아이들과 이웃들이 책을 중심으로 만나고 꿈을 꾸며 많은 이야기들을 만들어갔지요.

도서관이 터전이기는 했지만 도서관 안에만 머무르지 않았습니다. 좋은 이웃들의 협력으로 마련한 소중한 책들을 더 많은 아이들이 볼 수 있으면 좋겠다는 바람으로 새로운 시도들이 이어졌지요. 놀이터든 공부방이든 어린이집이든 아이들이 있는 곳이라면 적극 찾아 나서고, 또 책이 부족한 공부방이나 어린이집에는 한 달에 30권 정도를 빌려주기도 했습니다.

놀이터에서는 '놀이터 책잔치'를 열어 아이들과 어른들이 어우러져 책과 함께 즐겁고 유쾌한 경험을 나눴고, 어린이집과 공부방에서는 책 읽어주기와 다양한 독후 활동으로 아이들의 상상력과 독서 능력 키우기를 거들었습니다.

그리고 '시민운동지원기금'의 지원을 받아 '북스타트 운동'을 펼쳐, 지역의 보건소와 영세 산후조리원들을 연결해 새로 태어난 아기에게 환영의 마음을 담은 책 선물을 하기도 했지요. 책이랑놀자는 이웃의 많은 아이들, 특히 돌봄과 지원이 필요한 아이들을 위한 이야기엄마, 사랑의 책배달부 같은 따뜻하고도 창의적인 활동의 터전이 되어주었답니다.

책 읽는 이웃들의 사랑방

어린이 도서관으로 출발한 책이랑놀자였지만 참여하는 이웃들의 욕구와 관심에 따라 여러 가지 변화가 생겼습니다. 2009년에는 인문학 강좌가 만들어지기도 하고, 책 읽기 모임이 생기면서 어른들을 위한 책들이 많아져 주민 도서관 기능도 강화됐습니다. 또 다문화 가정의 결혼 이주 여성을 지원하기 위한 '친정언니' 활동이 시작되면서 다문화 관련 책과 음반들도 마련돼, 다문화 가정 이웃들이 언제라도 들러 얘기도 나누고 책도 읽는 '다문화 사랑방' 기능도 하게 됐습니다. 요즘 이 작은 도서관에는 다문화 가정 이웃들이 아이들을 데리고 와서 책도 보고 얘기도 나누는 모습이 조금씩 늘어나고 있지요.

2010년 8월, 사무실에서 '다문화 카페'를 준비하기 위한 회의가 진행되고 있습니다. 사무실 공간을 다문화 가정 이웃들이 편안하게 드나들며 차도 마시고 이야기도 나누고, 정보도 교환하는 장소인 '다문화 카페'로 만들려고 준비하는 중입니다. 회의가 길어지니 잠깐 쉬자는 의견에 서둘러 의자들을 빼는군요. 마침 도서관 쪽 문이 열리는가 싶더니 한 여성이 두 아이를 앞세우며 나옵니다.

"아이고, 우리가 회의를 하느라 시끄러웠지요? 더 있다 가시지."

"아니에요. 오늘따라 아이들이 잘 놀아서 오래 있었어요."

"가까이 사세요?"

"네, 장미원 시장 위쪽에. 도서관을 알게 돼서 얼마나 좋은지 몰라요. 애가 셋인데, 큰애는 아직 학교에서 안 왔어요. 얘가 둘짼데, 유치원 마치고 오면 어디 갈 데가 마땅히 없었거든요. 막내가 너무 어려서 멀리 갈 수도 없고. 그런데 우연히 지나다가 책이랑놀자 도서관이라고 되어 있어서 혹시나 하고 들어왔어요. 들어와 보니까 아주 편하고 좋아요. 오늘이 세 번째 오는 건데 아이들도 좋아하고, 또 저도 이것저것 보고 듣고. 아무튼 참 좋아요."

이웃 여성은 아이들을 앞세우고 또 오겠다며 살가운 인사를 잊지 않습니다. 이렇게 오늘도 도서관에서 만나는 이웃들은 다정한 인사로, 또 자연스레 나누는 이야기로 '이웃'임을 확인합니다.

목소리를 조금 높이기도 했어요

부지런히 그리고 묵묵히 할 일을 하던 우리도 때로는 더 적극적인 방식으로 지역사회에 문제를 제기했습니다. 공청회나 심포지엄 형식으로 주제를 선정해 지역 이웃들의 관심을 촉구하고 참여해달라고 요청하는 것이었지요. 그리고 현수막이니 전단지를 통해 집중 홍보를 해서 지역 주민의 참여를 권했습니다.

'음식물 쓰레기 줄이기' 시민 공청회(1997년 6월 12일)

쓰레기 종량제가 막 시작되던 때였습니다. 쓰레기 처리에 관한 새로운 정책들이 시행되면서 많은 문제들이 불거졌지요. 골목에는 쓰레기가 잘 정리되지 않은 채 방치되어 있는 경우도 많았고, 특히 날씨가 더워지면서 제대로 분리되지 않은 음식물 쓰레기가 썩으면서 발생하는 오수와 악취 문제가 심각했습니다. 이 불편한 문제를 해결하기 위해 우리는 방안을 찾기로 했습니다.

무엇보다 가정에서 이 문제를 주로 맡고 있는 여성들의 참여와 지혜가 필요했습니다. 그리고 음식물 쓰레기의 처리 과정을 따라 관련 담당자들이 누구인지 확인했지요. 그때 우리 지역은 음식물 쓰레기 분리수거가 아파트 단지를 중심으로 시범 시행되고 있었는데, 수거가 잘 진행되고 있는 아파트 부녀회장이 참여했고, 음식물 쓰레기를 아주 지혜롭게 관리하고 있다고 소문난 주부와 강북구청 청소과 담당자, 그리고 음식 찌꺼기를 퇴비로 활용하자고 제안한 '녹색생협운동연합회' 대표가 한자리에 모였습니다.

이날 공청회에 관한 지역 주민의 관심과 반응은 뜨거웠습니다. 참석자가 120명이나 되었지요. 음식물 쓰레기를 관리하는 주체로서 주부의 살아 있는 지혜에 고개를 끄덕이고, 부녀회장의 사명감에 가득한 실천 의지와 열정에 박수로 경의를 표하고, 청소과의 정책 내용을 확인하는 한편 담당자로서 겪는 어려움도 나누었습니다. 그리고 주제 강연으로 황주석 선생님(한국YMCA 전국연맹)의 '동네 안에 국가가 있다'를 들으며, 지역사회의 문제를 해결하는 데 생활의 주체인 여성이 얼마나 중요한 존재인지 확인하는 좋은 기회도 가졌습니다.

저소득 가정 아동을 위한 '방과후 공부방' 운영에 필요한 민관 협력 체계 마련을 위한 공청회(2000년 10월 12일)

열린숙제방이 문을 연 지 3년이 지나면서 아이들을 더 잘 응원하고 지원하려면 서울시와 구청의 협력 체계가 아주 필요하다는 게 확인됐고, 이런 협력을 촉구하기 위해 공청회를 열기로 했습니다. 우리의 활동이 무엇을 목적으로 어떤 과정을 거쳐 진행되고 있는지 보고하면서, 동시에 무엇이 더 필요한지, 어떻게 하면 될 것인지 함께 방안을 찾아 나서기로 한 것입니다.

먼저 강북구 공부방들의 현황을 조사하고, 간단한 설문조사를 통해 공부방에 참여하고 있는 아이들의 실태를 모았습니다. 그리고 공청회 날, 열린숙제방의 자원 교사 대표가 방과후 공부방의 확대와 지원의 필요성을 발표하고, 서울시 가정복지팀장이 서울시의 방과후 보육 정책을, 강북구청 가정복지과 계장이 강북구의 보육 시설 현황과 지원 방안을, 서울지역공부방연합회가 저소득층 아동과 청소년을 위한 공부방 운영 활성화 방안 등을 발표했습니다. 여기까지는 익숙한 공청회 모습입니다.

이어서 참석자들의 질의응답 시간이 되자 분위기가 무르익었습니다. 70여 명이 넘게 참석해 장소가 꽉 차는 바람에 더러는 서 있어야 하는 상황에서 발언이 이어졌습니다.

이웃 1 이렇게 마이크를 잡고 얘기하는 건 처음인데요. 우리 동네에도 공부방이 정말 필요해요. 저는 지금 열린숙제방 자원 교사로 참여하고 있는데요. 열린숙제방은 수유 3동에 있는데, 제가 사는 저 윗동네인 인수동에도 공부방이 필요한 아이가 많거든요. 그런데 그곳 아이들은 멀어서 여기까지 올 수가 없어요. 정말 동네마다 공부방이 필요해요.

이웃 2 저는 몸이 아파서 다니던 직장을 그만두고 지금은 우유 배달을 하고 있는데, 아이들 돌보기가 참 힘듭니다. 그런데 아이가 숙제방을 다닌 뒤부터 얼마나 도움이 되는지 모릅니다. 정말 살아가는 데 힘이 됩니다. 저 같은 사람도 많을 텐데 싶어서……. 오늘 공청회 한다고 해서 이 이야기를 꼭 하고 싶어서 왔습니다.

이웃 3 저는 혼자서 아이를 키우는데요. 아이가 초등학교에 입학한 뒤 키우기가 어려웠습니다. 숙제방에 보낸 뒤 사랑이 밑받침된 선생님들의 활동으로 아이가 아주 좋아하고 잘 적응하고 있습니다. 덕분에 안심하고 직장생활도 합니다. 정부에서 지원을 좀 해주시면 좋겠습니다.

공부방 아이들 얘기에 때로는 눈시울이 붉어지기도 하고 보호자들의 얘기에 힘을 얻기도 하면서 공청회는 마무리됐습니다. 마치고 난 뒤 한 분이 다가와서 "여러 공청회에 참여해봤는데, 공청회도 이렇게 감동적일 수 있다는 것이 참 신선하네요" 하더군요.

그 뒤 우리 지역에는 공부방이 많이 생겨 이제는 정말 '동네마다 공부방'이라는 희망이 이루어지고 있습니다. 이런 변화는 바로 따뜻한 마음과 섬세한 손길로 이웃 아이들을 보살펴 온 '따뜻한 이웃'들, 이웃들의 협력에 마음을 열고 어려운 상황에서도 포기하지 않으며 내일의 희망을 만들고 있는 사람들이 함께 만든 것이라고 굳게 믿고 있습니다.

저소득 한부모 가정 자녀 양육 지원 방안 마련을 위한 심포지엄(2003년 10월 21일)

열린숙제방과 이웃산타 활동을 하면서 확인하는 사실 중 하나는 가족 해체에 따라 한부모 가정이 빠르게 증가하고 있다는 것이었습니다. 그리고 이 한부모 가정의 보호자가 경제 활동과 함께 자녀 양육의 책임을 감당하는 것이 얼마나 버거운 일인지 깊이 공감할 수 있었습니다. 이 가정들은 한부모가 되는 과정에서 친척이나 친구, 이웃한테서 멀어지고 고립되는 상황에 놓이는 경우가 많았고, 그래서 아이를 키우는 데도 어려움을 겪고 있었습니다. 아이들이 방치되거나 소외되는 것에 죄책감을 느끼고, 다른 한쪽 보호자가 없다는 사실 때문에 아이들이 위축될까 염려하고 두려워했습니다. 특히 한부모가 남성일 경우 자녀 양육 경험과 대처 능력이 부족해 보호자도 아이도 더욱 힘들어한다는 것을 알게 됐습니다. 아직 제도적 지원이 미흡한 상황에서 이런 가정들에게 이웃의 관심과 지원, 지역사회 차원의 대책이 무척 필요하다는 생각에 심포지엄을 열게 됐습니다.

먼저 근처 초등학교에서 한부모 가정 현황을 파악하는 설문조사를 진행했습니다. 설문조사를 하려고 처음 학교에 들렀을 때 반응은 소극적이거나 부정적이었습니다. 아이들의 가정사가 드러나는 것을 염려한 거죠. 하지만 그동안 지역에서 공부방을 해온 과정을 잘 설명하고, 최근 저소득 가정의 가족해체 현상이 빠르게 진행되고 있어서 아이들의 성장 과정에 필요한 지원 방안을 마련하기 위해 꼭 필요한 조사라고 얘기해서 협조를 구할 수 있었습니다. 초등학교 세 곳과 방과후 공부방 여섯 곳, 5개동 주민자치센터 사회복지 전문 요원이 협력해 한부모 가정 150여 곳이 설문조사에 참여했고, 이 결과를 바탕으로 심포지엄을 열었습니다.

먼저 녹색삶에서 설문조사를 분석한 결과와 활동 경험을 묶어 한부모 가정의 자녀 양육 현황과 지원 방안에 관해 발표하고, 강북구청 가정복지과에서 현재 진행되고 있는 한부모 가정 정책 지원 내용과 지원 방향에 관해 발표했습니다. 그리고 한부모 가정의 자녀 양육을 지원하는 방안으로 '지역 주민 네트워크'를 제안했습니다.

가족복지 관련 전문가들은 '한부모 가정 자녀 양육을 지원하는 시스템은 무척 필요하다. 그러나 요구만 한다고 쉽게 해결되는 것은 아닌데, 활동 경험을 바탕으로 구조화된 제안을 하고 있어 자원 동원력과 영향력이 클 수 있다.' '주민이 스스로 문제 해결의 주체가 되고, 나아가 지역사회의 다양하고 풍부한 자원을 적극 연계시키고 활용하는 방안이다'라는 긍정적인 평가와 함

저소득 한부모 가정 지원을 위한 '지역 주민 네트워크' 모델

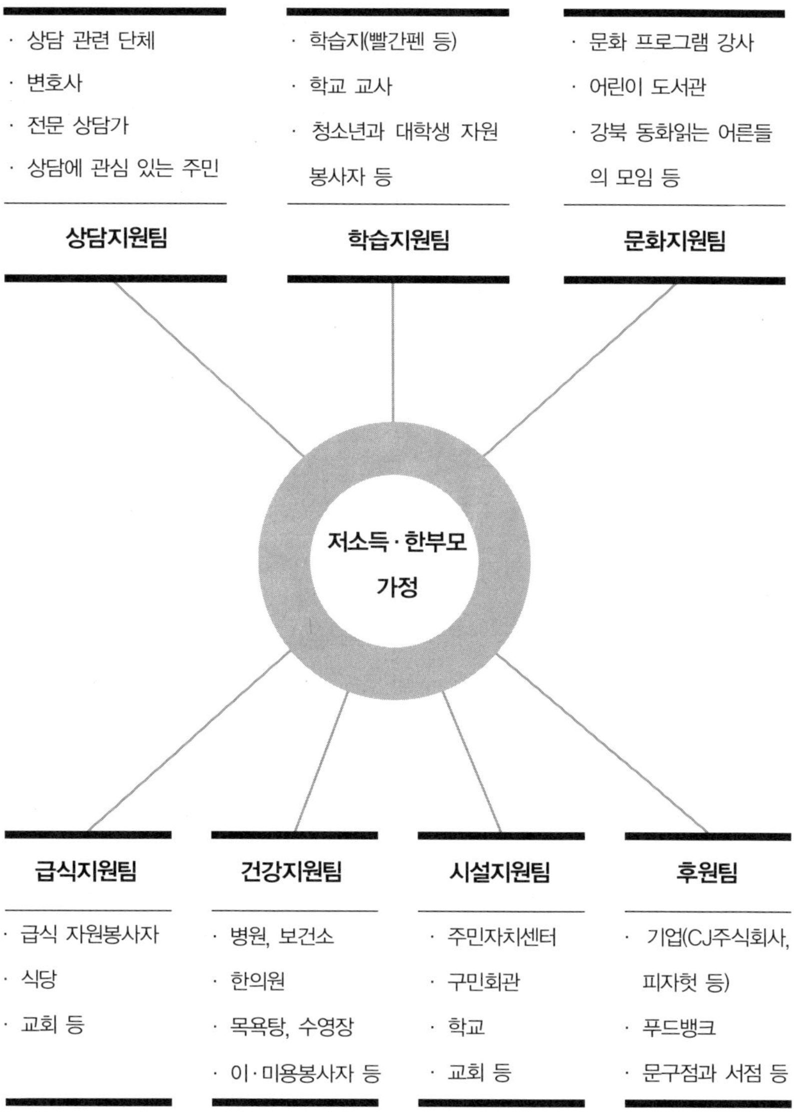

상담지원팀
- 상담 관련 단체
- 변호사
- 전문 상담가
- 상담에 관심 있는 주민

학습지원팀
- 학습지(빨간펜 등)
- 학교 교사
- 청소년과 대학생 자원봉사자 등

문화지원팀
- 문화 프로그램 강사
- 어린이 도서관
- 강북 동화읽는 어른들의 모임 등

저소득·한부모 가정

급식지원팀
- 급식 자원봉사자
- 식당
- 교회 등

건강지원팀
- 병원, 보건소
- 한의원
- 목욕탕, 수영장
- 이·미용봉사자 등

시설지원팀
- 주민자치센터
- 구민회관
- 학교
- 교회 등

후원팀
- 기업(CJ주식회사, 피자헛 등)
- 푸드뱅크
- 문구점과 서점 등

께 좀더 전문 영역의 지원도 조직할 필요가 있다고 조언해줬습니다. 그리고 지역 내 단체들도 네트워크의 필요성을 적극 동의하고 지지했습니다.

심포지엄은 한부모 가정에 관한 지역사회의 관심이 좀더 높아지는 계기가 됐고, 제도적인 지원 정책도 조금씩 개선되고 있는 상황입니다. 녹색삶 덕분에 어려운 상황에 놓인 이웃들이 웃을 수 있는 일이 조금은 늘었다고 생각합니다.

10주년 기념 심포지엄 — 풀뿌리 여성 지도자의 성장과 특성(2005년 5월 13일)

2004년 2월, 운영위원들이 모여 녹색삶 10주년 준비를 어떻게 할 것인지 논의하고 있었습니다. 이 자리에 참석한 운영위원들은 가장 큰 성과로 자랑하고 싶은 것은 바로 '활동 과정에서 성장한 우리들 자신, 여성 지도자들'이라고 입을 모았습니다. 이런 생각을 바탕으로 여러 지역에서 활동하고 있는 풀뿌리 여성 지도자를 찾아내고, 활동 과정과 성장, 나아가 앞으로 꿈꾸는 것을 이야기하고 나누는 자리를 만들어서 성과를 공유하고 서로 배우는 기회를 가졌으면 좋겠다고 의견이 나왔습니다. 그리고 이 경험을 바탕으로 여성 지도자 네트워크를 구축해 지속적으로 소통할 수 있었으면 좋겠다는 기대도 있었습니다.

먼저 풀뿌리 여성 지도자를 찾는 게 중요했습니다. 그래서 그동안 지역 활동과 여성 지도자에 관한 관심을 매개로 관계를 맺어온 사람들을 중심으로 추진위원회를 구성하고, 실행팀과 연구팀, 자문팀으로 할 일을 나눴습니다. 그리고 더 많은 풀뿌리 활동 단체를 찾아내, 풀뿌리 여성 지도자를 추천해달라고 요청했습니다. 꼭 참여하길 바라는 곳은 직접 찾아가 취지와 내용을 소개했습니다. 그렇게 해서 서울, 광명, 인천 등 열세 개 단체에서 지도자 열일곱 명을 추천받았습니다.

2004년 7월, 풀뿌리 여성 지도자 역할 강화 훈련 워크숍에서 열일곱 명 중 여섯 명이 직접 자신의 사례를 발표했는데, 지역 활동가 등 70여 명이 참석해 높은 관심을 보였습니다. 그 뒤 참석한 여성 지도자들 중 하반기 활동 목표와 계획이 구체적인 다섯 명을 선정해 실행팀과 함께 사례 회의를 진행했고, 9월부터 한 달에 두 번씩 모두 여섯 번의 과정을 함께했습니다. 사례 회의에서는 활동 과정에서 나타나는 어려움과 과제에 관한 의견을 나눠서 문제를 해결하기도 하고, 먼저 경험한 선배들의 생생한 도움말을 들으면서 힘을 얻기도 했습니다. 활동 뒤 여성 지도자들은 '지역 활동에서 네트워크의 중요성, 또 그 시너지 효과를 경험하는 좋은 기회였다, 혼자서는 해결하기 어려운 문제들의 대안과 해결 지점을 찾을 수 있었다, 활동 과정을 공유해 구체적인 진행 능력과 추진력을 얻을 수 있었다, 주민자치와 지도자의 소임, 중간 지도력 개발 등 지역 활동의 과제를 함께 고민하며 장기적인 방향성과 비전을 공유할 수 있었다' 등 아주 긍정적인 평가를 했습니다. 이 결과를 통해 지도자의 성장에는 함께 관심을 갖고 구체적으로 돕는 것, 즉 '멘토링과 코칭'이 아주 필요하다는 데 공감했지요.

2005년 5월, 이런 과정을 거치며 준비한 심포지엄을 개최했습니다. 수도권 지역 68명의 풀뿌리 여성 지도자들이 참여한 설문조사 결과를 바탕으로, 이 지도자들이 어떤 경로로 성장하고 어떤 비전을 갖고 있는지 조사한 내용이 발표됐습니다. 이 자리에도 60여 명이 참석해 높은 관심을 보였습니다.

풀뿌리 여성 지도자들은 활동 목적을 '자신을 찾고 발전시키는 것'과 함께 '사회 문제와 지역 문제를 해결해 살기 좋은 지역 만들기'에 두고 있었습니다. 또 활동하면서 자신감이 커졌고, 인간관계를 맺는 능력이 높아졌으며, 가족 관계도 향상됐다고 답했습니다. 지도자가 해야 할 일로는 무엇보다 조직의 목표와 장기적 비전 제시, 조직 구성원들이 잠재력을 발휘할 수 있는 기회 제공, 융화 분위기 조성이 중요하다고 했습니다. 자신의 활동을 발전시키는 방안에 관해서는 활동하면서 획득한 전문 능력을 직업으로 만들고 싶다는 생각이 가장 많았고, 전문 능력을 갖춘 자원봉사자가 되고 싶다는 응답도 거의 비슷한 수준으로 많았습니다. 그리고 지도자의 자질로 활동에 관한 열정, 다른 사람과 공감대를 형성하는 힘, 다른 사람의 변화를 기다려주는 인내심, 성실성, 도덕성, 균형 잡힌 안목 등을 주요하게 제시했습니다. 지도자로서 자신의 장점은 '분위기 파악을 잘함, 사람을 잘 기억함, 말뿐이 아닌 실천력, 유연함, 경청을 잘하는 능력' 등 다양한 대답이 나왔는데, 이것은 여성 지도자들이 자신의 특성에 따라 다양하게 지도력을 발휘할 수 있는 가능성을 보여주는 대목이라 하겠습니다.

워크숍과 심포지엄을 통해 우리는 자신의 삶터를 바탕으로 꾸준히 활동하며 성장한 여러 지역의 풀뿌리 여성 지도자들을 만났고, 활동 내용을 공유하고 소통하며, 활동 목표와 비전을 점검하고, 나아가 연대감을 형성하는 기회를 가졌습니다. 그리고 이 경험을 바탕으로 다시금 힘찬 전진을 약속했습니다.

"7월 워크숍에서 주민자치위원으로서 비전을 세우게 됐고, 사례 회의에 참석하게 됐다. 여러 사람의 조언을 들으며 목표에 한 걸음 한 걸음 다가가는 성취감은 새로운 기쁨이었다. 뒷전에서 시키는 일이나 하던 내가 동네일을 찾아 그 일이 성사되도록 힘쓰게 될 줄이야! 이제는 우리 동네일을 찾아 구의원, 단체장들하고도 어렵지 않게 얘기할 수 있는 분위기가 됐다. 생각지도 못한 일이다. 여자가 마흔이 넘어 새 일을 시작하면서 제2의 인생을 산다는데, 내년에는 어떤 일을 하게 될지 기대된다. 참 보람차고 행복하게 보낸 한 해였다.

녹색삶은 대단한 일을 했다. 네트워크의 힘! 이 일은 계속돼야 한다. 아직 알려지지 않고 사회 어느 한구석에서 열심히 사랑을 베푸는 여성이 많이 있을 것이다. 그리고 뭔가 하고 싶어서 날갯짓을 하는 여성들도. 먼저 시작한 사람이 정보를 함께 나눠야 하리라."(노옥란 방학 2동 주민자치위원, 《지역의 힘! 풀뿌리의 힘!》, 2004)

여성, 지역을 말하다 — 강북구 여성의 지역사회 의식과 참여 욕구 조사 보고회(2005년 9월 6일)

우리 지역은 그때 미아동을 중심으로 재개발이 진행되면서 대단지 아파트가 늘어나고 있었습니다. 이런 변화 속에서 아파트 거주 여성들의 지역에 관한 관심과 참여가 중요해졌고, 그래서 아파트에 사는 여성들을 대상으로 욕구 조사를 하기로 했습니다. 조사를 어떤 방식으로 할 것인지, 그 결과를 어떻게 활용할 것인지 많은 논의가 있었습니다.

먼저 지역에 사는 이웃이 직접 조사원으로 참여해 조사 과정에서 새로운 이웃과 접촉할 기회를 늘리고, 지역의 관심사도 나눌 수 있으면 좋겠다고 의견을 모았습니다. 그래서 조사원으로 참여할 회원과 지역 여성을 모았습니다. 설문지를 만들고 설문조사 결과를 분석하는 과정은 서울시정개발연구원의 신경희 님이 도와주기로 했습니다. 그리고 조사 결과를 잘 정리해 지역 여성들의 욕구에 관심이 있는 주체들과 함께 얘기를 나눌 수 있게 보고회를 열기로 했습니다.

설문조사원으로 참여하는 여성들은 사전 교육을 받은 뒤 집과 아파트 단지의 놀이터나 체육 시설, 장터를 찾아다녔습니다. 설문조사에 응한 여성은 모두 295명으로, 30대 여성이 64.3퍼센트, 40대가 22퍼센트, 50대가 13.7퍼센트였습니다.

조사 내용은 인구와 가구 특성, 강북구 공공 문화 시설 인지도와 이용 실태, 강북구 생활환경 만족도, 구정 인지도와 여성 정책 희망사업, 사회 참여 활동 실태와 참여 의향, 여가 활동과 자아정체감 등 여섯 가지로 구성됐습니다.

조사 결과 생활환경 만족도가 비교적 낮았으며, 교육 환경과 교통 편리성, 생활 편의 시설 등의 개선을 바라는 사람이 많았고, 지역의 공공 문화복지 시설에 관한 인지도, 구청 사업과 여성 정책 사업에 관한 인지도도 낮았습니다. 희망하는 여성 정책으로, 영유아 방과후 보육 사업을 가장 많이 꼽았고, 여성 문화 여가 관련 사업, 여성 취업 알선 사업 등의 순으로 나타났습니다. 그리고 사회단체 활동에 참여해본 경험이 없다는 응답자가 72퍼센트였는데, 지역 단체나 여성 단체가 필요하다고 응답한 여성은 96퍼센트로 아주 높았으며 그중 55.6퍼센트는 참여할 의사가 있다고 답했습니다. 이런 조사 결과를 바탕으로 '여성, 지역을 말하다'라는 보고회를 열어 몇 가지 제안을 했습니다.

첫째, 강북구청에는 주민이 계속 안정적으로 이 지역에 살게 하려면 교육 환경을 개선하기 위한 정책을 적극 마련해야 하고, 여성의 욕구를 반영하고 조정할 수 있는 '여성센터'(가칭)가 필요하며, 여성들에게 필요한 지역 정책과 여성 정책 관련 홍보를 더 효과적으로 해야 한다고 제시했습니다.

둘째, 지역 단체들한테는 아파트 거주 여성들이 지역 단체와 여성 단체에 참여하고 싶은 의지가 무척 높은 것에 견줘 실제 활동 경험이 아주 낮게 나타났으니 더 쉽게 참여할 수 있는 기회를 마련해야 한다는 것, 그리고 지역 여성들의 욕구를 객관적으로 파악하고 거기에 따른 다양한 활동을 개발할 것을 제안했습니다.

셋째, 지역 여성들에게는 설문조사를 통해 자신들의 목소리를 낸 것처럼 적극적으로 욕구를 표현하고, 나아가 제도와 정책을 결정하는 과정에 참여할 필요성과 함께 실제 지역에서 진행되고 있는 활동에 관심을 가져달라고 제안했습니다.

보고회에는 조사자와 응답자로 참여한 여성들이 함께했고, 또 지역 여성들의 욕구에 관심 있는 단체나 개인들도 참석했습니다. 그리고 강북구 부구청장과 관계자들도 참석했습니다. 보고회를 연 뒤 강북구에서는 '여성센터'에 구체적인 관심을 가지고 추진하기 시작했습니다. 구청에 조직되어 있는 여성위원회를 중심으로 회의와 토론회를 거치며 2006년에 '강북 여성정보센터'가 만들어지게 됐고, 이 과정에 녹색삶도 참여해 의견을 나눴습니다.

강북구 여성의 지역사회 의식과 참여 욕구 조사 보고회.

음식물 쓰레기 줄이기 시민 공청회.

대안적인 삶을 창조하는 녹색삶

녹색삶은 그 구성원들이 스스로 자신들의 욕구를 해결하기 위한 것에서 모임을 시작했고(자발적인 참여), 그 욕구를 채우려는 방식에서 이웃 주민들과 공동체를 형성하는 것(대안적인 공동체의 형성)에서 출발했다. 또 공동체를 형성한 뒤에는 자신들만의 이해를 달성하려는 것에서 그치지 않고, 이웃의 더 많은 사람들과 함께 더불어 행복하게 살기 위한 길들을 모색해(개방적인 공동체를 통한 사회 변화의 촉진)왔다. 녹색가게와 열린숙제방 운영, 저소득층 자녀들의 공부방을 더 확대하기 위한 다양한 활동들과 확대 운영, 방학 중에 한부모 가정들을 위해 실시한 프로그램, 저소득 한부모 가정 지원을 위한 주민 네트워크 등은 모두 그런 사례들이라 할 수 있다.(이호 한국도시연구소 주민운동실장, 《지역 주민 네트워크 활동 자료집》, 2003)

회비는 얼마로 할까요

3천 원, 5천 원, 1만 원……

녹색삶은 내 삶의 문제를 더 자발적이고 주도적으로 해결하기 위해 출발한 모임이었기에 조직의 운영도 함께 책임지고 해결해야 했습니다. 하고 싶은 일과 해야 할 일을 결정하고 그것을 책임 있게 실행하기 위해, 또 모임을 지속적으로 유지하기 위해 회비를 내기로 했습니다. 1995년에 처음 모임을 만들 때의 회비는 한 달에 3천 원이었습니다. 정말 최소한으로 운영할 수 있는 정도의 회비였습니다. 이웃들의 공간 협조, 자원 강사 협조 등에 힘입어 점차 활동이 활발해지면서, 좀더 책임을 느끼고 의사 결정 과정에 참여할 의지가 있는 참여자들이 '운영위원'을 맡게 되었답니다.

1999년 어느 날, 한 운영위원이 회비에 관해 새로운 제안을 했습니다. 운영위원들은 일반 회원들보다 회비를 좀더 많이 내자는 것이었습니다. 이 제안을 두고 많은 이야기들이 오갔습니다. 어떤 사람은 찬성하고, 어떤 사람은 부담스러워 했습니다. 운영위원 모두 자원 활동으로 참여하고 있고, 또 주부이기 때문에 고정된 수입이 없는 상황에서 부담되는 경우도 있던 것이지요. 결국 논의 끝에 주민들이 지역사회의 문제 해결을 위해 꼬박꼬박 회비를 내는 것 자체가 무척 의미 있으며, 더구나 운영위원으로서 많은 시간을 활동에 투자하고 있고, 또 더 많은 회원들이 운영위원을 할 기회를 갖기 위해서라도 3천 원을 유지하기로 했습니다.

이렇게 회비 하나도 많은 논의를 거치면서 결정하고 집행했습니다. 그러다 2005년에 정회원 회비를 5천 원 이상으로, 그리고 2009년에는 다시 1만 원 이상으로 조정했습니다.

2007년 1월, 여느 해처럼 지난해 사업을 평가하고 새해 사업 계획을 위한 운영위원 워크숍이 경기도 가평의 '바람과 물 연구소'에서 있었습니다. 운영위원 단위에서 자체 활동을 평가하는 시간이었는데, 이 자리에서 한 운영위원이 아주 구체적인 제안을 했습니다.

운영위원 1 그동안 운영위원들도 일반 회원들하고 똑같이 회비를 냈습니다. 이 결정은 운영위원으로서 좀더 주도적인 자리를 통해 지도력을 발휘하려는 사람이 회비가 부담이 돼 기회를 갖지 못하는 일은 없어야 한다는 우리 나름의 배려였다고 알고 있습니다. 하지만 이제 우리 활동의 역사도 10년이 넘었습니다. 그래서 우리 운영위원들이 좀더 책임감 있게 운영하는 한 방법으로 회비를 조금 더 부담하는 것을 논의해보고 싶습니다.

운영위원 2 저는 현실적으로 재정의 어려움을 해결하려면 무엇보다 회원을 더 많이 확보하는 게 중요하다고 생각합니다. 한동안 신경을 못 썼어요. 그래서 이번에는 각자 몇 명씩 회원 증가 목표치를 정하는 것은 어떨까요?

운영위원 3 더 많은 회원을 모집하는 것은 기존에도 우리의 목표였다고 생각해요. 그래서 그것은 당연히 해야 하는 것이고, 운영위원이 회비를 더 내자는 제안을 저는 찬성합니다. 좀 부담이 되긴 하지만 운영이 어려우니까 운영위원으로서 좀더 책임질 수 있다고 생각합니다.

이렇게 여러 사람의 생각과 각오를 나누며 마침내 결정을 내렸습니다. 운영위원들의 회비는 월 2만 원 이상으로 하고, 또 각자 1년 동안 가입시킬 회원 목표도 정했습니다.

사단법인 녹색마을사람들

처음 6.6제곱미터(2평) 남짓한 자투리 공간에서 헌 책상과 전화 한 대를 놓고 시작한 우리의 활동은 이제 많이 변했습니다. 지역 주민들이 꾸준히 회원으로 참여하면서 낸 회비와 네 차례의 공간 이전 기금 마련 찻집, 마음을 담아 후원하는 후원 회원, 억척스러운 재정 사업과 알뜰한 살림으로 조직의 살림살이가 좀 늘어난 것입니다. 그러다 보니 회원들 사이에, 또 후원자들 사이에 좀더 공신력을 갖는 조직 형태가 필요하다는 문제의식이 생기기 시작했지요. 물론 녹색삶은 2001년부터 서울시에 비영리민간단체로 등록돼 있긴 했지만, 임의단체라 대표의 심리적 부담이 컸습니다. 그래서 공신력을 높이기 위한 방안을 논의하기 시작했고, 자문위원과 다른 단체의 도움말을 들어가며 마침내 '사단법인'으로 할 것을 합의했습니다. 그리고 긴 논의 끝에 법인명을 '녹색마을사람들'로 하기로 했지요.

발기인 총회를 앞두고 이사진을 꾸리면서 우리는 중요한 원칙을 공유했습니다. 조직의 정체성을 단단히 하기 위해 이사장은 활동을 통해 성장해온 사람이 맡는 것으로 했습니다. 사실 이 문제는 우리에게 아주 중요했지만 동시에 어렵기도 했습니다. 이사장이라는 직함 자체가 주는 부담 때문이었습니다. 내 도움이 필요한 이웃을 돕고 싶다는 소박한 동기로 활동을 시작한 경우가 많아 팀장이나 운영위원 등을 맡을 때도 상당한 결단이 필요했지요. 대표를 맡을 때는 더 큰 고민과 부담 속에서 어렵사리 한걸음씩 진전해왔습니다. 그런데 다시 사단법인 이사장을 맡는다는 것은 어느 누구에게도 쉬운 일이 아니었습니다. 그래서 원칙은 정했지만 정작 이사장을 세우기가 쉽지 않았습니다. 다시 머리를 맞대는 시간이 많아졌지요. 마침내 최종 결단을 위해 활동가 대표로 이사에 추천된 네 명이 3박 4일의 '결단 여행'을 떠났고, 여기에서 이사장을 세울 수 있었습니다.

세상에 둘도 없는 우리 식구들

우리 실무자 이야기

초대 실무자를 초대하다

녹색삶을 꾸린 다음 해인 1996년, 우리는 새로운 결정을 했습니다. 영어와 일어 교실, 사회교육, 그리고 아이들의 책 읽기 활동을 통해 참여자가 많이 늘어나서 조직 관리나 운영을 좀더 집중적으로 맡을 사람이 필요했습니다. 그래서 '실무자'가 필요하다는 의견이 나왔습니다. 또다시 많은 이야기가 있었습니다.

실무자를 두게 되면 인건비를 부담할 자신이 없으니 지금처럼 하자는 의견, 그리고 꼭 필요하니 인건비를 어떻게 해결하면 좋을지 방안을 찾아보자는 의견 등이 나왔습니다. 결국 이런 활동에 관심이 있는 사람을 찾아서 인건비 부담을 최소화하는 것으로 합의했습니다. 마침 우리의 삶터를 더 살기 좋은 곳으로 일구는 활동에 관심 있는 한 젊은이를 실무자로 초대할 수 있었습니다. 바로 정미현 님!

정미현 님은 정말 우직하게 일했습니다. 회원들과 지역 주민인 이웃들을 만나며 보여준 정성스럽고 성실한 태도, 또 일에 헌신하는 모습은 많은 사람들에게 감동을 줬고, 우리의 활동은 더 큰 힘과 탄력을 받았습니다. 활동비라야 처음에는 20만 원이어서, 겨우 교통비 수준이었습니다. 그런데 그 좁은 공간에서 때로는 밤을 새우며 활동에 집중했습니다. 그런 모습에 감동하고 안쓰러워하며 부지런히 도시락을 나르며 챙기는 회원도 있었지요. 실무자가 생기면서 서울시와 녹색서울시민위원회 등 외부 프로젝트 참여 사업을 기획해 더 적극적으로 활동할 수 있었습니다.

어느 날 실무자가 무척 고생하는데 활동비가 너무 적다는 의견이 모아지면서 활동비를 40만 원으로 올리기로 마음을 모았습니다. 그리고 정미현 님에게 이 사실을 알렸습니다. 그런데 이 말을 들은 정미현 님은 뜻밖의 제안을 했습니다. 어려운 아이들을 돌보는 공부방 활동에 관심이 있는 친구가 있는데, 자기 활동비를 올리는 대신 그 친구가 열린숙제방에서 교사로 일할 수 있게 활동비를 주면 어떻겠냐는 것이었습니다.

“세상에, 젊은 사람이 어떻게 저런 생각을 하지? 하기야 그런 마음이니까 우리랑 함께 일하겠지.”

우리는 새삼 이런 사람과 함께 일하고 있다는 것, 이런 모습으로 할 수 있는 게 우리가 하는 일이라는 것에 감동을 느끼며 가슴이 따뜻해졌습니다. 그래서 우리는 또 다른 결정을 내렸습니다.

“아니, 그럴 수는 없어요. 활동비는 40만 원으로 올리고, 추천해준 이현희 님도 함께하지요. 우리가 하는 일에 함께하고 싶은 의지가 있다면 할 수 있게 기회를 만드는 것, 그것도 우리가 해야 할 일이라 생각해요. 새 식구 활동비는 20만 원으로 출발하고. 우리가 더 열심히 활동해서 회원도 모으고 후원자도 만들어야지요!”

이렇게 시작된 실무자와 지역 주민들의 상호 존중과 협력의 경험은 그 뒤 녹색삶의 분위기와 조직 문화를 만들어가는 소중한 밑거름이 됐습니다.

시간이 흐르면서 녹색삶 식구들이 점차 많아졌습니다. 그때 IMF 상황을 겪으면서 전 사회적으로 '일자리 만들기'가 주요 관심사로 떠올랐고 노동부를 중심으로 일자리 창출 사업이 시작되면서 사회단체들도 필요한 인력을 노동부 일자리 창출 사업에서 지원받을 수 있었습니다. 그래서 열린숙제방과 녹색가게, 사무국에 꼭 필요한 인원을 신청했고, 그 결과 활동비를 지원받는 활동가들이 배치될 수 있었습니다. 그러다 보니 사무국 식구가 많이 늘어났고, 따라서 업무 조정과 활동 관리를 위해 통합하고 조정하는 일을 할 사람이 필요했습니다. 그래서 사무국장을 두게 됐고, 우리들의 첫 실무자 정미현님이 초대 사무국장이 됐습니다.

변화, 위기 그리고 새로운 화두

실무자와 일자리 창출 사업으로 지원받는 활동가가 생기면서 열린숙제방도 녹색가게도 사무국도 활동 내용이 많아지고 활동 범위도 넓어졌지요. 그러다 보니 새로운 긴장이 생겼습니다. 실무자와 실무자 사이에, 실무자와 활동가 사이에, 활동가와 활동가 사이에, 사무국과 운영위원회 사이에.

물론 녹색삶의 활동이 삶터에 근거를 둔 만큼 사적인 경험과 공적인 영역 사이에 긴장과 갈등은 늘 있었습니다. 그리고 그것은 당연하고 자연스러운 것이기도 했습니다. 하지만 어느 한 시기, 특정 상황에서 일상적인 긴장이 증폭돼 갈등이 심각해졌습니다. 관계자가 많아지면서 소통이 어려워졌고, 뒷말이 무성해지며 오해가 생기고, 억울함과 분노가 차오르면서 믿음이 무너지기 시작했지요.

"내가 어떻게 해왔는데……." "……그랬다고 하더라." "그래, 그때도 사실은 그게 아니었어." 숭숭 뚫리는 구멍, 그 구멍을 파고 커지는 의심과 오해들. 믿음을 쌓기는 어렵지만 잃어버리는 것은 순간임을 경험하며 많이들 힘들었습니다. 서로 의지하고 함께 활동하면서 많은 어려움이 있었지만, 이때 최대 위기를 맞았던 것 같습니다. 결국 4년 넘게 함께 해오던 사무국장이 일을 그만두는 뼈아픈 상황을 맞게 됐고, 그 뒤 사무국 체계를 다시 조정하게 됐습니다.

이 사건은 깊은 상처를 남긴 한편 우리의 조직 운용 역량에 관해 객관적으로 평가하는 계기가 됐습니다. 소중한 사람을 소중하게 지키고 키우려면 얼마나 많은 노력과 능력이 필요한지 새삼 확인하는 시간들이었지요.

"과부하가 걸렸던 것 같네요."

한 회원의 얘기처럼 그때 우리의 성숙도나 문제 해결 능력이 그런 긴장을 해결하기에는 많이 모자랐습니다. 긴 고통의 시간을 마주했습니다. 헌신의 자리에는 억울함이, 열정의 자리에는 분노가, 믿음의 자리에 의심이 밀고 들어오는 순간, 긴 세월 나누던 애틋함과 자랑스러움, 존경은 오간 데가 없었지요. 오랜 시간에 걸쳐 조금씩 쌓아온 우애와 믿음이었지만, 무너지는 것은 순간이었습니다.

믿음이 무너진 자리는 황량하고 공허했습니다. 이전처럼 활동이 행복하지 않고 신명이 나지도 않았습니다. 그 자리에 다시 이해와 믿음, 우애를 채우는 노력이 필요했습니다.

다시금 우리가 무엇을 위해 모였고, 무엇을 했으며, 지금 우리가 어디에 있는데 어디까지 가고 싶은지, 하나하나 되짚고 추슬러야 했습니다. 그리고 서로 믿고 도와주는 능력이 없거나 부족하다고 인정하며 바로 그 자리에 다시 섰습니다. 그리고 우리의 목표가 현재의 미성숙한 모습으로 가기에는 먼 길이지만 못 갈 길은 아닐 거라는 결론을 내리며 다시 한걸음 내디딜 준비를 갖췄습니다.

"그래요. 과부하가 걸렸던 거죠. 그랬던 것 같아요."

이웃들의 지혜를 빌리며 위로에 의지하며 차츰 우리 앞의 문제에 집중할 수 있었습니다. 조금 더 솔직한 대화, 차이의 인정, 합의한 것에 관한 지속적 확인, 성숙함을 위한 지원, 그리고 기다림에 관한 화두를 안고.

녹색삶 사무국장 열전

2대 사무국장 강선아 님은 '참한 사람'이었습니다. 사회복지학을 전공한 강선아 님은 2000년 대학을 졸업하면서 녹색삶과 인연을 맺었고, 그 뒤 5년 동안 실무자로, 사무국장으로 활동했습니다.

강선아 님의 차분한 의사소통과 진지한 태도, 꼼꼼한 일처리는 회원들과 동료들의 감탄을 자아냈습니다. 무엇보다 강선아 님의 다정한 인사, 다른 사람의 말을 귀담아 듣는 한편 나지막하면서도 또박또박 분명하게 자기 생각을 말하는 태도는 함께하는 사람에게 편안함과 존중받는 느낌을 줬습니다. 회원들과 주민들은 '시민단체에서 일하는 사람은 타고 나는가 보다'며 칭찬을 아끼지 않았지요. 강선아 님은 자신의 활동에 관해 분명한 생각을 갖고 있습니다.

"내가 활동을 통해 정리한 지역복지의 매력은 두 가지다. 우선 예방적 활동이라는 것이다. 기존의 사회복지가 문제 발생 뒤 수습하는 치료 중심적 활동이라면, 지역복지는 지역의 특성과 주민의 욕구를 반영한 다양한 활동을 통해 지역의 문제 해결 역량을 키워내는 예방 중심적 활동이라는 것이다. 둘째는 기존의 혜택을 주는 것이 중심이 되는 서비스 활동에서 주민의 참여와 지역 자원의 조직을 통한 능동적 문제 해결 방식으로 변화하는 것을 통해, 주민들의 주인 의식을 키워내고 함께 더불어 살아가는 지역 공동체를 만들어 갈 수 있다는 것이다."(《골목의 힘! 풀뿌리의 힘!》, 2005)

강선아 님은 '이웃'으로 참여한 많은 지역 주민의 활동 내용을 '자료집'으로 담아내서, 지금 봐도 그때의 모습이나 느낌이 고스란히 전달될 수 있도록 충실한 기록을 남겼습니다. 결혼을 하면서 활동을 마무리했고, 지금은 아이를 키우면서 녹색마을사람들 감사 일을 맡고 있습니다.

사무국장들의 이런 전통은 3대로 이어졌습니다. 사회복지학을 전공한 최윤정 님은 단체 방문을 통해 녹색삶을 알게 됐고, 2005년 졸업과 함께 자신의 일터로 선택했습니다. 최윤정 님은 사람과 사람의 변화에 관심이 많고, 그 변화를 지켜보고 지원하려는 의지가 강했습니다.

녹색삶 활동이 10년이 되던 시기에 일을 시작해 조직 형태의 변화 등 여러 가지 큰일을 감당해야 했습니다. 특히 활동 경력 2년차에 바로 사무국장 대행을 맡아야 했고, 3년차에 사무국장을 맡으며, 자신의 일을 책임 있게 수행하려고 무던히도 노력했습니다. 녹색에서 만 5년간의 활동을 마무리한 2010년 2월, 잠깐 쉴 틈도 없이 강원도에 새 일터와 삶터를 마련하고 농촌 공동체 운동을 시작했답니다.

한편 열린숙제방이 '마을속 작은학교'로 개편되면서 교사로 활동하던 문소정 님이 사무국장을 맡게 됐지요. 문소정 님은 남다른 지도력으로 교사들의 구심점이 되고, 학부모들의 믿을만한 이웃이 되어 아이들을 정성껏 돌보고 가르쳤습니다. 아이들과 만나기 전 문소정 님은 다른 영역에서 일했습니다. 그런데 열린숙제방 활동을 하면서 '아이들을 잘 돌보고 도와주는 일'이 성취감을 느끼고 보람차게 할 수 있는 일이라는 확신을 가진 것 같습니다. 5년 동안 열정적으로 아이들을 만났고, 이 소중한 경험을 바탕으로 지금도 이웃 지역에서 공부방을 지원하는 활동을 하고 있습니다.

'실무자'라는 이름으로 함께하기

지금까지 많은 젊은이들이 '실무자'라는 이름으로 함께 해왔고, 또 지금도 함께하고 있습니다. 이 젊은이들은 이웃들과 함께 삶터를 일구는 활동을 자신의 일과 직업으로 선택한 주체들입니다. 때로는 돌봄이 필요한 아이들을 잘 돕고 싶은 마음으로, 때로는 자발적이고 주도적으로 삶터를 일구는 지역 주민들을 지원하기 위해, 때로는 풀뿌리 운동이나 지역사회 조직 활동에 관해 좀더 배우려는 욕구로 함께하게 됐지요. 그리고 턱없이 부족한 활동비 등 참으로 열악한 일터의 환경을 견디며 자신의 소임을 고민하고, 그 일을 잘 수행하려고 애써왔습니다.

실무자는 자신이 선택한 조직의 공동체적 특성에 따라 회원으로 가입합니다. 따라서 실무자는 단순히 고용된 직원이 아니라, 조직의 주요 구성원이자 실무적 지도력을 갖춘 주체이고, 이 지도력으로 함께 활동하는 구성원들을 잘 돕는 사람입니다.

이웃들이 서로 의지해 이끌어온 16년의 여정에서 만난 보배 같은 실무자들, 이 사람들과 맺은 귀한 인연을 소중히 기억하려고 합니다. 함께한 그 행복한 시간들, 또 아픔의 시간들조차 얼마나 우리를 가득 채워줬는지 또한 잊지 않으려 합니다.

"우리 실무자들은 하나같이 사람을 좋아해. 또 아이들을 얼마나 예뻐하는지. 아니 결혼을 해봤어, 애를 낳아봤어. 이해가 안 된다니까!"

한 회원의 말처럼 그렇게 사람에게 관심이 많고, 그 얘기라면 끝도 없이 하고 싶어하고, 아이들의 작은 몸짓에도 감동하고 기뻐하는 사람들. 바로 이런 사람들이 '실무자'라는 이름으로 함께하고 있답니다.

실무자의 성장에 꼭 필요한 것들

분명한 자기 정체성과 해야 할 일 확인

실무자의 성장 과정에 꼭 필요한 것은 먼저 실무자가 자신의 '정체성'을 명확히 하는 일입니다. 즉 실무자는 어떤 일을 하는 사람이며, 자신이 선택한 조직에서 어떤 위치에 있는지, 나아가 이 조직을 선택한 근거가 무엇인지, 자신의 지향이나 목표가 조직과 일치하는지 등을 잘 정리해야 합니다.

실무 능력 강화를 위한 교육과 훈련

실무자가 자신의 일을 잘 수행하려면 현장에서 관련 지식이나 정보, 기술을 잘 발휘해야 합니다. 학교에서 관련 과정을 전공했다고 하지만 실제 현장에서 역량을 발휘하기가 쉽지 않습니다. 따라서 일을 하는 과정에서 실무자들은 자신의 준비된 역량 정도를 잘 파악하고, 필요한 실무 집행 능력을 높이려는 노력을 계속해야 합니다. 또 조직은 실무자 개개인과 소통하며 그 개인에게 기대하는 바를 정확히 전달해 스스로 업무 역량 강화를 위한 자기 목표를 가질 수 있게 돕고, 필요한 교육과 훈련을 지원해야 합니다.

지지하고 응원하는 협력자

삶터에 기반을 둔 지역 활동은 특성상 재정 형편이 아주 취약합니다. 그러다 보니 실무자들도 열악한 근무 환경 때문에 힘들고 지치는 경우가 많습니다. 이럴 때 진정으로 그 상황을 함께 공감하고, 실무자야말로 이 활동이 지향하는 목표를 실현하는 데 필요한 유력하고도 든든한 협력자라는 점을 환기시켜야 합니다. 그리고 이 실무자들에 의지해 변화될 삶터의 모습을 함께 그리면서 잘 이겨낼 수 있게 돕는 일이 참 중요합니다.

우리 회원님 이야기

회원이 되는 몇 가지 길

모임이 만들어진 초창기, 영어와 일어 등 어학 교실의 수강생들이 많이 회원으로 가입했습니다. 좀더 배우고 싶다는 욕구가 강해 참여한 것이지요. 이 사람들은 어학 교실에 참여하며 모임에서 기획한 다양한 사회교육 강좌를 통해 자신의 삶을 들여다보고 새로운 문제의식을 갖게 되는가 하면, 삶터를 좀더 살기 좋은 곳으로 일구기 위한 구체적인 실천에 참여하는 기회를 갖기도 했습니다. 이것을 통해 자신의 선택에 자긍심도 느끼고, 나아가 자신이 기여할 일이 있다는 것에 흥미도 가지면서 점차 조직과 맺는 관계를 진전시켜 나갔습니다.

열린숙제방과 녹색가게 등으로 활동이 확대되자 특정 활동에 관심이 높아지면서, 그리고 교육이나 공청회 등에 참석한 것을 계기로 회원으로 가입하는 경우가 많아졌습니다. 주변 이웃의 소개나 권유를 받거나, 또는 우리 활동을 직접 경험하면서 조직을 알게 되고, 그 활동에 감동하거나 필요성에 공감하면서 자발적으로 회원이 되는 경우지요. 현재까지 회원 가입은 대부분 그렇게 진행되고 있습니다.

그밖에 우리 활동이 방송이나 신문, 잡지 등에 소개되면서 호기심이나 관심을 갖고 찾아오는 분들, 멀지만 전화를 걸어 반가운 마음을 표현하면서 기꺼이 후원 회원이 되는 분들도 있습니다.

조직의 뿌리이자 자부심

회원들은 가장 먼저 정기적으로 회비를 내서 조직과 책임 있는 관계임을 확인합니다. 현재 자신에게 필요하거나 관심 있는 활동, 그리고 자신과 이웃에게 꼭 필요한 활동이 지속적으로 진행되는 데 필요한 비용을 함께 부담하면서 기본적인 책임을 나누는 일이지요.

회원들은 회비를 내는 책임이 있는 동시에 조직의 활동 내용에 관한 소식을 지속적으로 접하게 되며, 다양한 활동에 참여할 기회를 가집니다. 그리고 관심 있는 활동에 참여하다 보면 팀장 등 핵심적인 자리를 맡으면서 활동에 대표성을 부여받게 되고, 그 대표성을 바탕으로 운영위원이 돼 조직 운영에 관한 의사 결정에 참여할 수 있습니다. 이렇게 회원들의 회비와 지속적인 참여는 특히 삶터를 바탕으로 해서 그 삶터의 구성원들이 주도적으로 참여하는 것을 활동 목표로 하는 녹색삶 같은 조직에게는 활동의 뿌리이자 자부심입니다.

회원들은 지속적으로 활동에 참여하는 경우도 있지만 관심 있는 활동이 끝나면 활동을 중단하기도 합니다. 그런가 하면 어느 날 문득 또다시 문을 열고 들어와 다시 만나는 기쁨을 주기도 하지요. 이렇게 조직과 함께 여러 사연을 나누는 회원 127명(2010년 11월 기준)은 우리 활동의 가장 기본적인 뿌리입니다.

때로는 무심하게, 때로는 냉담하게 마치 아무 관계도 없는 것처럼 살아가기도 하지만, 혹여 눈인사라도 나누며 작은 관심을 표현하는 순간 '다정한 이웃'이 되는 우리. 그래서 이웃이라는 이름으로 서로 끊임없이 영향을 주고받는 우리. 바로 이렇게 서로 이웃이 되어 다른 사람의 삶에 관심을 가지고, 거들고 보태면서 살아가고픈 우리들이 '회원'이라는 이름으로 함께하는 곳, 이곳이 바로 녹색마을사람들입니다.

우리 운영위원님 이야기

운영위원은 살림꾼

조직의 일상적인 운영을 책임지는 단위로 운영위원회가 있고, 그 구성원들이 운영위원이지요. 조직의 살림살이 챙기는 일부터 현장에서 회원들과 주민들을 만나는 일까지, 다양한 일을 합니다.

운영위원은 대개 다음과 같은 과정을 거치게 됩니다. 처음에는 열린숙제방이나 녹색가게, 이웃산타, 사랑의 책배달부 같은 단위 활동에 관심을 가지면서 자원 활동으로 출발합니다. 그러다 점차 이런 일을 하는 조직이 어떻게 운영되는지 궁금해지고, 또 함께 활동하는 사람에게 관심을 가지면서 회원이 됩니다. 각 활동 단위에서 꾸준히 활동하며 팀장 등 활동의 대표성을 가지면서 운영위원으로 추천되고, 이사회의 동의를 언어 운영위원이 됩니다.

회원을 대표하고 운영을 책임진다

운영위원들은 총회와 이사회를 거쳐 일상적인 운영에 관한 권한을 위임받아서 활동하는 회원들의 대표입니다. 현재 운영위원 아홉 명이 운영위원회를 구성하고 있으며, 한 달에 한 번 회의를 해 의사 결정을 합니다. 조직 활동의 중심에 있는 운영위원회에서는 조직 전체가 수행하는 활동 내용이 보고되고, 그중 논의해야 할 안건을 중심으로 토의합니다. 각 단위 활동의 진행 상황, 활동하면서 어려운 점, 재정 상황, 회원 관리 등 전체 활동에 관해 자신의 의견을 보태고, 논의를 거쳐 결정합니다. 1년에 두 번, 상반기와 하반기 사업 평가와 사업 계획을 점검하고, 또 때때로 시간을 내 머리를 맞대고 조직의 활동과 운영에 관해 의견을 모읍니다. 그리고 운영위원 일을 더 잘 수행하는 데 필요한 교육과 훈련에도 참여하지요.

한편 운영위원은 각 단위 활동에 참여해 회원과 조직 사이의 소통을 이끌고, 구성원 스스로 나서서 삶터를 살기 좋은 곳으로 일구는 활동을 지역사회와 주민들에게 알리는 일을 합니다. 활동하다 보면 부담이 커져 지치기도 합니다. 이럴 때 우리의 활동이 가진 가치나 방향, 비전을 얘기하면서 다시 서로 추스르고 격려하며 운영위원 일을 잘 해내려 애쓰고 있습니다.

이렇게 자신이 중요하게 생각하는 가치나 의미를 추구하며, 또 우리 삶터를 더욱 살기 좋은 곳으로 일구고 싶다는 바람을 가지고 운영위원이라는 이름으로 함께하는 곳, 이곳이 바로 녹색마을사람들이랍니다.

우리 이사님 이야기

귀한 협력자이자 조언자

2007년, 사단법인으로 가기 위한 준비가 시작됐습니다. 먼저 이사진을 꾸리는 작업이 중요했습니다. 어떤 분들이 이사가 돼야 녹색삶의 활동 특성과 목적을 잘 이해하면서 조직을 책임질 수 있을까 하는 게 이사들을 추천하는 기준이었습니다. 무엇보다 녹색삶이 지역 주민의 일상적인 경험을 바탕으로 하는 활동이기 때문에 그동안 활동하면서 성장하고 지도력을 발휘한 사람, 즉 지역 주민의 대표성을 갖는 이사가 이사회의 반 이상을 구성해야 한다는 데 합의했습니다. 이것은 조직의 역사와 정체성을 확보하기 위해 필요한 결정이었습니다. 그리고 녹색삶의 활동에 협력하며, 활동의 목적이나 방향을 이해하고 공감하는 전문가들을 이사 후보로 추천했습니다.

지역 주민의 대표성을 갖는 이사가 다섯 명, 그리고 전문가 다섯 명이 추천됐습니다. 전문가로 추천된 이사들을 한 분 한 분 만나서 사단법인의 필요성과 추천 배경을 얘기하고 허락을 받기로 했습니다. 이렇게 하기 위해 내부의 역량을 최대한 가동해야 했습니다. 운영위원들이 이사로 추천된 분들을 만나고 초대하고 설득하는 일은 녹색삶과 자신의 활동을 객관화하는 경험이었습니다.

"네. 녹색삶이 혹시 어려움이 생길 때 잘 지켜내는 데 기여할 수 있기를 바라는 마음으로 수락하겠습니다."

"그냥 후원자로 옆에서 지켜보는 것으로도 충분한데……. 내가 그 일을 잘할 수 있을까요? 지금까지 해온 것처럼 그렇게만 하면 되나요?"

추천된 이사님들은 조심스러운 우리의 요청을 귀담아듣고, 다섯 분 모두 참여하겠다고 결정하셨지요. 이사 후보들을 만난 뒤 결과를 보고하는 자리에서 이런저런 이야기를 들려주는 운영위원들의 말과 표정에 자부심이 가득합니다.

"우리가 일을 잘하긴 하나 봐요. 다들 그렇게 칭찬하시고 희망과 기대의 말씀을 해주시는 것을 보면."

우리는 함께 해주실 귀한 협력자를 얻게 돼 만족스러웠습니다. 그리고 2008년 '녹색삶'은 발기인 총회를 거쳐 사단법인 '녹색마을사람들'이 됐고, 2년여의 과정을 거쳐 2010년 4월 20일, 법인 신고 절차를 마쳤습니다.

조직의 든든한 울타리

이사님들은 1년에 두 번 정기 이사회를 열고 총회에서 결정된 내용에 관해 집행을 책임지면서 필요할 때 임시 이사회를 열고 있습니다. 꼼꼼하게 활동을 들여다보며 의견과 조언을 아끼지 않는데, 무엇보다 조직 운영에 관한 높은 책임감으로 활동가 이사들을 감동시킨답니다.

2010년 1월, 정기 이사회에서 재정의 어려움이 보고되자 좀더 책임을 나

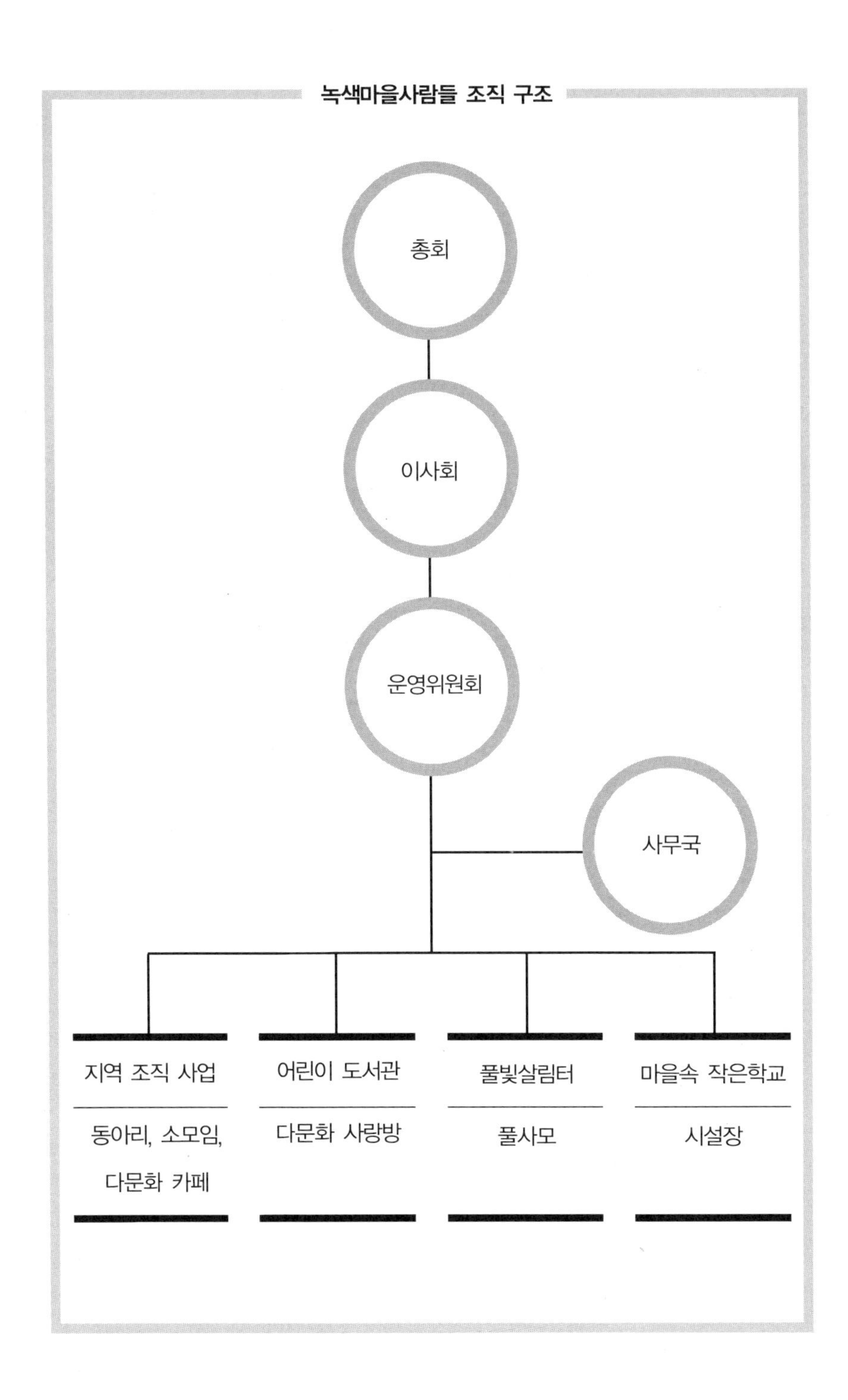
녹색마을사람들 조직 구조
총회
이사회
운영위원회
사무국
지역 조직 사업
동아리, 소모임,
다문화 카페
어린이 도서관
다문화 사랑방
풀빛살림터
풀사모
마을속 작은학교
시설장

눠야 할 것 같다며 재정 문제 대책 마련을 위한 임시 이사회를 제안했고, 임시 이사회에서는 스스로 분담금을 책정하는 등 문제 해결을 위한 의지를 보여줬습니다. 또 지속 가능한 운영을 위한 방안으로 '사회적 기업'을 제안하기도 하고, 수익 사업에 관한 다양한 아이디어를 제안하기도 합니다. 그리고 전체 운영에서 회원들의 회비 비중을 더 높여야 한다는 제안에 고무된 활동가 이사들은, 더 열심히 활동해서 회원 확대를 적극 추진하는 등 더 장기적인 해결책을 마련하겠다는 각오를 단단히 했습니다. 이렇게 든든한 이사님들이 울타리가 되어주니 얼마나 힘이 나는지요!

그렇습니다. 자신의 삶터 일구기에 책임감을 가지고, 자발적이고 주도적으로 참여하는 이웃들을 곁에서 지켜보며, 어려움이 생길 때 잘 견뎌낼 수 있는 힘이 되어주는 이사님들이 모인 곳, 이곳이 녹색마을사람들이지요.

지도자?
난 아니야, 난 못 해!

좀더 열정 있는 사람, 좀더 의지 있는 사람

다양한 동기나 계기로 활동에 참여하는 지역 여성들은 활동하면서 스스로 지도력을 발휘하면서도 자신을 '지도자'라고 말하는 것에는 익숙하지 않습니다.

"난 아니야! 난 못 해! 그런 거 하라고 하면 나 다음부터 안 나올 거야!"

사실 '지도자'라는 단어 자체에도 거부감이나 부담감을 드러내는 분들이 많습니다. 그래서 일은 하지만 자리는 맡지 않겠다고 하는 경우가 참 많습니다. 그리고 무슨 장이나 대표 등을 맡으라고 하면 이제부터 활동 안 하겠다고 으름장을 놓기도 해서 한동안 그 문제로 옥신각신하면서 어렵사리 정리하곤 합니다.

그러나 활동이 진행되면 우리가 하는 일이 혼자 하는 게 아니라 대부분 소모임이나 팀을 구성해서 하는 일인 탓에 아무래도 그 단위 활동의 효율성을 높이고 조직 전체와 소통하기 위해서도 모임을 대표하는 사람이 필요하다는 사실을 인정하게 됩니다. 그러다 보면 좀더 책임감을 느끼는 사람, 좀더 열정이 있는 사람, 좀더 의지가 있는 사람이 먼저 자리를 맡게 되고, 그 사람을 보면서 함께하는 사람들은 '그래, 이런 일을 하다 보면 언젠가 나도 저런 일을 해야 할 때가 있겠구나' 하는 생각을 하게 됩니다.

이런 과정을 겪으면서 어렵게 결단을 내리면 소모임 장이나 운영위원으로서 그 일을 잘 해내려고 노력합니다. 하지만 그 노력의 과정을 온전히 개인에게 떠맡길 수는 없지요. 그렇게 시간을 내고, 노력을 하겠다는 결단을 내린 지도자를 잘 도와주고 북돋우는 것이 함께하는 우리들, 그리고 실무자와 조직의 일입니다.

지도력을 잘 발휘할 수 있게 돕는 것들

자리를 맡은 사람이 지도력을 잘 발휘할 수 있게 도우려고 많은 노력을 했습니다. 먼저 일을 하는 데 꼭 필요한 내용을 강의나 워크숍 방식으로 기획하기도 하고, 역량을 키우기 위한 학습 모임도 진행했습니다. 그리고 이 과정을 책임 있게 지켜보며 응원을 보내는 것이 필요했습니다.

교육과 훈련

활동 초기, 지역에서 주민들을 위한 사회교육 기회가 거의 없을 때 우리가 진행하는 활동의 근거는 어디에 있는지 등을 확인하기 위해 여러 강좌를 진행했습니다. 1999년 5월, '내 삶의 주인 되기'라는 주제로 자신의 삶을 스스로 얘기해보는 시간을 가졌고, 여성학의 관점으로 삶의 목표를 세워보는 기회도 있었습니다. 그런 삶을 효과적으로 관리하는 방법과 인간관계 훈련까지, 다양한 내용을 묶어 지도자 교육을 진행했지요. 물론 해당 분야의 전문가들을 초대하기도 했지만 늘 우리 스스로 자신의 목소리를 드러내는 과정이 가장 기본이었습니다.

2001년 6월, 다섯 강좌로 구성된 여성 지도자 교육에 이어 1박 2일의 숙박 교육을 기획했습니다. 많은 회원들이 생전 처음으로 '엄마'가 자신의 사회적 활동을 위해 '외박'을 해야 한다는 사실을 가족들에게 알리고 동의와 협조를 구해야 했습니다. 이렇게 하려고 몇 달 전부터 달력에 일정을 표시해놓고 가족의 관심을 끌어내기도 하고, 이웃을 돌보고 건사하는 일에 운영위원이 얼마나 소중한 사람들인지, 그 일을 좀더 잘 수행하기 위해 교육이 얼마나 중요한지 강조하며, 가족들에게 편지를 쓰기도 했습니다. 이러면서 '엄마'와 '아내'인 우리가 하는 일이 무엇인지, 또 무슨 의미가 있는지 가족들과 공유하려는 의욕적인 목표도 있었습니다.

거의 해마다 숙박 형태의 워크숍이 진행되면서 '지역사회 구체적으로 들여다보기, 활동 목표와 실행 계획 세워보기, 비전과 실천 계획 세우기' 등을 함께 해왔습니다. 또 지도자의 자질에 필요한 게 무엇인지 확인하고, 지도력 발휘를 위한 구체적 기술로서 분노 조절 능력을 강화하는 훈련, 갈등을 관리하는 훈련, 의사소통을 강화하는 훈련 등을 진행했습니다. 이런 교육 활동에는 성인으로서, 생활인으로서, 사회적 실천의 주체로서 우리 모습이 잘 반영되는데, 현장에서 늘 부대끼며 고민하던 문제들이었기에 성찰과 함께 새로운 실천 과제를 이끌어낼 수 있었습니다.

주도적인 학습과 실천 활동의 결합

지도자들의 역량을 많이 성장시킨 계기는 학습 동아리 활동이었습니다. 각 단위의 현장에서 제기되는 문제나 구성원들이 해결하려고 하는 문제를 주제로 동아리를 만들어 함께 '공부'하는 것이었습니다. 이 과정에서 민주적인 의사 진행과 결정에 관한 훈련도 하고, 제기되는 문제를 해결하면서 지도력도 발휘했습니다. 그리고 이런 학습 활동의 결과물이 바로 활동과 결합되면서 새로운 계획으로 연결됐지요. 구성원들의 역동적인 만남이 지속되는 실천 현장에서 스스로 지도력을 발휘하고, 구성원들의 지지와 인정을 받으며 점차 지도력이 확대되고 강화되는 경험이었습니다.

스스로 말하기

활동이 진행되면 자연스럽게 그 활동 결과를 공유하는 자리가 마련됩니다. 워크숍이나 총회, 토론회 등을 열기도 하고, 잡지, 신문 등과 인터뷰를 하거나, 다른 지역이나 단체에 활동을 소개할 기회를 갖거나 강의를 요청받는 경우도 있습니다. 이럴 때 각 단위 활동의 대표성을 갖는 사람이 그런 기회를 가집니다. 처음에는 서로 안 하겠다며 양보하는 경우가 많지만 대화와 설득을 하다 보면 그 일을 맡을 사람이 결정되곤 합니다. 이 과정에서 사람들을 대표해서 활동을 얘기하는 기회가 뭘 자랑하거나 떠벌리는 자리가 아니라, 우리 삶터에서 꼭 필요한 일을 소개해 더 많은 지역의 이웃들이 자신의 삶터를 잘 일굴 수 있게 돕는 일임을 인정하게 됩니다. 바로 이런 기회를 통해 그 사람은 자신의 목소리로 모임을 대표하는 용기를 갖게 되고, 자신과 동료들의 활동 경험을 객관화하는 훈련을 하게 됩니다. 이 과정을 통해 또 한발 내딛게 되는 것이지요. 조금은 부담스럽고 힘든 과정이지만, 이런 경험은 그 일을 맡은 사람들의 성장을 이끌고, 지도자의 자질을 발휘하거나 역량을 키우는 데 도움이 됐습니다.

지켜봐주는 믿음, 힘찬 응원

때로는 자신이 맡은 일에 지나치게 책임과 부담을 느껴서 짐을 벗어버리고 싶은 충동이 생기기도 하고, 그러다 보면 그동안 보람이고 성취이던 활동이 갑자기 의미 없게 느껴지면서 '내가 지금 뭐하고 있는 거지? 집안일도 제대로 못 하고 있는 판에……' 하는 회의가 들기도 합니다. 이럴 때 꼭 필요한 게 지지와 격려, 그리고 응원이었습니다.

활동하면서 우리는 지치기도 하고, 상처받기도 하고, 좌절하기도 하는 어려운 시간들을 겪었습니다. 그 과정들을 거치면서 확인하는 것은 우리가 서로 도와야 하고 또 도울 수 있다는 사실이었습니다.

책임 있는 자리를 맡다 보면 때로는 하고 싶지 않은 말도 해야 하고, 혼란스러워 자신이 없지만 그래도 결정해야 하고, 때로는 기존의 인간관계가 변하면서 외로움도 겪게 됩니다. 이럴 때 그런 마음을 이해하고 보듬으며 들어주는 동료가 필요하지요. 함께 해온 과정을 통해 쌓은 믿음과 우애를 바탕으로 흔들리는 시간을 함께 나누며, 지난 시간 우리가 확인한 것은 무엇이며, 여전히 합의할 수 있는 것은 무엇인지 나누는, 서로 의지해야 할 동료가 꼭 필요한 때입니다.

성취가 있을 때 함께 기뻐하며 그 성장을 자랑스러워하고 격려하는 협력자, '멘토'라고 부르기도 하는 이런 관계는 서로 책임 있게 지켜보는 관계성에 바탕을 두는데, 인내심과 시간이 필요한 것이기도 합니다. 이 과정을 거치면서 지도자는 자신에 관한 믿음을 키우는 한편 함께하는 것을 향한 믿음과 의지도 키울 수 있는 것이지요. 이런 관계를 통해 기대와 지지, 응원이 깊이를 더하고 이웃의 삶에 관한 관심과 우애 또한 진전합니다. 그리고 이런 경험이 쌓이면서 관계에 관한 믿음을 바탕으로 구체적이고도 실체적인 기쁨을 누리며 진정한 지도자로 당당히 자리를 잡는 것입니다.

다음을 생각해야 하는 지도자

지도자가 하는 일 중에 참 중요한 게 다음 사람, 즉 차세대 지도자를 발굴하는 것입니다. 자신이 성장해온 경험, 그 과정을 통해 쌓은 성찰을 바탕으로 다음 지도자가 잘 성장할 수 있도록 관심 있게 지켜보고 조언하며, 또 응원하는 훈련을 해야 합니다. 할 일을 나누는 과정, 함께 교육에 참여하는 과정, 토론 과정, 활동하는 모습을 지켜보면서 무엇을 도와야 할지 생각하고 결과를 함께 논의해야 합니다. 이것을 통해 그 사람의 특성과 강점 등을 잘 이해하고 북돋워줘야 합니다. 이 과정에서 지도자는 자신이 하는 일을 더욱 명확하게 인식하게 되고, 대표자로서 지니는 정체감이 강화됩니다.

이제 그 사람은 자신의 역량, 나아가 잠재력에 관한 신뢰를 바탕으로 함께하는 사람들의 역량이나 잠재력을 북돋우는 경험을 하게 되는데, 이 경험은 조직의 활성화에 소중한 밑바탕이 될 것입니다.

힘찬 응원을 위한 노력

멘토링 관계 만들기

우리 기억 속에 있는 '멘토링(Mentoring)'은 세대와 세대를 이어 삶의 지혜와 기술이 전수되는 방식이었던 것 같습니다. 부모님이 자녀들에게, 시어머니가 며느리에게, 선생님이 제자들에게, 장인이 후계자에게, 선배가 후배에게 잘 성장하도록 도와주기 위한 책임 있는 관심이고 도움말이며 주요한 가르침이었습니다. 진정으로 상대가 잘 성장하기를 바라고, 그 모습을 자랑스럽게 지켜보며, 상대방의 성취가 자신의 일인 양 기쁜 그런 관계입니다. 그것을 통해 기대감, 존경심, 믿음을 나누며 서로 끊임없이 영향을 미치게 되지요.

그런데 우리 사회의 급격한 변화와 함께 경쟁이 심화되면서 상호 관계성의 약화나 단절에서 오는 고립감, 막막함과 두려움, 불신감이 무척 커졌습니다. 그 결과 그동안 자연스럽게 형성되고 유지되어 온 가족간, 이웃간, 공동체 구성원간의 멘토링 기능이 많이 약화됐습니다. 이렇게 우리 사회 전반에 걸쳐 애정과 우애를 갖고 정성껏 서로 돌보고 키우는 기능이 취약해지면서, 진정성이 담긴 따뜻하고도 믿음이 가는 관계를 향한 그리움과 갈증도 커지고 있습니다.

이런 상황에서 활동의 지속 가능성을 높이기 위해서는 지도자가 잘 성장하도록 돕고 응원하는 협력자를 만들어가는 것이 꼭 필요합니다. 서로 믿음을 회복하고 진정성을 믿으며, 상대방의 성장이 진정으로 기쁨이 되는 관계를 만들고 지속하는 것은 많은 인내심이 필요하지만, 그런 과정을 통해 멘토링 관계가 형성되기 시작하면 새롭고도 특별한 기쁨을 경험하게 되지요.

코칭 진행하기

코칭(Coaching)은 멘토링 과정에 결합되는 내용으로 좀더 직접적이고 구체적인 문제 해결을 위한 것이라 할 수 있습니다. 이때 무엇보다 상대에게 거는 기대나 변화

목표를 명확히 표현하고, 서로 확인하며, 도움이 필요한 시점에 구체적인 도움을 줄 수 있어야 합니다. 특히 중요한 것은 그 사람이 조직의 목표를 잘 기억하면서, 지도자로서 자신의 위치와 할 일을 확인할 수 있도록 도와야 합니다. 그리고 지도력을 발휘하는 현장을 지켜보면서 그 사람의 구체적인 행동들이 어떤 결과를 만들어내는지, 그래서 무엇에 집중해 어떤 변화를 만들어야 할지 구체적으로 지적하고, 또 서로 확인해야 하는 것이지요.

하고 싶은 것은 다 하더라

2010년 6월 1일 아침, 운영위원들이 서둘러 모여 앉기 시작합니다. 오늘은 또 무슨 일인지……. 아, 오늘의 주제는 '비전'이군요!

지난 4월, 사단법인 녹색마을사람들이 공식 출범했는데, 법적인 절차를 거치느라 무려 2년이라는 시간을 끌면서 운영위원들이 좀 지쳐 있었습니다. 그래서 과제 하나를 마무리 지은 즈음 새롭게 전열을 정비하는 의미로 '우리가 꿈꾸는 것'을 다시금 확인하자는 문제의식을 가진 것입니다.

물론 우리는 늘 조직과 함께 무엇을 하고 싶은 것인지, 어떻게 할 것인지 꾸준히 얘기를 나눴고, 그렇게 나눈 이야기들 속에서 자신이 할 일을 선택하고 결정하고 실행해왔습니다. 하지만 이렇게 큰일을 치른다든지 힘이 빠질 때면 다시금 처음으로 돌아가 질문을 합니다.

그동안 활동하면서 내 마음을 잡아끈 것이 무엇인지, 분주한 일상에서도 선택의 우선순위를 활동에 묶어둔 힘이 어디서 나온 것인지, 무엇 때문에 서로 상처를 주고받으면서도 포기하지 않고 기꺼이 이 활동을 지속하는지, 조직과 함께 꼭 이루고자 한 것은 무엇인지, 이웃이 성장하는 모습이 나 자신의 성장처럼 기쁘고 들뜨는 건 무슨 까닭인지……. 이 질문에 답을 찾기 위해 우리는 또 머리를 맞대고 앉은 것입니다.

운영위원 1 우리는 티내지 않으면서 적극적으로 많은 일을 하고 있는 것 같아요. 앞으로도 변하는 지역 상황에 맞춰 다양한 일을 해 나갈 것이라 생각해요.

운영위원 2 녹색을 생각하면 행복한 느낌이 듭니다. 관계 속에서 서로 에너지를 주려는 마음이 보이고, 나도 그렇게 하려고 노력하게 됩니다. 왠지 욕심을 버려야 할 것 같은 마음이 드는 게 녹색의 강점인 것 같아요. 그런데 요즘 새로운 활동가 발굴이 멈칫하면서 정체된 느낌이 듭니다. 어쨌든 녹색은 여전히 '사람'에 집중하면서 연탄재 같은 뜨거운 마음, 누군가에게 자신을 내줄 수 있는 마음이 있는 사람들이 모이는 곳이 아닐까 생각합니다.

운영위원 3 이웃들의 삶이 이야기되고, 나에게 거는 기대와 꿈이 있는 사람이 그 꿈을 시작하고 펼칠 수 있는 공간이었으면 합니다.

운영위원 4 녹색에서 쌓은 경험은 내가 할 일을 새롭게 확장하는 것이었어요. 작은 마음들이 모여 16년 동안 쌓여 성장해왔는데, 앞으로는 어떨까 하는 기대가 있어요. 사실 나는 처음 활동에 참여하면서 언니, 형님이 아니라 누구 씨, 선생님으로 부르며 대화를 나누는 게 참 신선하고 색달라 보였습니다. 우리의 모습을 보면서 소중한 사람들이 있어 서로 발전하고 있다는 느낌이 듭니다. 사람들은, 남자들은 잘 모르는 것 같아서 알려주고 싶어요. 앞으로도 선배님들의 노하우, 후배들의 에너지가 서로 자극이 됐으면 합니다.

운영위원 5 우리 힘은 소비 지향적인 삶이 아니라 의미 있는 일에 가치를 두는 것이라 생각합니다. 뭔가 할 수 있는 일, 지역에서 해야 할 일을 고민하는 게 우리들의 일인 것 같아요. 앞으로 좀 더 북적대며 꿈을 찾는 공간이 되었으면 합니다. 동네 사랑방 같은 도서관, 또 풀빛살림터도 좀더 활성화되길 바랍니다.

운영위원 6 저는 이웃산타의 루돌프로 활동을 시작했는데, 사전 교육과 모듬별 준비 활동, 그리고 실제 가정 방문에서 아이들을 맞이하는 과정이 무척 재미있었어요. 요즘 녹색의 모습이 이전처럼 역동적이지는 않지만 내가 볼 때는 잔뜩 재료가 있는 상황이라고 봅니다. 무엇보다 녹색의 힘은 사람들이 갖고 있는, 뭔가 하고자 하는 마음이라 생각하는데, 잘 꿰기만 하면 모든 게 가능하지 않을까 생각해요. 잘 꿰서 좀 티가 났으면 좋겠어요.

운영위원 7 2005년 환경 강사 1기로 활동을 시작했는데, 정말 기쁜 마음으로 활동을 했어요. 2010년 현재 느낌은, 녹색은 '하고 싶은 것은 다 하더라'는 것입니다. 사실 녹색을 만나기 전에는 교육만 받는 경험이었는데, 녹색에는 실천이 있어서 믿음이 생겼습니다. 또 활동이 다른 곳으로 전파되는 경험을 했는데, 이것도 녹색의 힘이라고 생각합니다. 녹색은 만들어간다, 멈추고 있지 않다, 계속 이어갈 것이라는 믿음이 있습니다. 여기서 자란 아이들, 이 사람들의 활동을 보고 싶은 게 희망입니다. 이 아이들이 다시 와서 우리를 더욱 풍요롭게 해줬으면 하는 기대가 있고, 확인하고 싶어요.

운영위원 8 녹색은 하나를 바라보는 한마음인 것 같아요. 그리고 누가 해주기를 가만히 기다리지 않고 우리가 스스로 하겠다고 결정하고 믿음으로 나아가는 모습이 바로 녹색의 힘이 아닌가 싶고요. 바람이 있다면 다양한 마을 주체들이 더 많이 참여했으면 하는 것입니다.

이런저런 느낌과 생각, 의견을 주고받으며 우리가 하는 활동이 여전히 의미 있고 가치 있는 것이라는 공감, 조직은 구성원들의 활력을 담아내며 활동의 지속 가능성을 담보하는 효과적인 틀이라는 사실, 그래서 자신과 조직이 다시 한 방향으로 갈 수 있다는 믿음과 기대를 함께 확인했습니다. 이제 이 믿음을 바탕으로 지금 우리 앞에 놓여 있는 과제를 극복하려는 의지와 용기, 실천하기 위한 모색과 열정을 추스르며 흐트러지고 지친 마음을 모으는 우리, 또 한걸음을 내딛고 있답니다.

우리들의 이야기는……
계속된다

오늘도 수유 2동에 있는 녹색마을사람들 사무국에서는 옹기종기 모여 앉은 이웃들이 도란도란 두런두런 하루를 열고 닫습니다.

'친정언니'의 하루

전화기 너머로 '친정언니' 활동을 하는 이웃의 한껏 달뜬 목소리가 들려옵니다.

친정언니 1 어머, 잘 다녀오셨어요?

친정언니 2 네, 지금 마치고 집으로 들어가는 길인데, 빨리 얘기해주고 싶어서 전화했어요. 우리가 참 잘 간 것 같아요. 보험회사 과장님이 직접 나와서 다문화 가정 보험 현황에 관해 열심히 말씀해 주셨어요. 그러면서 자기들도 미처 몰랐는데, 준비하면서 많은 것을 알게 됐고, 앞으로 대책이 꼭 필요할 것 같다면서, 오히려 우리에게 좋은 계기를 주셔서 감사하다고 하시는 거예요. 게다

1 다문화 가정 이웃들의 초대 모임. 2 다문화 카페를 만들기 위해 직접 한 목공 작업. 3 다문화 가정을 위한 한글 교실.

가 마치고 나서 회사 식당으로 초대해서 맛있게 점심을 대접 해주셨는데, 함께 간 우리 친정언니들, 다문화 가정 이웃들 모두 정말 좋아했어요! 그리고 오다가 다음 주 활동 때문에 보건소에 들렀는데, 아 글쎄 보건소에서도 정말 잘 오셨다고, 여러 가지 안내와 함께 다문화 가정 아이들 예방주사도 놓아주셨어요. 또 다문화 가정 여성 일자리 만들기 사업으로 진행하고 있는 출산 도우미 활동에 관해 적극적으로 안내해주셨어요. 어떻게 접근할지 걱정했는데 가니까 한 번에 다 해결되네요. 다음 주에 가기만 하면 될 것 같아요.

친정언니 1 정말 잘 됐네요.

친정언니 2 우리가 필요하다고 생각해서 결정한 일을 진행하니까 참 많은 분들이 도와주시네요. 힘이 납니다.

2008년 이웃산타 활동으로 다문화 가정을 방문하기 시작하면서 새로운 이웃들을 만나고 있습니다. 다문화 가정의 여성들이 우리의 이웃으로 함께 잘 살아가려면 우리들의 관심이 필요하다는 생각이 모였고, '친정언니'라는 이름으로 다문화 가정 여성들과 그 가족을 만나고 있습니다. 생활하면서 어려운 점이 무엇인지 관심 있게 물어보기도 하고, 친정언니들끼리 모여 회의를 해 우리가 도울 수 있는 일을 찾아서 활동을 한 지 2년째가 됐습니다. 무엇보다 말이 통해야 의사소통을 할 수 있으니 한글을 빨리 익히는 게 좋겠다는 생각에 '한글 교실'도 열었고, 평가를 통해 2010년부터는 새로운 활동을 시작했습니다. 생활에 꼭 필요한 시설이나 기관 등을 방문해 우리 삶터와 주변 이웃들에게 다문화 가정의 가족들이 우리 지역사회 구성원임을 자연스레 드러내는 한편, 생활하는 데 필요한 여러 시설을 이용하는 데 자신감을 갖도록

이웃나라 동화나라.

도와주는 것이지요. 그래서 진행하게 된 것이 재래시장, 보험회사, 보건소, 은행 등을 방문하는 것이었는데, 오늘은 바로 보험회사를 방문한 날이었고, 활동이 끝난 뒤 신명이 난 친정언니가 그 결과를 주위에 알려주고 있습니다.

요즘 친정언니들은 또 다른 즐거움에 푹 빠졌습니다. 글쎄 녹색마을사람들 사무실을 '다문화 카페'로 만들기 위한 작전을 벌이고 있답니다. 재래시장을 살리기 위한 문화 활동 단체인 '수유시장 사람들'의 도움을 받아 목수가 돼 직접 찻상과 의자를 만드는 목공 작업을 하기도 하고, 카페 공간을 꾸미기 위한 디자이너가 돼 열심히 구상도 하고, 또 카페 이름을 짓기 위해 머리를 짜내고 있는 중입니다.

"어여들 오셔서 맛난 차 한 잔 마실 준비해주세요!"

지구촌 이야기가 펼쳐지는 '이웃나라 동화나라'

다문화 가정 여성이 함께 살아가는 우리들의 이웃으로서, 이 지역사회의 구성원으로서 더 주도적으로 할 수 있는 일에 관해 논의하면서 그 여성들이 나고 자란 고향 사람들의 살아가는 이야기, 다양한 지구촌 이웃들에 관한 이야기에 관심이 모아졌습니다. 결혼과 함께 한국으로 와서 지금은 우리의 이웃으로 살고 있는 다문화 가정의 여성들이 자신의 모국에 관해 우리와 나눌 수 있는 것, 나누고 싶어하는 것에 관심을 가진 것이죠. 그래서 이웃나라 동화 읽기가 시작됐습니다.

동화를 통해 지구촌 이웃들의 지혜와 사랑을 나누면 우리의 다정한 이웃은 얼마나 넓어질까요? 그렇지요. 이웃 나라에 관한 이야기를 듣고 서로 다정한 지구촌 이웃이 되는 것을 꿈꾸며 조금씩 알아간다면, 우리 삶터 여기저기서 다양한 지구촌 이웃들의 이야기가 넘쳐흐르는 넉넉한 세상이 오지 않을까요?

"자, 지구촌 이웃들! 이야기 한마당 맘껏 즐기세요!"

골목문화 날개를 달다

새로운 욕구의 발견

'골목문화 날개를 달다!' 2009년에 이어 2010년까지 진행되고 있는, 골목에서 벌어지는 이웃들의 다양하고도 재미있는 문화 활동입니다. 언제부터인가 우리는 정서적으로나 문화적으로 목말라 하고 있는 자신의 모습을 발견했습니다. 우리가 살아가면서 갖게 되는 다양한 느낌이나 생각들을 더 자유롭게 표현할 수 있으면 좋겠다는 욕구였지요. 따라서 그런 우리 자신들과 이웃들을 돕는 일이 필요하다는 공감대가 커지기 시작했습니다.

먹고 사는 문제와 아이들 뒷바라지에 늘 바쁘고 고단한 시간을 보내면서 내 느낌이나 생각들을 정리하거나 드러내는 기회가 많이 없던 우리들. 그런데 인생의 한 지점에서 좀더 자신에게 집중하고 싶은 새로운 욕구에 직면하게 됐습니다. 분위기 있는 찻집에서 여유롭게 차도 한 잔 마시고 싶고, 영화도 보고 싶고, 음악도 듣고 싶고, 책도 읽고 싶고……. 뭔가 내 안에 있는 어떤 에너지, 기운을 드러내서 맘껏 발휘하고 싶은 충동이 들 때가 있지요. 내 속에 있는 것이면서도 무시되거나 미처 소중하게 돌보지 못하던 욕구들이 호기심으로, 갈증으로 나타나기 시작했습니다.

하지만 벽입니다. 어디로 가야 할지 모르겠고, 혼자 가기에는 뭔가 껄끄럽고 용기가 나지도 않습니다. 게다가 돈 생각을 하니 '에라, 이제까지도 안

골목문화 기획단 모임.

하고 살았는데 무슨……' 하는 마음에 선뜻 나서지 못하고 주저앉게 되는 경험을 많이 하지요. 굳이 멀리 찾아가지 않아도, 경제적 부담을 느끼지 않고서도 할 수 있다면 얼마나 좋을까 하는 마음들이 자꾸 커지면서 이런 욕구를 해결할 필요가 생긴 것입니다.

모두 다시 모여 앉아 머리를 맞대고 욕구를 확인하고, 방법을 제안하고, 지혜를 모았습니다. 그렇게 만들어진 게 '골목문화 날개를 달다'였습니다. 보고 싶은 영화도 보고, 음악도 듣고, 함께 책을 읽으며 우리의 인생과 삶에 관해 내 목소리로 얘기하고, 또 이왕이면 더 많은 이웃과 나누며 좀더 활기차게 살고 싶은 사람들이 중심이 돼 우리 삶터에서 행복한 문화를 즐기기로 했습니다.

보물들의 행진

이 활동을 진행하며 우리 모두 또 한 번 놀란 것은 우리가 사는 동네는 참말로 '보물 창고'라는 사실이었습니다.

① 나는야 고전 연구자

한정주 님은 자신이 가진 전문 지식으로 우리를 고전의 세계로 안내했습니다. 이름하여 인문학 강좌 '고전에서 힘을 얻다'였지요. 정약용, 박지원, 박제가, 이덕무 등 조선시대 선조들의 구체적인 생활을 담아낸 이야기들이 새삼 그 시대 삶의 다양한 울림들과 함께 다가왔고, 지금도 여전한 힘으로 우리를 끌어당기고 있다는 것을 깨달았습니다.

"내게 고전 읽기는 벽 같은 것이었습니다. 그런데 이번 강좌를 들으면서 마치 단단한 알의 껍데기를 조금 깼다고나 할까요? 이젠 좀 읽을 수 있을 것 같아요."

한 이웃의 말에 환한 웃음으로 답하는 한정주 님은 고전을 통해 삶에 힘이 되는 이야기를 이웃들과 나누는 일에 관심이 많은 유명 작가입니다. 한정주 님의 이야기는 앞으로도 계속될 것입니다.

② 우리는 문화 애호가

허정회 님은 평소 음악을 즐겨 들으며, 기회가 되면 이 행복을 이웃과 나누고 싶었다고 합니다. 그러던 차에 '골목문화 날개를 달다' 기획팀에 참여해 달라는 요청에 기쁘게 응했지요. 목사님이기도 한 허정회 님은 음악을 통해 더 많은 이웃들과 함께하고 싶은 꿈을 이루었다며, 단 한 명이라도 더 음악 세계로 안내하기 위해 열정을 쏟았습니다.

자신을 '문화 애호가'로 소개하는 김종현 님은 그야말로 문화 속에 푹 빠져 산 자신의 삶에서 누린 다양한 경험과 혜택을 이웃들과 적극적으로 나누고 싶어합니다. 고전음악이 가진 무게를 줄여달라는 우리들의 성화에 못이겨, 때로는 아기자기한 뒷얘기를 준비하거나 유쾌하고 친근한 해석을 곁들여 우리들을 고전음악의 세계로 안내하려고 무진 애를 씁니다.

인문학 강좌.

신인 영화감독인 신동엽 님은 평소 자신이 살고 있는 곳에서 이웃들과 함께 영화를 보며 이야기를 주고받을 수 있으면 좋겠다는 생각을 했답니다. 이제 그런 기회를 갖게 돼 참 행복하다며, 영화 모임의 이름을 '042(영화를 사랑하는 이웃들)'로 하자고 제안했습니다.

영상 감독인 김현식 님은 이웃들의 사진에 관한 욕구가 커지는 만큼 사진을 찍는 데 필요한 기본 지식과 기술을 나눠줬고, 우리 삶터를 기록하기 위해 기획된 '2009 우리 마을 골목사진전'을 이끌었습니다.

③ 우리는 문화 창조자

우리 삶터 곳곳이 멋진 작품이 될 수 있도록 '우리 동네 담장 꾸미기'에 참여한 이웃 아이들과 그 가족들은 맘껏 솜씨를 발휘해 신나게 작품을 그렸답니다. 그리고 우리가 살고 있는 지금 이곳의 삶터 모습을 담아보는 골목사진전에 참여한 이웃들은 정성껏 자신의 이웃들과 삶터를 기록으로 남기며 감각과 재능을 뽐내는 기회를 가졌습니다. 그것뿐만이 아닙니다. 책 읽기 모임, 영화 모임, 음악 모임 등 다양한 활동에 참여한 이웃들은 때로는 감동에 겨

2009 우리 마을 골목사진전 대상 수상작.

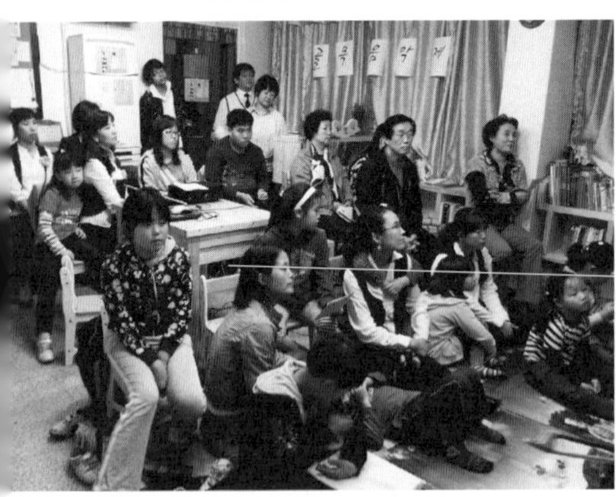

골목 음악제.

워, 때로는 분석적으로, 때로는 열정적으로, 때로는 수줍게 자신의 느낌과 생각을 드러내며 아주 멋진 어록들을 남겼지요.

"이러다 우리 영화 한 편 만드는 것 아니야?"

"영화만 만들겠어요? 책도 쓸 거야!"

우리가 만드는 우리들의 이야기

한 해가 지난 뒤 활동에 참여한 이웃들이 동아리를 만들면서 '2010 골목 문화 날개를 달다'는 더욱 풍성해졌습니다.

'문학을 읽는 즐거움'은 읽고 싶은 책을 선정해 함께 읽고 이야기를 나누는 모임입니다. 처음 이 모임을 이끌던 이희숙 님은 독서의 달인이지요. 오랫동안 논술 지도 활동을 한 경력을 바탕으로 '강북 지역 여성에게 아이들의 책 읽기 교육을 시켜서 사교육 부담을 벗어던지게 하겠다'는 야심찬 포부를 가지고 있습니다. '엄마가 공부하면 아이들 문제 잘 해결할 수 있다'며 이웃 여성들의 책 읽기를 독려하고, 토론으로 담금질합니다. 100권도 넘는 도서 목록을 만들어 보는 이들을 주눅들게 하지만, 함께 읽는 사람이 점차 늘고 있습니다.

상반기를 지나며 이 모임은 참가자들의 동아리 형태로 진행되고 있습니다. 스스로 책을 선택하고, 참가자들이 돌아가며 발제하고 토론합니다. "차려진 곳에 참여하는 것도 좋지만 이렇게 스스로 하니까 훨씬 재미있는 것 같아요." 모두 신명이 났나 보네요.

또 '차 한 잔의 선율로 펼쳐지는 음악', '이야기가 있는 영화', '상상골목 꾸미기', '디카 촬영 강좌를 통한 2010 우리 마을 사진 전시회'도 올 가을 우리 이웃들을 또 다른 행복으로 초대할 준비를 하고 있지요. 특히 우리 아이들에게 동네 곳곳이 놀이터가 될 수 있는 흥겨움과 상상력을 한껏 북돋우는

1 문학 모임. 2 신나는 골목 놀이. 3 담쟁이들의 마을 벽화 그리기. 4 음악 감상 모임.

'골목 놀이'는 참여 가족들의 적극성을 바탕으로 신명을 더하고 있어 보는 사람 모두 즐겁고 행복하답니다.

참, 잊을 뻔했는데 이번 가을 골목축제 때는 '우리도 한때는 청춘'이라는 제목으로 '연애편지 전시회'가 준비되고 있어요. 중장년 이웃들의 젊은 시절, 강렬한 사랑의 흔적을 엿볼 수 있는 기회가 있다는 것, 꼭 기억해주세요.

그러고 보니 2009년 '골목문화 날개를 달다' 활동 목표 중 '주민들의 주도적인 참여와 적극적인 소통을 토대로 소집단(동아리) 활동 방식을 강화하고, 문화 소비자를 넘어 건강하고 창의적인 문화 생산자 역할을 한다'는 대목이 생각나는군요.

이제 우리는 다른 사람이 하는 것을 보고 즐기는 것을 넘어 우리 스스로 우리의 생각과 느낌, 끼를 드러내고 그것을 고양시키는 것에 더 관심을 가지고 있습니다. 그리고 이것을 바탕으로 내 삶의 이야기를 꾸려가는 기쁨을 맛보고 있습니다. 바로 이 신명으로 '골목문화'가 또 한발 앞으로 나아가고 있답니다.

아이들의 건강한 아침을 여는 '미숫가루 프로젝트'

돌봄이 필요한 이웃 아이들과 그 가정을 만나며 아침도 못 먹고 학교에 가는 아이들이 많다는 것을 알았습니다. 어떻게 하면 아이들이 아침을 거르지 않고 건강한 하루를 시작할 수 있을까 고민하게 됐지요.

성장기 아이들의 경우 지속적으로 아침을 거르면 뇌 성장에 영향을 줘 학습 능률이 떨어지고, 혈당도 낮아져 다른 아이들과 다툼을 벌이는 원인이 된다고 합니다. 그래서 아이들의 아침을 건강하게 열 수 있도록 돕는 '미숫가루 프로젝트'를 시작했습니다.

2008년 5월, 먼저 이 주제를 가지고 '한살림서울생협 북부지부'와 '강북 녹색가게' 등 관심 있는 단체들과 간담회를 열었습니다. 이야기가 오가면서 여러 견해를 확인할 수 있었습니다. 유동식인 미숫가루를 권장하는 것에 동의하기가 어려워 참여할 수 없다는 경우도 있었고, 내부 구성원들의 합의가 어려워 참여할 수 없는 곳도 있었습니다. 이 과정을 거치면서 미숫가루에 관한 영양학적 근거를 더 확실하게 준비했습니다. 그리고 10월, 지역 내 미양초등학교를 시범학교로 정해 '미숫가루 프로젝트' 활동을 시작했습니다.

매일 아침 수업 시작 전 여덟시 삼십분에서 아홉시 사이, 아침을 거른 아이들은 학교에 도착하면 바로 교과연구실이나 교육복지실로 옵니다. 그리고 아침을 챙겨주고 안내하는 선생님의 도움을 받으며 미숫가루와 떡, 과일 등으로 아침을 먹습니다. 식사 시간은 선생님의 따뜻한 보살핌과 지지로 편안합니다. 게다가 아이들은 자기가 먹는 음식이 농약을 쓰지 않고 만드는 건강한 먹을거리라는 선생님의 말씀을 들으며, 몸에 도움이 되는 음식이 무엇인지도 배우게 됩니다. 식사가 끝나면 각자 교실로 돌아갑니다. 처음에는 아침을 먹으러 온 아이들이 서먹해하기도 하고, 다툼도 있었지요. 하지만 시간이 흐르면서 또래들과 이야기도 나누고, 미처 해오지 못한 숙제도 하고, 책을 가져와 읽기도 하면서 분위기가 안정됐습니다.

한 초등학교에서 시작한 아침 식사 지원 활동이 확대돼 2010년 10월에는 지역 내 초등학교 네 곳과 중학교 두 곳에서 진행되고 있고, 구로구와 종로구, 도봉구 등 다른 지역에서도 참여하는 학교가 늘어나고 있습니다. 한 학교에 스무 명 안팎의 아이들이 참여하고 있으며, 진행되는 상황은 학교마다 조금씩 다릅니다. 어느 학교는 학부모회가 적극 참여해서 식사 준비와 안내를 맡는가 하면, 어느 학교는 근처 노인복지관에서 어르신이 연계돼 안내자로

선생님들과
미숫가루를
먹고 있는 아이들.

참여하기도 하고, 어느 학교는 먹을거리 교육 강사가 배치돼 진행하고 있기도 합니다.

이 활동에 필요한 기금을 마련하기 위해 부지런히 후원자를 모집하고, 관할 교육청과 만나 사업 취지와 필요성을 얘기하기도 하고, 또 직접 학교를 찾아가 교장선생님과 학부모회를 만나서 참여를 호소하는 등 이사장님의 발걸음이 무척 바쁩니다.

2009년 활동을 마치고, 각 학교가 활동에 관한 평가를 했습니다. 무엇보다 아이들에게 많은 변화가 있었다고 합니다. 담임선생님들은 '아이들의 표정이 밝아지고 안정되고 있다, 지각도 줄고 수업에 좀더 집중하는 것 같다'고 평가하고, 학교 사회복지사 선생님들은 '아침을 먹으러 오는 아이들의 옷차림이나 청결 상태 등을 세심하게 살펴보고, 긴급하게 생활의 변화가 있거나 지원이 필요한 아이들을 확인해서 바로 필요한 조치를 취할 수 있어서 큰 도움이 됐다'고 하십니다.

'사랑밥'이라고도 부르는 '미숫가루'는 이렇게 아이들을 웃게 만들고, 그 아이들을 보는 이웃 어른들을 흐뭇하게 하고, 삶터를 더 따뜻하게 합니다. 마침 교육청에서도 이 사업을 긍정적으로 평가해 내년에는 조금이라도 예산을 배치하겠다고 했다니, 더 많은 우리 아이들의 아침이 행복해질 것 같습니다.

'삶터'에서 '일터' 만들기

3년쯤 전부터 지역에서 '사회적 기업'에 관심을 갖기 시작했습니다. 사회적 기업은 '취약 계층에게 사회 서비스 또는 일자리를 제공해 지역 주민의 삶의 질을 높이는 등의 사회적 목적을 추구하면서 재화 및 서비스의 생산·판매 등 영업 활동을 수행하는 기업'을 말합니다(사회적 기업 육성법 제2조).

정부에서는 '일자리'를 만들어야 할 필요성이 절실해진 상황에서 '사회적 기업 육성법'을 만들어 정책적으로 사회적 기업 설립을 지원하고, 시민운동 진영에서는 사회적 기업이 공적인 목적을 가지는 동시에 활동 과정에서 발생되는 수익으로 활동을 재생산하는 기반을 만들 수 있다는 점에서 매력을 느낀 것이지요.

녹색마을사람들에서는 풀빛살림터 운영의 지속성을 높이기 위한 방안의 하나로, 또 마을환경강사팀은 비전에 관한 고민을 하면서 사회적 기업에 관심을 갖게 됐습니다. 한편 '2009 골목문화 날개를 달다'의 인문학 강좌가 열리고 난 뒤 우리 지역에 인문학 배움터 설치를 희망하는 소모임이 구성됐는데, 이 사람들 또한 사회적 기업에 관심이 있었습니다. 이런 상황을 바탕으로 운영위원과 관심 있는 사람들이 모여 사회적 기업에 관해 알아보기로 하고, 2010년 6월 '함께일하는재단'에 요청해 사회적 기업에 관한 강의를 들었습니다. 그 뒤 좀더 구체적으로 논의를 해보겠다는 사람들을 중심으로 '사회적 기업 준비 모임'이 만들어졌고, 모임을 진행하면서 다양한 사회적 기업 사례를 살펴보고, 여러 곳을 탐방하기도 했습니다. 그리고 친정언니팀과 협력해 다문화 카페 '하모니'를 운영하기로 결정한 뒤, 11월에 '하모니와 함께하는 가을여행'이라는 프로그램도 진행했습니다. 카페에서 차를 마시며 여행, 독서, 음악 등 다양한 문화 프로그램을 진행했고, 참가자들의 만족도가 높아 준비 모임 구성원들은 자신감을 좀 얻었나 봅니다.

사회적 기업 준비 모임 구성원들은 오랫동안 삶터를 기반으로 이웃과 함께 문제를 해결해온 경험을 쌓은 주체들입니다. 그러다 보니 지역사회의 욕구에 민감하고, 협력적인 문제 해결 방식으로 단련된 지도력을 갖추고 있습니다. 30~40대에 활동을 시작해 숙제방 자원 교사로, 이웃산타로, 사랑의 책 배달부로, 친정언니로, 다양한 활동과 조직 운영을 책임져 온 경험을 가진 구성원들이 이제 50대가 되어, 개인적으로든 조직적으로든 새로운 일을 모색하는 시기를 맞았고, 그 과정에서 사회적 기업에 관해서도 이런저런 생각을 해보는 것입니다. 이 사람들은 오랫동안 함께 활동하면서 나눈 믿음과 우애를 앞으로도 이어가고 싶은 욕구가 있습니다. 그래서 활동을 지속 가능하게 하는 정도의 수입을 만들 수 있으면서, 동시에 이웃들에게 꼭 필요한 일이 무엇인지 찾아 사회적 기업으로 운영해보고자 합니다. 바로 '삶터'에서 '일터'를 만드는 일이지요.

이웃산타를 동아리 활동으로

찾아가는 이웃산타 활동이 10년을 넘긴 2009년, 이웃산타 활동을 평가하는 과정에서 오랫동안 이웃산타로 활동하는 한 회원이 새로운 제안을 했습니다. 이 활동이 아주 좋아서 좀더 집중하고 싶다며, 이웃산타를 동아리 활동으로 조직하고, 후원자도 더 적극적으로 모집해보자는 것이었습니다. 이웃산타 활동을 특정 시기에만 하는 게 아니라 일상적으로 활동을 준비하고, 활동을 한 뒤 대책도 더 체계적으로 마련하자는 의견인 것이지요. 이렇게 해서 이웃산타 동아리가 만들어지고, 그 회원은 이웃산타 동아리 팀장 자격으로 운영위원이 됐습니다.

2010년 8월 25일 상반기 활동 평가 워크숍에서 그 회원은 이웃산타 동아리 팀장으로서 동아리 회원을 조직하고 후원 회원을 모으기 위해 활동한 내용을 소개했습니다. 다른 단체들과 맺는 연대도 더 잘 다지면서 2010년 이웃산타 활동을 위한 준비를 진행하고 있다고 보고했지요.

“이번 29일 이웃산타 활동가 첫 모임 있는데, 참여하실 거죠?”

은근히 압박하며 참여 의사를 확인하는 모습에 우리는 기대하는 마음을 담아 응합니다.

“그럼, 한 해를 마감하는 즐거움인데. 열일 제쳐두고 뛰어야죠!”

아마 올해도 12월 21일에는 이웃산타와 루돌프가 전하는 따끈따끈한 이웃들의 소식을 들을 수 있을 겁니다.

2부

웃음꽃이 피었습니다

함께 성취하는 능력

서로 힘을 모아 일군 '작은 성공'들, 함께 성취하는 것의 기쁨과 보람을 경험하면서 우리가 자랑스러웠습니다. 이것을 통해 나 자신을 믿고, 서로 믿음을 키워가며, 함께 도모하고 성취하는 우리의 능력은 더욱 커졌습니다.

참말로 보물이네!

참 놀라운 일이지요! 서로 몰랐을 때는 관심도 없고 별 특별한 것도 없던 우리들이 목표가 설정되자 놀라운 변화를 보였답니다. 각자 하는 일이 다 다른 이웃들이 그 작은 목표를 향해 자신이 기여할 수 있는 방법으로 힘을 보태기 시작하고, 그 결과 우리는 하고 싶은 일, 해야 할 일 등 많은 일을 해낼 수 있었답니다.

살아가는 데 힘이 되는 것들을 함께 배우고 익히자는 목표를 설정하자 우리를 도와줄 강사 선생님을 찾을 수 있었고, 장소가 필요해지자 사무실 사장님이 공간을 빌려줬지요. 음악 감상과 가곡 교실을 해보고 싶다는 이웃을 위해서 성당에서 성가대를 지휘하는 이웃이 나섰고, 동네 식당 겸 찻집에서 기꺼이 공간을 내줬습니다. 그 덕분에 우리가 하고 싶은 일을 진행할 수 있었답니다.

또 돌봄이 필요한 아이들이 있다는 소식에 동네 에어로빅 학원 원장님, 문구점 사장님, 식당 사장님, 골목가게 사장님, 재활용센터 소장님, 학교 선생님, 미용실 원장님, 엄마선생님을 비롯해 다양한 분야의 셀 수 없이 많은 이웃들이 마음을 모아주었고, 그 덕분에 우리가 해야 할 일들이 쑥쑥 진행됐지요.

이렇게 우리 이웃들은 자신이 공감하는 목표가 생기면 스스로 무엇을 해야 할지 결정하고, 훌륭한 협력자가 되는 이웃에 감동하며 기꺼이 자신의 역량을 발휘합니다. 이런 이웃들과 함께하는 경험이 16년간 차곡차곡 쌓이면서 이제 우리는 어떤 결정을 앞두고 어려움이 있더라도 서로 격려하고 응원하는 힘이 많이 생겼답니다.

"우리가 결정하면 웬만큼은 하잖아요. 한번 해보죠, 뭐!"

누가 먼저랄 것도 없이 서로 얼굴을 마주보며 한바탕 큰 웃음으로 새롭게 결의를 다진답니다. 그리고 기대합니다. 이번에는 어떤 이웃이 어떤 모습으로 우리의 기쁨과 자랑이 될지…….

"참말로 보물이네! 어디에 있다 요렇게 딱 필요할 때 나타나셨나!"

나, 이 동네 주민입니다!

동사무소 진출 작전

1996년 12월 어느 날, 회원 다섯 명이 폐식용유로 만든 비누를 싸들고 동장님을 찾아갔습니다. 이웃 아이들을 위한 신나는 겨울방학 활동을 진행할 장소가 필요했거든요. 마침 수유 4동 동사무소가 새 건물이라서 그때만 하더라도 꽤 넓은 강당이 있었는데 더구나 난방 시설까지 갖췄다는 이웃의 제보를 듣고 반드시 그 공간을 빌려야겠다고 마음먹었습니다.

동장님 방은 넓었고 중앙에 탁자와 소파가 놓여 있었습니다. 동장님은 별 관심 없다는 듯 시큰둥한 반응을 보이며 소파 깊숙이 몸을 기대어 앉았고, 찾아간 우리는 조금 주눅이 든 모습으로 조심스럽게 소파 끝에 엉덩이를 붙여 앉았습니다. 우리가 찾아온 이유를 말씀드려도 동장님의 반응은 여전했고, 뒤이어 퉁명스런 대답이 돌아왔지요.

"동사무소가 무슨 시장바닥도 아니고, 이 사람 저 사람 다 와서 빌려달라고 하면 어쩌나요?"

이렇게 나오시니 어쩌나 하고 서로 눈치만 보던 우리들. 그런데 한 회원이 말을 이었지요.

"나, 이 동네에서 20년 이상 살았어요. 그동안 우리 동네에 아이들을 위한 이런 좋은 기회가 전혀 없었고요. 그리고 이게 무슨 개인이 이익을 보는 일도 아니고 동네 아이들이 필요한 활동이고, 또 이렇게 되면 아이들 부모들도 한 번쯤 동사무소에 오게 될 텐데, 동사무소에도 좋은 일 아닌가요?"

예민한 우리, 20년 이상 살았다는 말에 동장님 어깨가 조금 앞으로 세워지며 뭔가 변화가 있다는 것을 눈치챘습니다. 바로 다른 회원이 말을 이었습니다.

"이 동네에서 아이들 키우면서 제대로 된 시설이나 기회가 없어 많이 속상했어요. 그런데 뭘 해달라는 것도 아니고 우리가 스스로 하겠다고 다 준비해서 공간만 좀 사용하겠다는데 그게 그렇게 힘든 일인가요?"

동장님은 낮은 헛기침과 함께 몸을 세워 앉았습니다. 우리가 이 동네에 터를 박고 사는 주민이라는 사실을 확실하게 깨닫는 순간이었지요. 우리들의 입소문, 다시 말하면 '홍보력'이 대단하다는 사실, 알 만한 분들은 다 알거든요.

이렇게 우리는 한겨울에 난방이 되는 동사무소 강당을 사용하며 신나는 '겨울방학 교실'을 성공적으로 진행할 수 있었답니다. 이웃 아이들과 자원 교사 등 참가자가 무려 100명을 넘었는데, 이것은 아이들 교육에 목말라 있던 강북 지역 우리 삶터의 욕구를 다시 한 번 확인할 수 있는 기회였습니다. 물론 겨울방학 교실이 끝날 즈음에는 학부모들과 관심 있는 이웃들을 초대해 방학 동안 아이들과 함께 한 결과물을 나누는 시간도 가졌습니다. 마치고 나니 동사무소에서도 동사무소가 문을 연 이래 이렇게 많은 주민이 찾아준 일이 없었다며 자기들도 참 좋은 경험이었다는 얘기를 전하더군요.

이 사건으로 우리는 크게 두 가지를 깨달았지요. 첫째, '우리가 개인적인 일이 아니라 우리 삶터와 이웃들의 공동 목표를 위해 일을 할 때 참 당당할 수가 있구나' 하는 사실. 둘째, 삶터를 기반으로 하는 활동이기에 '아, 우리가 주민이라는 사실이 참 힘이 되는구나!' 하는 사실. 우리는 힘을 합해 만들어 낸 작은 성공으로 고무되어 한바탕 웃습니다.

"다음에는 뭐 할까요?"

웨딩홀로 진입하다

1997년 5월 어느 날, 우리는 또다시 거리로 나섰습니다. 6월 12일로 잡혀 있는 '음식물 쓰레기 줄이기를 위한 공청회' 장소를 찾아야 했거든요.

이웃 1 주민들이 얼마나 참여할지 가늠해보고, 주제 강연과 발표를 할 사람들이 앞에 앉아야 하니, 그런 걸 염두에 두고 장소를 찾아봐야 할 것 같아요.

이웃 2 학교나 교회 같은 데는 어떨까요? 사람들이 잘 알고 쉽게 올 수 있는 곳이잖아요.

이웃 3 이왕이면 좀 분위기 있는 곳에서 하면 좋겠어요. 최소 두 시간 이상 걸릴 텐데 의자도 좀 편하면 좋겠고.

이웃 4 왜 방학동 넘어가기 전에 새로 멋지게 지은 큰 건물 있잖아, 참 잘 지었던데. 엄청 넓고, 바닥이 대리석이야. 웨딩홀이라나 뭐라나. 거기서 하면 어때요?

이웃 5 아이고, 영업하는 장소인데, 그런 곳을 빌려주겠어요?

이웃 6 웨딩홀이니 주로 주말에만 붐빌 테고, 우리는 평일 오전에 하는 거니까 공간은 비어 있을 것 같아요. 그리고 버스 정류장 앞이라 교통도 좋고, 넓고 깨끗하고. 정말 좋겠네요. 안 되면 다른 곳 또 찾으면 되니까 한 번 알아보면 어때요?

이웃 7 가보고 좋으면 우리 아이들 결혼식, 거기서 하게 될지도 모르지. 안 그래요?

이웃 8 그렇죠. 우리도 고객이 될 수 있지요. 한 번 가봅시다.

이렇게 해서 공청회 1차 후보지로 웨딩홀을 정하고, 대표단을 구성해서 찾아가게 된 것이지요. 동사무소 강당을 빌린 경험을 되살려 각자 해야 할 말도 정하고, 나름 준비를 해서 갔습니다.

보무당당하게 웨딩홀로 가서 영업부장을 찾았지요. 깔끔하게 정장을 차려입은 젊은 부장님이 나오더니 깍듯이 인사를 하며 자리를 마련하고, 자판기에서 커피를 뽑아 대접하더군요. 우리는 계획대로 찾아온 목적을 알리고 필요하다면 떼를 쓸 각오까지 단단히 했지만, 그리 긴 말이 필요하지 않았습니다. 영업부장은 우리 이야기를 듣자마자 '찾아주셔서 고맙다, 지역에서 영업을 하는 사람으로서 당연히 지역 발전을 위해 협조해야 할 일이라 생각한다, 단지 예식을 올리는 장소니 깨끗하게만 사용해주시면 좋겠다'며 흔쾌히 수락했습니다. 우리는 책임지고 뒷정리를 하겠다는 약속을 하고 신이 나서 돌아왔습니다.

"어머머, 이게 웬일이니? 여러 말이 필요가 없네요!"

"내가 할 말 영업부장이 다 하던데 뭐!"

미처 하지 못한 말들을 쏟아내며 한바탕 웃음바다가 됩니다.

그랬습니다. 우리 이웃인 웨딩홀 영업부장님은 자신이 지역사회의 일원이고, 지역사회를 기반으로 사업을 하고 있는 주체임을 분명히 했습니다. 지역사회 일에 관심을 갖고 협조하는 게 당연하다는 말씀은 지역사회의 많은 주

웨딩홀에서 열린 겨울나기 녹색가족잔치.

체들이 우리의 협력자가 될 수 있다는 사실을 깨닫게 해줬습니다.

"그것 봐! 하니까 되잖아!"

웨딩홀에 가보자고 제안한 회원이 신이 났습니다. 자기 제안이 성공적인 공청회를 만드는 데 큰 기여를 했다는 평에 의기양양 한 말씀 날립니다.

"사람들이 다 도와준다니까! 어디 또 가봐야 할 데 없어요?"

그 겨울의 찻집

공간을 지켜낸 아이들

열린숙제방을 열고 6개월이 채 되지 않아 사건이 터졌습니다. 열린숙제방이 세들어 있는 건물 4층에 주인이 살고 있었는데, 어느 날 호출이 있었지요.

"너무 시끄러워 도대체 살 수가 없어요! 3층에 세든 사람들도 불평하고, 우리도 정신이 하나도 없고. 당장이라도 돈 빼줄 테니 나가요. 그리고 처음에는 아이들 몇 명 데리고 있겠다고 하더니, 어떻게 이럴 수가 있어요?"

주인 부부는 속이 많이 상하셨나 봅니다. 그동안에도 벌써 몇 차례 좋은 말로 아이들에게 주의를 좀 주라고 말씀하셨는데, 기어이 사단이 난 것입니다. 그러고 보니 벌써 문의 손잡이 하나 성한 게 없을 정도로 우리 아이들 행동이 부산하고 시끄러웠지요. 심란하고 걱정스러운 상황에서 결국 아이들과 긴급 회의를 열었습니다.

교사 지금 집주인을 만나고 왔는데, 우리에게 나가라고 하네요. 좀 있으면 날씨도 추워질 텐데, 어떻게 하면 좋을까요?

아이 1 왜 나가라고 하는데요?

우리가 약속했어요!

아이 2 우리가 너무 떠들어서 그렇잖아!

아이 3 우리가 문에 매달려서 손잡이 다 망가뜨려서 그래요.

아이 4 지난번에 쟤가 롤러스케이트 탄 채로 계단 올라오다가 야단맞았어요.

교사 그래요. 우리가 무척 시끄러워서 다른 사람들이 많이 불편하답니다. 그러니 어쩌면 좋겠어요?

아이 5 다닐 때 발꿈치를 들고 살살 다녀야 해요.

아이 6 문고리에 매달리면 안 되고, 창틀에 올라가지도 않아야 해요.

아이 7 말할 때도 고함지르지 말고 귓속말로 할 거예요.

아이들은 자기가 한 일을 아주 잘 알고 있습니다. 그리고 여기서 계속 살려면 스스로 행동을 바꿔야 한다는 것도 잘 알더군요. 많은 의견이 나왔고, 또 약속도 했습니다. 아이들의 약속을 정리해 다시 집주인을 찾아갔습니다.

우리가 회의를 한 내용과 함께 아이들이 어떤 다짐을 했는지도 성의껏 전달했지요. 다 듣고 난 뒤 집주인 부부는 긴 한숨을 쉬더니 "우리도 다 애들 키운 사람인데……" 하며 한발 물러나줬습니다.

"얘들아, 우리 여기서 살아도 된다고 하시네!"

"와! 아니 쉿, 쉿!"

두 손을 번쩍 들며 펄쩍펄쩍 뛰는가 싶더니 누가 먼저랄 것도 없이 바로 조그만 입술을 뾰족 내밀고는 손가락을 세워 조용히 하라고 서로 돌아봅니다. 이렇게 아이들은 문제를 해결하려고 머리를 맞대고 의견을 내고 새로운 결정을 하는 훈련을 하면서 시끌벅적한 하루를 마무리합니다.

"대견한 녀석들, 그래도 살 길은 찾아가네!"

엄마선생님들의 입가에 미소가 번지는가 싶더니 아이들 까치발 흉내에 유쾌한 웃음이 터집니다.

"두고 봐야지, 요 녀석들!"

더 넓은 공간이 필요합니다

이웃 아이들을 돌보자는 결의로 마련한 33제곱미터(10평)짜리 열린숙제방은 이런저런 사연과 함께 만나게 된 이웃 아이들로 꽉 차고 말았지요. 열린숙제방 이야기가 퍼질수록 찾아오는 아이도 많아졌지만 좁은 공간 탓에 함께할 수가 없어 대기자가 생겼습니다. 엄마선생님들이 또 바빠지기 시작했습니다. 좀더 넓은 공간을 마련해서 더 많은 아이들과 함께하고 싶은 마음입니다.

마침내 2000년, '2차 공간 만들기'를 위한 하루찻집 계획을 세웠습니다.

아이들의 보호자, 엄마선생님, 이웃 후원자 등 그동안 숙제방 식구들이 많이 늘어난 만큼 더 많은 힘들이 모였습니다.

정이네 할머니는 손자 둘을 키우고 계십니다. 두 아이를 다 열린숙제방에 보내고 할머니는 슈퍼마켓이나 골목에서 폐박스나 휴지를 부지런히 모아 돈을 마련하십니다. 어떻게든 하루찻집에 힘이 되고 싶은 마음에 슈퍼마켓 주인에게, 그리고 관할 동사무소 사회복지사에게도 티켓을 팔았습니다. 하루에도 몇 차례 사무실에 들러 판매 상황을 물어보시며 더 많이 팔고 싶어 애가 타십니다.

한 운영위원은 공간 확대를 위한 추진 모임 회의에서 진행 상황을 보고하면서 초등학교에 다니는 아들 이야기를 들려줍니다.

"우리 아이가 학교 가면서 하루찻집 티켓을 좀 달라는 거예요. 그래서 뭐 하려고 그러냐고 하니까 일단 달라는 거예요. 그래서 그러나 보다 하고서는 잊고 있었지요. 그런데 학교 갔다 오더니 티켓을 담임선생님과 같은 학년 다른 선생님들께 다 팔았다고 하는 거예요. 그래서 무척 놀라 뭐라고 했느냐고 물었더니 취지를 쫙 얘기하는 거예요. 아니 그걸 어떻게 알았느냐고 했더니 엄마가 전화통을 붙들고 외할머니랑 이모한테 얼마나 많이 얘기했는데 모르겠느냐면서 자기가 다 외웠다고 하더라고요."

우리들은 대견하기도 하고 놀랍기도 해서 모두 귀를 쫑긋 세우며 어떻게 했는지 구체적으로 말해보라고 다그쳤지요.

"담임선생님께 말씀을 드렸대요. 그랬더니 선생님께서 잘 알았다고 하시면서 이따 학년 선생님 만남 시간이 있는데 함께 가서 거기서도 이야기를 하라고 하시더래요. 그래서 따라가서 또 얘기했더니 선생님들이 다 사주시더래요. 칭찬도 듬뿍 받았나 봐요."

엄마는 아들이 대견하고 자랑스러워 신이 났습니다. 그날 우리는 이 사례

공간 마련을 위한 하루찻집.

에 고무돼 다시 한 번 티켓 판매 전략을 검토하면서, 무엇보다 목표를 깊이 공감하는 것이 뜨거운 열정을, 뜨거운 열정이 용기를, 용기가 이웃의 참여를 이끌어낸다는 사실을 다시 한 번 확인했습니다.

"자기 아들 최고야! 이러다 우리 또 일내겠어!"

"우리 남편은 자기가 총무니까 동창 모임을 그날 찻집에 와서 하겠대요."

하하 호호, 한바탕 웃음이 터집니다. 이런저런 열정들이 모여 성공적으로 공간을 만들어 이웃 아이들의 돌봄에 힘을 보태고 있는 이웃들. 이웃들이 행복해하는 모습에, 또 우리 자신의 행복에 가슴 부푼 시간을 함께 나누었답니다. 그 뒤에도 더 안전하고 위생적인 환경을 마련하느라 하루찻집을 두 번 더 진행하며 지금에 이르렀습니다.

"행복해지고 싶은 사람, 어디 없나요?"

아이들의 눈부신 웃음

우리 쌍둥이가 달라졌어요

전화벨이 울립니다. 흥분한 목소리가 들려옵니다.

"우리 쌍둥이가 정말 달라졌어요!"

이렇게 시작한 통화가 한동안 이어집니다. 이 여성은 혼자 아들 셋을 키웁니다. 그중 막내 둘은 쌍둥이지요. 명절이면 그래도 친정에 가고 싶어 가긴 가는데 막상 가면 올 때는 마음이 더 무겁다고 합니다. 아이들이 외가에 가서 말도 안 하고 인사도 제대로 안 하고, 할머니가 안으려 하면 외면하고 몸을 빼고 하니 서먹서먹한 채로 있다가 온답니다. 보다 못 해 삼촌이 손이라도 한번 잡을 요량으로 지폐 한 장을 건네면 돈만 쏙 집어들고 만다네요. 외가 식구는 외가 식구대로 맘이 아프고, 그 모습을 보는 엄마는 엄마대로 상처를 받는 것이지요. 그런데 이번 추석에 놀라운 사건이 일어났답니다. 삼촌이 씨름을 하자고 하니 우리 쌍둥이들이 엉거주춤 잡기도 하고 구르기도 하면서 살짝 웃음까지 날렸대요. 거기다 인사까지 하니 온 식구가 흥분해서 난리가 났다고 합니다. 돌아오려고 집을 나서는데 친정어머니가 딸 손을 잡고서는 도대체 무슨 일이 있었느냐고, 어째서 아이들이 이렇게 달라졌는지 물어

보시더랍니다. 그래서 단지 열린숙제방에 보냈을 뿐이라고 말씀드리고는 서로 부둥켜안고 울었답니다.

"선생님, 고마워요. 마음이 꽉 차는 것 같아요. 정말 고맙습니다!"

쌍둥이가 열린숙제방에서 엄마선생님들과 만난 지 6개월이 지날 무렵의 일이었지요.

우리 쌍둥이들은 '한 인물' 합니다. 심지어 이웃들이 "아니, 숙제방에서는 애들을 인물 순대로 뽑나 봐요?" 할 만큼 잘생겼지요. 그런데 처음 우리를 만날 때 이 아이들이 벙어리라는 소문이 있었습니다. 아이들이 제대로 말하는 것을 보지 못했기 때문이지요. 숙제방 입구 골목슈퍼 아줌마도 아이들이 오면 돈만 쑥 내밀고는 물건을 집어들고 나간다며 입을 여는 것을 못 봤다고 합니다. 그래서 '인물은 멀쩡한데 참 안됐다'며 혀를 차시는 거예요. 그런데 겨우 3개월 정도 지날 무렵 우리는 알았지요.

"웬 벙어리? 촉새, 아니 수다쟁이인걸!"

아이들은 생활하면서 이야기를 할 기회가 거의 없었습니다. 엄마가 아침 일찍 일하러 나가면 자기네들끼리 일어나 대충 차려놓은 밥상을 뜨는 둥 마는 둥 학교에 갑니다. 학교 가는 길에는 볼 것도 많아서 지각하기가 일쑤지요. 학교에서도 아이들과 잘 어울리지 않습니다. 집에 오는 길은 심심합니다. 오락실을 들렀다 놀이터에 가봐도 친구들이 없지요. 그렇게 저녁이 되면 텔레비전을 봅니다. 아침에 차려놓은 밥상은 저녁이 되어도 아이들 관심을 끌지 못하지요. 아이들은 이것저것 집어 먹다가 잠이 듭니다. 파김치가 돼 밤늦게 돌아온 엄마는 텔레비전을 끄고는 망연자실 벽에 등을 대고 잠든 아이들을 들여다봅니다. 학교는 잘 갔다 왔는지, 밥도 제대로 안 챙겨먹고 뭘 먹었는지, 오후 시간은 어찌 보냈는지……. 생각은 끝도 없고 몸은 한없이 지치기만 합니다.

처음에 쌍둥이들은 숙제방 오는 길에 엄마선생님들을 마주치기라도 하면 뒤도 돌아보지 않고 다른 샛길로 달아나서 먼 길을 돌아 숙제방으로 오곤 했습니다. 끌어안지, 엉덩이 두들겨대지, 엄마선생님들의 이런 극성스런 만남 '세리머니'가 낯설고 부끄러웠나 봅니다. 하지만 그것도 잠시, 아이들은 곧 익숙해졌습니다. 한두 달 정도 지나니까 달아나기를 포기하고 못 이긴 듯 품에 들어오곤 했지요. 조금 더 지나면 자기네들이 먼저 달려와 "선생님, 있잖아요" 하며 수다를 떨기 시작합니다.

쌍둥이 엄마의 전화 소식은 자원 교사 회의를 통해 삽시간에 엄마선생님들에게 전달됐고, 우리는 다들 흥분과 감동에 가슴이 벅찹니다.

"아이고 세상에! 우리 쌍둥이 참 기특하네!"

"어쩜, 그 살인 미소를 그렇게 아꼈단 말이야?"

엄마선생님들이 한바탕 웃음꽃을 피웁니다.

"우리가 자투리 시간을 좀 냈을 뿐인데, 내 이웃과 그 가족이 이런 기쁨을 느끼게 되다니, 참 놀랍고도 감사하네요."

얼음 공주가 햇빛 공주로

2001년, 요즘 우리 은이는 숙제방 귀염둥이입니다. 숙제방 식구들의 관심을 온통 한몸에 받으며 자기 자리를 확실히 차지했습니다. 숙제방 언니 오빠들은 몸집도 작은 초등학교 1학년 은이를 주머니에 넣어 다니고 싶다고 할 정도로 귀여워합니다. 또 엄마선생님이나 자원봉사자들도 '예쁨 받을 짓을 한다'며 한마디씩 합니다. 정말 그렇습니다. 한글 읽기와 쓰기가 잘 되지 않아 엄마선생님 한 분이 특별히 끼고 앉아 가르치고 있는데, 제법 열심히 따라주는 모습에 선생님 사랑을 독차지하는가 하면, 어느 틈에 쪽지 편지를 써서 이 사람 저 사람 놀라게 하면서 부지런히 자기를 표현합니다.

은이는 2000년 찾아가는 이웃산타를 통해 우리에게 왔습니다. 은이는 아직 일곱 살이라 학교에 가지 않고 있어, 우리가 찾아간 아이는 초등학교 2학년인 은이 오빠였습니다. 그런데 그곳에 창백한 얼굴, 헝클어진 긴 머리, 아주 작은 손톱깎이를 들고 끊임없이 손톱을 정리하는 은이가 있었습니다. 표정 없는 얼굴, 굳게 다문 작은 입술, 가끔 바닥을 향해 있던 눈길을 들어 주변을 살피는 모습. 우리는 그 아이를 '얼음 공주'라고 불렀습니다.

은이는 방 모서리에 놓인 작은 의자에 앉아 하루 종일 오빠를 기다린다고 합니다. 텔레비전이 은이가 세상을 만나는 유일한 친구입니다. 엄마는 오래 전 집을 나갔습니다. 대장암 수술을 받은 아빠가 퇴원해 돌아오니 집에는 아무것도 없이 아이들만 남아 있었지요. 아빠는 애를 써봤지만 건강도, 경제적인 문제도, 아이들의 양육 문제도 잘 해결할 수 없어 다시 술을 마시기 시작했습니다. 그리고 집을 비우는 날도 점차 많아졌습니다. 우리가 찾아간 날도 아빠가 며칠째 집을 비운 날이었습니다.

강북구청 사회복지 담당자와 연락이 닿고, 아이들은 숙제방으로 오게 됐습니다. 엄마선생님들의 손길이 분주해졌습니다. 속옷과 옷가지를 챙겨 오고, 긴 머리 공주님을 위해 갖가지 머리핀과 헤어밴드가 모이고, 공주님 머리를 매만지며 씻기고 먹이며, 그렇게 우리 식구가 됐습니다. 이제 은이는 고개를 살짝 숙이며 소리 없이 날리는 웃음으로 많은 식구들의 귀여움을 담뿍 받는 똘망똘방한 눈망울의 숙녀가 되어갑니다.

"세상에 얼음 공주 어디 갔나, 햇빛 공주 납시었네!"

은이만 보면 예뻐서 어쩔 줄 모르는 엄마선생님의 한마디에 모두 가슴 가득한 기쁨으로 또 한바탕 웃음꽃을 피웁니다.

열심히 한글을 배운 은이의 쪽지 편지.

엄마선생님들이 씻기고, 머리도 매만지고, 옷을 챙기면서 얼음 공주의 본모습이 드러나기 시작했습니다. 큰소리로 웃지는 않지만 조금 미소라도 지으면 우리는 '악!' 소리를 내며 넘어갔지요. 참으로 예쁜 모습, 관심과 사랑을 받으며 본래의 생명력을 드러내는 그 모습에 우리 모두 자지러지고 맙니다.

그 뒤 아이들은 참 잘 자라줬습니다. 무엇보다 의욕을 찾은 아빠가 부지런히 일했고, 마침 일도 잘 되는 것 같았습니다. 그리고 은이 오빠는 야구를 시작하게 됐지요. 마침 초등학교 야구 코치를 하는 아빠 후배가 있는데 아이에게 야구를 가르쳐보겠다며 자기가 있는 학교로 전학을 시키라고 했다는 얘기를 전하며, 아빠는 새로운 희망에 환한 웃음을 보이셨답니다.

중국집 배달 아저씨에게 좋은 이웃상을

"따르릉"

사무실 전화벨이 울립니다. 미처 대응도 하기 전에 다급한 목소리가 건너옵니다.

"애들 공부방이지요."

"네, 그……."

"아, 내가 조금 전에 배달을 갔는데, 가보니까 어른은 없고 아이들 셋이서 짜장면을 들자마자 정신없이 퍼먹는 거예요. 꼴이 말이 아니에요. 집안도 엉망이고. 아무래도 이상해요. 거기 한번 가보세요."

주소를 확인하고 급히 아이들에게 달려갑니다. 이렇게 아이들은 숙제방과 인연을 맺어 엄마선생님들과 만나기 시작했습니다. 전화를 준 이웃은 사무실에서도 가끔 들르는 동네 중국집 배달 아저씨였습니다. 마침 배달을 갔다가 아이들을 보고는 생각이 나서 연락했다고 합니다. 아이들의 상황을 확인하던 엄마선생님이 한말씀 합니다.

"그런데 우리 숙제방이 많이 알려지긴 했나봐. 아저씨가 바로 여기로 연락할 생각을 다 하시고……."

"아니, 배달 아저씨가 좋은 사람이라 그렇지. 사실 관심 없으면 연락하려고 마음이나 먹겠어요? 바쁘다는 핑계로 그냥 그러려니 하고 무심하게 넘어갈 수도 있는데, 굳이 전화를 해서 찾아가보라고 말씀해주시니, 정말 좋은 이웃이지 뭐에요?"

"진짜 그런 것 같네요. 아저씨 같은 분은 연말에 '좋은 이웃상' 같은 거 만들어 표창장이라도 하나 드려야 하는 것 아니에요?"

"숙제방 홍보 대사는 어때요?"

"생각해보니 우리 동네 중국집 배달 아저씨, 야쿠르트 아주머니, 이런 분들이 이웃들의 사정을 잘 알 수 있다는 생각이 드네요."

"사랑의 책배달부 같은 활동으로 연결해도 좋을 것 같고."

한 통의 전화로 시작된 '좋은 이웃'에 관한 이야기로 우리의 하루는 풍성하게 마무리됩니다. 이웃들의 상황을 무심하게 지나치지 않고 마음에 담아, 뭔가 도움을 주고 싶어하는 다정한 이웃들과 함께하는 우리들! 입가에 미소가 번지면서 엄마선생님, 그만 호기를 부립니다.

"우리 오랜만에 짜장면 한번 먹을까? 내일 점심, 내가 쏠게!"

행복한 웃음과 함께 집으로 향하는 발걸음이 힘찹니다.

관계 형성이 중요한 이유

방과후 방치되거나 돌봄이 필요한 아동을 잘 발굴하려면 다양한 지역 주민한테서 아이들에 관한 정보를 얻어야 합니다. 즉 지역 주민들이 방치돼 있거나 위험한 상황에 처한 아동에게 관심을 갖고 연결자 역할을 해야 하는데, 특히 직업 특성상 지역 아이들의 상황을 가까이서 볼 수 있는 주체들과 맺는 관계 형성은 아주 중요하답니다.(사랑의 책배달부 매뉴얼, 2005)

장롱 속에 모셔놓은 신문

"글쎄, 내 고향 친구가 신문에서 날 봤다면서 전화를 했어! 어찌나 놀랐던지……. 그 소리 듣고 애 아빠가 쫓아가서 신문을 사왔지 뭐야. 신문을 보고 기념으로 잘 접어서 장롱 속에 고이 넣어뒀어."

신문을 잘 접어 장롱 속에 넣어뒀다는 말씀에 한바탕 웃음이 쏟아집니다. 2001년 1월 17일, 《중앙일보》에 대문짝만한 기사가 났습니다. 시민광장 NGO 면에서 환하게 웃고 있는 여덟 명의 여성들. 바로 우리들 모습이지요.

"내 친구가 그 사진을 보고 이 친구가 왜 여기 있나 싶어 깜짝 놀랐대요. 그래서 기사를 자세히 보니 내 이름도 나오고 하니까 무척 반가워서 전화를 했다는 거야. 전화 받는 나도 놀랐지. 어떻게 충청도 그 멀리 있는 친구가 그 신문을 봤으며, 또 그 기사를 읽었느냐는 말이지. 와, 신문 참 무섭대!"

장미원시장에서 오랫동안 지물포 가게를 운영하고 있는 이갑순 님은 그날 옛 친구에게 걸려온 뜻밖의 전화에 하루가 무척 행복했나 봅니다.

"나도 전화 받았어요. 아직도 열심히 하고 있는 모습을 보니 참 존경스럽다며, 한동안 잊고 살았는데 한번 놀러 오겠다고 하더라고요."

"후원하고 싶다고 사무실로 전화한 분들도 계셨어요."

사무국 식구의 말에 모두 더 신이 납니다.

“사실 내가 한 게 뭐 있어야지. 한 달에 두세 번 혼자 사는 어르신 모시고 목욕탕 가고 밥 한 끼 차려드리고 서로 안부 나누고 하는 정돈데. 이웃인데 그 정도는 누구라도 할 수 있는 일이잖아. 이렇게 신문에 날 일도 아니지 뭐.”

이갑순 님은 우리가 하는 평범하고도 일상적인 활동에 보이는 외부의 관심이 조금 어리둥절한 모양입니다.

“그런데 기사 내용보다 우리 사진이 더 크게 나온 것 같아. 차라리 내용을 좀더 많이 실어주면 좋았을 것을.”

“그래도 우리 내용을 잘 전달했다는 생각이 들던데요.”

“기사는 지난번 《경향신문》에 났을 때 그 내용이 참 좋았던 것 같아요.”

1999년 12월 2일자 《경향신문》 기사를 말하는군요.

“맞아. 그때 사진 참 리얼했는데. 미화 씨 포대기해서 애 업은 모습에, 회장님 더벅머리 모양새 하며……. 참 인간적이었지.”

한바탕 웃음보가 터집니다.

“그러고 보니 우리 언론에 꽤 많이 나온 것 같아요. 왜 1998년인가 그때 KBS 〈9시 뉴스〉에서 우리 숙제방 아이들 여름 캠프 내용을 취재했는데 내용이 마음에 안 들어서 난리 났었잖아요. 우리 애들을 무조건 불쌍하게만 몰아가는 취재기자의 발언 내용 때문에 막 항의하고 그랬던 거, 기억나죠?”

“그때 우리 돌아가면서 전화하고 방송국에다 사과하라고 요구했는데, 결국 사과는 못 받았고 대신 다시 취재해서 방송이 한 번 더 나갔어요.”

새삼 언론에 비친 우리 모습을 되짚어가며 이야기가 길어집니다.

“우리가 어떤 얘기를 해도 그 사람들은 자기들 관심사에만 초점을 맞춘다니까. 그러니 사전에 충분히 얘기가 안 된다 싶으면 응하지 말아야 해요.”

이런저런 이야기를 나누며 ‘우리들의 이야기’가 언론에 전해지는 과정에 관해서도 나름대로 원칙을 만들어가고 있습니다.

저소득층 자녀에 꿈의 보금자리

서울 강북구 '녹색 삶을 위한 여성들의 모임'

티끌 같은 정성을 모아 태산 같은 사랑을 만드는 주부들. 서울 강북구 수유동의 '녹색 삶을 위한 여성들의 모임'이다.

사랑을 일구는 터전은 30평짜리 녹색가게(사무실·주민도서실 포함)와 18평짜리 열린 숙제방. 숙제방은 집안 사정 때문에 끼니를 잇지 못하는 동네의 저소득 가정 어린이 22명의 보금자리다.

평소에는 방과 후 찾아와 점심도 먹고 과외지도도 받는다. 방학이 되자 머무는 시간이 길어졌다. 주부와 아이들은 서로 함께 나누는 정을 배운다.

모임이 발족한 것은 1995년4월. 동네 주부 24명이 모여 여성을 위한 교육시설이 없다는 데 의견을 모았다.

그래서 이웃으로부터 4층 건물 맨 꼭대기 2평짜리 자투리 공간을 무료로 얻었다. 처음에는 회원들이 서로 영어·일어를 가르치고 친목을 도모하는 장소로 이용했다. 주부들이 모이다 보니 화제는 자연히 '아이들 문제'였다.

자녀에 관한 이야기는 한겨울에도 맨발에 슬리퍼를 신고 다니는 이웃 어린이들로 옮아갔다. 이들을 도울 수 있는 방법을 이야기하다 저소득층 자녀들을 위해 방과 후 어린이방을 만들자고 결의했다.

회원마다 5만원에서 2백만원까지 내놓았다. 운영비를 마련하기 위해 녹색가게를 열자는 아이디어도 나왔다. 마침내 99년 8월 모임방과 녹색가게·어린이방을 위해 30평의 사무실을 냈다.

어린이방의 넓이는 8평. 그래서 초등학교 1~3학년생만 받기로 했다. 아이를 돌봐달라며 찾아오는 부모들이 줄을 이었다. 너무 비좁아 4학년이 된 어린이들은 섭섭하지만 내보낼 수밖에 없었다.

녹색 삶을 위한 여성들의 모임 회원들이 16일 신년 계획을 논의하러 어린이방에 모였다.

회원 200여명 쌈짓돈 모아
숙제방·녹색가게 마련
공부 가르치고 점심도 제공

사정이 딱한 어린이들을 내보내야 하는 현실은 견디기 힘들었다. 또 다시 '십시일반'이 시작됐다. 초등학생들의 공부를 돕던 중·고생 20명이 한 기업에서 주최한 자원봉사대회에서 탄 상금 1백만원을 내놓았다. 녹색가게 수입금 1백만원이 보태졌다. 청소년들과 어린이들의 부모, 그리고 주부 회원들이 함께 일일찻집을 열었다. 이렇게 해서 8백만원을 모아 지난해 2월 이웃 건물에 18평짜리 어린이방을 만들어 냈다. 어린이들은 이제 4학년이 돼도 머물 수 있다.

창립된 지 6년, 매월 3천~1만원의 회비를 내는 회원들이 2백여명으로 늘었다. 방과 후 숙제방의 어린이들은 9명에서 21명으로 늘었다.

모임 회원인 김미선(金美善·43)씨는 "도움이 필요한 어린이들이 너무나 많다"며 "이 아이들이 있는 곳에 이런 공부방을 또 하나 만들고 싶다"고 말했다. 02-903-6604.

성시윤 기자

<copipi@joongang.co.kr>

장롱 속에 고이 간직한 신문 기사(《중앙일보》, 2001년 1월 17일).

입 밖으로 크게 외치는 비전

열심히 한 우리, 칭찬합시다

2001년 3월부터 시작한 NGO 학습 동아리 활동이 꼬박 3년이 지났습니다. 학습 동아리에 참여한 우리는 자원 활동을 시작한 지 2년에서 6년 정도 됐기 때문에 자신의 경험을 되짚어 보기도 하고, 그동안 느낀 의문이나 고민을 해결하는가 하면 새로운 과제를 찾기도 하는 등 다양한 성과를 얻었습니다. 이 과정을 거치면서 처음 학습 모임을 제안한 이웃의 말처럼 좀더 전문적인 활동가의 역량을 기를 수 있었습니다. 한 해를 마무리하는 평가의 자리에서 그동안의 생각과 느낌을 나눴습니다.

이웃 1 주로 몸으로 부대끼는 활동만 하다가 이렇게 집중해서 공부 모임을 하니까 힘들었어요. 하지만 지적인 호기심도 좀 채운 것 같고, 전문성도 약간 생긴 것 같네요.

이웃 2 용어가 어려워서 처음에는 참 부담스러웠지만 어쨌든 발제도 해야 하고 토론 주제도 찾아야 해서 열심히 했어요. 특히 사회자가 돼 토론을 이끄는 경험은 신선한 충격이었어요. 나 자신의 가치를 느낀다고나 할까요.

이웃 3 토론이 중심이 되다 보니 다른 사람들의 생각을 듣게 되고, 공감도 하고 비판도 하면서 서로 더 잘 알게 된 것 같아요.

이웃 4 내가 살고 있는 지역에 더 관심이 깊어졌어요.

이웃 5 자원 활동의 의미나 가치를 되새겨보는 기회였고, 활동하면서 생기는 갈등이나 위기를 슬기롭게 극복할 수 있는 힘이 생긴 것 같아요.

이웃 6 우리, 진짜 열심히 했어요! 학교 다닐 때 이렇게 공부했으면 다 서울대 갔어! 칭찬 받아야 해! 그런데 솔직히 머리 아파요. 이제 딱딱한 공부는 그만하고 앞으로는 좀더 재미있고 부드러운 활동으로 해보면 좋겠어요. 문화원 탐방이나 뭐 그런 거 있잖아요.

이웃 7 그래, 답사 같은 것도. 그러니까 문화적인 요소를 좀 넣어서 성격을 바꿔보면 좋겠어요.

환호와 함께 박수 소리가 아주 요란합니다. 아마도 그동안 서로 기대어 열심히 했지만 어지간히 고생스러웠나 봅니다. 너도나도 한 목소리가 되어 학습 동아리의 방향을 전환하는 데 대찬성입니다.

우리들의 비전 찾기, 그리고 말하기

이야기가 이어집니다. 함께 공부하는 과정에서 발견하고 확인하게 된 내용들을 떠올리며 우리는 자신과 이웃의 모습에 관한 생각을 발전시킵니다. 내가 보기에 좋은 모습, 또 되고 싶은 모습, 지금 함께하고 있는 이웃에게 바라는 모습을 그려가며 마주앉은 자리에 웃음꽃이 피어납니다.

이웃 1 이렇게 열심히 공부도 하고 활동도 하고, 그러면 앞으로 우리 모습은 어떻게 될까요?

이웃 2 그래, 그 얘기 좀 해봅시다.

이웃 3 나는 우리 모임을 통해 넓은 사회를 보는 것도 배우고, 또 서로 칭찬하고 격려하며 자신감도 많이 생겼어요. 지금 상담원 교육도 받고 있는데, 이 일을 잘 살려서 소외된 이웃들을 많이 도와주고 싶어요.

이웃 4 저 형님은 10년 뒤쯤 아마 동장님이나 문화복지센터 위원장이나, 아니면……. 어쨌든 사회복지 쪽으로 적극적으로 일하고 있을 것 같아요.

이웃 5 어려운 이웃을 보면 늘 돕고 싶은 마음이 있어 활동을 시작했는데, 활동을 하면서 나도 모르던 새로운 능력도 발견하게 되고 자신감도 갖게 됐어요. 글 쓰는 걸 좋아하니까 우리 녹색 활동을 잘 알리는 홍보 대사 같은 거? 그런 일에 관심이 있어요.

이웃 6 나는 사회 문제에 관심이 많고, 아이들에게 좋은 환경을 만들어주고 싶어서 시작했는데, 지금은 맡은 일이 너무 많아서 한 가지 일만 집중했으면 좋겠다 싶네요. 하지만 뭐든 주어지는 일을 열심히 하겠다는 마음도 있어요.

이웃 7 자긴 능력이 아주 많아서 그래. 못 하는 게 없잖아. 연극이면 연극, 교육이면 교육. 아무튼 전문적이고 뚜렷한 의식이 있으니까 지금도 그렇지만 10년 뒤에도 계속 지역의 여성 리더로 활발하게 활동하고 있을 것 같아.

이웃 8 저는 제가 생각해도 NGO 학습 모임을 참 열심히 했어요. 아마도 이 모임의 최대 수혜자가 제가 아닐까 생각해요. 그동안 숙제방 자원 교사로 활동한 과정을 돌아보기도 하면서 이 활동의 필요성과 확신이 점점 더 커졌어요. 아마도 평생 이것과 관련된 일을 하게 되지 않을까 싶네요.

이웃 9 참 멋지다!

(학습 동아리 활동 보고서와 자료집, 2002, 2004)

그 뒤 이 모임에서 동장님이나 위원장님을 할 것이라고 기대를 모으던 서경석 님은 실제 수유 2동 주민자치위원장을 맡아 강북구 최초의 여성 주민자치위원장 활동을 잘 수행했습니다. 그리고 지금도 녹색가게 운동의 지도자로 왕성하게 활동하며, 자랑스럽고도 든든한 선배이자 이웃으로 살아가고 있습니다.

그런가 하면 멀리 동탄으로 이사를 간 지 2년 정도 된 인미화 님은 2010년 현재 '동탄 후마니타스'라는 조직을 만들어 사무국장으로 활동하고 있습니다. 녹색에서 겪은 경험을 살려 다양한 관심에 기초를 둔 활발한 모임들을 만들어서 이끌고 있지요. 함께 비전을 나누면서 지역의 여성 리더로 활동할 것이라고 입을 모은 바로 그 사람입니다.

한편 학습 활동을 거치면서 스스로 이 일과 관련된 일을 평생 하지 않을까 하던 김미선 님은 그 뒤 열린숙제방의 대표, 나아가 녹색삶의 대표 자리까지 잘 마치고 현재 녹색마을사람들 이사로 활동하고 있습니다. 그때 나눈 얘기들이 꽤 많이 실현되는 것 같아서, 참 신기하기도 하고 재미있기도 합니다.

"비전은 입 밖으로 내서 크게 외쳐야 해요. 그래야 나도, 가족도, 주변 이웃도 서로 힘을 모아 그 비전을 실현시킬 수 있도록 협력할 수 있으니까요."

우리는 이웃의 모습에 여전히 관심이 많습니다. 그래서 지금도 다른 사람들의 강점과 꿈에 관해 얘기하기를 즐깁니다. 그리고 그 꿈을 실현하는 과정에서 도울 수 있는 것들이 있는지 끊임없이 머리를 맞대고 이야기를 나눕니다.

"어머나 벌써 시간이 이렇게 됐어요? 여하튼 우리 이야기는 해도 해도 끝이 없다니까……."

한바탕 웃음을 날리며 서둘러 자리를 털고 일어서는 모양새가 아주 날랩니다.

깨어나다,
우리들의 놀이 본능

한여름 밤의 귀신잔치

여름이 깊어 방학이 끝나갑니다. 아이들의 아쉬움이 조금씩 깊어질 즈음 어린이 도서관 책이랑놀자 한 귀퉁이에서 이야기엄마들이 한참 궁리를 하고 있습니다. 마을 아이들의 책 읽기에 관심이 있는 이야기엄마들은 도서관과 어린이집, 그리고 놀이터에서 아이들을 만나 재미있는 이야기를 들려주는 활동을 하느라 바쁘답니다. 오늘은 깊어가는 한여름 밤을 그냥 보내기가 아쉬워 새로운 계획을 꾸미고 있는 중입니다. 그러고 나서는 '한여름 밤의 귀신잔치'를 만들었지요.

바로 할 일을 나눠 대본을 만들고, 소품을 준비하고, 분장을 맡습니다. 한여름 밤을 시원하게 날려 보낼 무서운 이야기는 이렇게 준비됐고, 우리 동네 골목 놀이터를 공연장으로 해 뜨거운 여름밤을 불태웠습니다.

2005년 8월 26일, 분장이 끝난 꼬마 귀신들과 어른 귀신들은 공연장인 골목 놀이터까지 행진을 하기로 했습니다. 냄비 뚜껑 등을 두드려 내는 잡다한 소리를 앞세우고 귀신들이 일렬로 행진을 시작하자 골목슈퍼 아주머니도 목을 길게 빼고 내다보고, 지나가던 이웃들도 킥킥댑니다. 골목 아이들은 어디

가는지도 모르면서 그만 따라나섭니다.

수유 3동 미루나무 놀이터에서 드디어 공연이 시작됐습니다. 처음에는 별 관심이 없던 주변 이웃들도 하나둘 아이들을 앞세우고 놀이터에 모이기 시작했습니다. 짧은 공연이 끝나자 관객들의 반응이 폭발적입니다. 휴대전화로 연신 귀신들의 사진을 찍는가 하면 자기 아이들과 함께 세워놓고 찍기도 하고, 어떻게 하면 귀신으로 출연할 수 있는지 문의도 하고…….

공연이 끝난 뒤 흥분한 귀신들은 도서관에 모여 그날의 무용담을 나눕니다. 슈렉도 귀신이라고 계속 우기는 아이들, 그래도 귀신이라면 화장실 귀신 정도는 돼야 한다고 주장하는 엄마들. 이야기와 웃음이 끝도 없습니다.

텔레비전이나 영화관, 공연장 등 일정한 장소에 제한되던 놀이 문화가 삶터 가까이, 그것도 미루나무가 서 있고 가끔은 내 아이들과 손잡고 나가보는 놀이터에서 펼쳐진 것입니다. 저녁 마실 나와서도 쉽게 만날 수 있는 놀거리, 손에 잡히는 놀거리가 있다면 우리 이웃들은 아주 즐겁지 않을까요?

이렇게 삶터 곳곳에서 우리 스스로 즐거운 놀이를 만드는 힘, 이 힘으로 우리 이웃들도 숨겨두거나 잊고 있던 놀이에 관한 기억, 놀이를 즐기는 능력을 회복한다면 더 많이 행복할 겁니다.

점점 발전하는 '놀이 상상력'

지금도 놀이에 관한 녹색의 관심과 열정은 계속되고 있답니다. 2009년, 아이들이 늘 지나다니는 동네 담장에 그림 그리기 놀이를 새로 시작했습니다. 아이들뿐만 아니라 온 가족이 그 즐거움에 푹 빠져 '담쟁이'라는 동아리를 만들게 되었답니다. 아이들은 스스로 참여해 그림을 그린 그 벽을 지날 때

우리는 귀신 분장 중.

귀신들의 골목 행진.

마다 공연히 지나는 사람들이 얼마나 있나, 혹시 우리 그림을 보고 있나 챙기곤 한답니다. 자기가 그린 그림이 있는 길은 언제 와도 포근하고, 은근히 말을 걸어오는 듯해 신이 나나 봅니다.

2010년, 이제 담쟁이 식구들은 더 많은 이웃 아이들과 함께 담을 꾸미는 놀이를 즐기고 있습니다. 또 더 많은 친구들과 '하하, 호호, 깔깔, 뛰고 넘어지고 털고 함께 웃는' 골목 놀이판을 벌여 더욱 신나게 놀고 있답니다.

자, 엄마도 아이도 함께 어우러지는 신나는 놀이가 궁금한 이웃들, 고개를 뒤로 젖혀 큰 웃음을 마구 터뜨리고 싶은 이웃들, 어여 나오세요. 골목 놀이터에서, 자투리 공원에서 온몸과 마음을 열어 땅과 하늘을 벗한 사람들을 볼 수 있어요.

낮은 목소리에 힘이 실리다

강북구 전체에 생긴 방학교실

“그래도 학교에 가면 급식이 있으니까 아쉬운 대로 한 끼는 해결이 되잖아요. 정말로 어려운 건 방학 때에요. 일찍 일을 나가니까 먹을 걸 대충 차려놓고 나가는데, 아직 아이들이 어려서 제대로 챙겨먹지 못하니까 나가서 일을 하고 있어도 마음이 편치 않아요.”

이런 상황에 놓인 이웃들의 필요와 욕구에 따라 시작된 ‘방학중 열린학교’ 활동이 2년 동안 이어지면서, 저소득 한부모 가정 등 어려운 이웃 아이들의 방학에 관한 관심이 점차 확대됐습니다. 마침내 강북구청에서는 방학 중 아이들을 위한 프로그램으로 강북구 17개 전 주민자치센터에 ‘열린 방학교실’을 열기로 했습니다. 각 주민자치센터에서 프로그램을 마련하고, 센터별로 구청이 예산을 지원했습니다. 비록 제한된 예산이어서 활동 내용이 만족스럽지는 않았지만 무엇보다 반가운 것은 저소득 가정의 현실적인 어려움에 초점을 맞춰 지원하려는 정책이 생겼다는 것이지요. 이것은 녹색삶을 중심으로 이웃들이 협력해 마을 아이들의 방학을 돕는 활동이 지역사회와 연계돼 더 확대되는 과정이었습니다.

구청의 방학교실을 알리는 현수막이 전 지역에 걸리는 모습을 보면서 우리는 스스로 시작한 작은 실천이 어떻게 이웃에게 영향을 미치고, 어떻게 지역 전체의 실천으로 자리잡아 가는지 경험했습니다.

"어머, 우리가 하는 일이 작은 일이 아니네요. 우리가 다 할 수는 없지만 작게라도 시작하니 협력하는 사람도 생기고, 구청도 따라오고……. 참 신기하네요!"

혼자서는 못 해도 '우리'가 되면 늘 뭔가를 이루어내는 '우리들'! 오늘도 우리는 서로 자랑스럽고 행복해, 마주보며 싱글벙글 웃습니다.

강북여성정보센터가 생기다

2005년 9월, '여성, 지역을 말하다' 공청회에서 강북구 지역 여성 욕구 조사 결과를 발표한 우리는 여성들이 아이들을 양육하는 데 필요한 정보, 그리고 다양한 생활 정보를 집중적으로 제공하는 여성센터(가칭)의 필요성을 역설했습니다. 그 자리에 부구청장과 관계자 몇 분이 참석했지요.

그 뒤 구청에서 이 문제 제기에 구체적인 관심이 있다며 추진위원회를 구성하려고 하니 녹색삶에서도 참여해달라는 연락이 왔습니다. 그래서 구청에 조직되어 있는 여성위원회와 구청 관계자 등을 중심으로 회의와 토론회를 진행했고, 이 과정에서 우리도 의견을 보탰습니다. 그리고 이듬해 '강북 여성정보센터'가 만들어졌고, 강북 여성들을 위한 다양한 프로그램을 마련해 활동하고 있습니다.

이것 또한 지역 조사의 필요성을 제기하고, 실제로 조사하고, 그 결과를 지역에 알리기까지 함께한 많은 이웃 여성들이 활동 결과의 일부가 정책으로 연결되는 과정을 경험한 사례가 됐답니다.

"구청이 관심을 가지니까 쉽게 실현이 되네요."

깨어 있는 관심으로 이웃들의 필요와 욕구를 발견하는 게 공동체 구성원으로서 우리가 할 일이라면, 이것을 관심 있게 받아들여 정책으로 풀어나갈 수 있도록 협력하는 건 지방자치단체의 할 일이라는 사실을 확인하면서 우리는 또 한 번 성취의 기쁨을 나눴습니다.

더 넓어지고 깊어지는 우리

성장하고 분화하는 동아리

1999년 활동을 시작한 동화사랑방은 날이 갈수록 성장해 구성원 수도 늘어나고 내용도 더욱 깊어졌지요. 2003년에는 '강북 동화읽는 어른모임'이 되어 녹색삶에서 떨어져 나가게 됐습니다. 조직의 분화는 한 동아리의 성장에 따른 자랑스럽고도 자연스러운 결과였지만, 서로 몸과 마음을 기대 활동하던 터라 마음 한구석 아쉬움도 있었습니다.

"갑자기 식구도 확 줄어들고. 녹색이 쪼그라드는 기분이야."

"에이, 오히려 더 커지는 거지! 지역에 좋은 단체가 하나 더 생기는 거잖아! 앞으로 함께할 수 있는 게 많이 있을 텐데, 뭘. 그동안 쌓인 경험이 어디 가겠어?"

"그래, 그렇겠지."

"아, 자식도 크면 다 제 살림 살잖아!"

한바탕 웃음이 터집니다. 이렇게 서로 위로하고 또 다른 기대를 만들어가며 새로운 경험을 정리합니다.

강북 동화읽는 어른모임은 그 뒤 녹색삶과 함께한 경험을 잘 살려 책을 중심으로 이웃과 소통하는 활동에 여전히 관심을 갖고 참여하고 있습니다. 수유 6동 주민자치센터에서 방학교실을 꾸준히 진행하고 있고, 해마다 이웃 산타 활동을 함께하면서 지역 구석구석을 살피는 일도 하고 있습니다. 참, 최근에는 다시 '어린이책시민연대 강북지회'로 이름이 바뀌었답니다.

4천만 원 상금 받다

1998년 5월에 문을 연 뒤 5년 동안 많은 이야기를 만들어낸 녹색가게가 2003년 수유 2동 주민자치센터에 진입하게 됐습니다. 동시에 운영도 주민자치위원과 주민들이 맡게 됐지요. 녹색가게 운동이 지역으로 더 널리 퍼지는 좋은 기회가 된 것입니다.

운영 주체가 바뀌면서 새로운 이웃들이 녹색가게 운동에 참여하게 됐고, 구청 소식지를 통해 계속 홍보가 되면서 이용하는 주민도 훨씬 많아졌습니다. 그리고 그해가 저물어가던 12월 말에 놀라운 소식이 전해졌습니다. 수유 2동 주민자치센터가 서울시에서 선정하는 우수주민자치센터 경진대회에서 우수상을 받게 돼 상금을 4천만 원이나 받는다는 겁니다! 주민자치센터 안에 '수유 2동 방과후 교실'이 생기고 또 '강북 녹색가게'가 개설되면서 주민자치센터를 이용하는 주민이 훨씬 많아진 한편, 자원 활동으로 참여하는 주민도 덩달아 늘고 이용하는 주민들도 좋은 반응을 보이면서 거둔 성과였습니다. 물론 상금은 구청이 받으니까 녹색삶하고는 상관 없었지만, 오랜 세월 많은 이웃들의 헌신과 열정으로 일군 성공적인 결과이기에 우리는 자랑스럽고 감격스러웠답니다.

전화벨이 울립니다. 구청 자치행정과에서 전화가 왔네요.

"우리 강북구 자치센터 17개 전체에 녹색가게를 만들려고 합니다. 녹색이 좀 도와주시지요."

"글쎄요. 그런데 똑같은 녹색가게를 그렇게 많이 만들 필요는 없을 것 같은데요."

전화 내용을 전달 받으며 우쭐한 이웃들, 그냥 넘어갈 리가 없습니다.

"아니, 처음 수유 2동 주민자치센터에 들어갈 때 그렇게 힘들게 하더니, 상 받으니까 확 달라지네!"

"그럼, 눈앞에 딱 성과가 나타났는데 얼마나 좋겠어요."

"그러잖아도 녹색가게 나가고 시원섭섭했는데, 잘 됐네. 우리 뭐 할 것 없을까요?"

또 한바탕 웃음이 터집니다. 또렷하게 돌아오는 보상이 있는 것도 아닌데 저리들 흥겨워하며 스스로 힘을 냅니다. 벌써 뭐 없나 궁리하는 폼이 또 일 하나 저지를 태세입니다.

한살림서울생협 강북지부를 세우다

필요하면 만든다

지역에서 오랫동안 친환경 활동 경험을 쌓다 보니 우리의 관심은 또 다른 주제로 확장됐습니다. 바로 건강한 먹을거리였습니다. 2004년만 해도 강북구에 이런 관심이나 문세의식을 중심으로 하는 생활협동조합(생협) 운동이나 환경운동을 할 주체가 없었습니다.

"도봉구만 하더라도 여성민우회 생협도 있고, 한살림 생협도 있는데, 왜 우리 강북구에는 없어요?"

"없으면 우리가 만들지요, 뭐. 지금까지도 그렇게 했잖아."

그렇습니다. '필요하면 만든다'는 적극성이 또 힘을 발휘하는 순간입니다. 우리는 이 논의를 좀더 해보기로 했습니다. 다양한 의견이 나왔습니다. 기본적으로는 건강한 먹을거리를 만날 수 있는 기회가 우리 지역에도 있어야 한다는 것, 또 지역 활동의 경험을 가진 주체들이 활동 영역을 생협 운동으로 좀더 확장해야 하고, 이것을 통해 지역의 새로운 이웃들이 활동에 참여할 수 있는 기회를 만들어야 하며, 나아가 생협 매장을 운영해 나온 수익금을 지역 활동 기금으로 활용하자는 기대도 있었습니다. 그리고 무엇보다 생협 활동이 지역의 특성을 잘 담아내는 활동이었으면 좋겠다는 당부와 바람도 있었습니다.

마침 2004년, '한살림서울생협 도봉지부'하고 '풀뿌리 여성 지도자 활동 사례 발굴 및 역할 강화 훈련 프로그램' 덕분에 정기적으로 만난 적이 있어서 한살림을 잘 알고 친근하기도 했습니다. 운영위원회에서 여러 가지를 검토한 끝에 가능하다면 한살림서울생협과 결합해 우리 삶터에 '강북지부'를 만드는 것으로 의견을 모았습니다.

우리가 잘할 수 있어요

한살림서울생협 관계자와 만났습니다. 우리는 왜 이 지역에 생협이 필요한지, 왜 매장을 개설해야 하는지, 활동가들은 어떻게 확보할 수 있는지 등에 관한 계획을 전했습니다. 그리고 녹색삶의 지역 기반이 지부와 매장 건설에 힘이 될 수 있다는 점을 강조했습니다. 한살림서울생협에서는 강북 지역의 사회경제적 특성상 매장 운영에 어려움이 있을 것이라고 염려했습니다. 하지만 우리는 적극적으로 강북 지역에도 생협을 만들어 건강한 먹을거리를 접할 수 있는 기회, 나아가 한살림이 지향하는 생명운동을 만날 기회가 있어야 한다고 강조하면서 '우리가 하겠다, 잘할 수 있다'는 의지를 강력하게 밝혔습니다. 마침내 한살림서울생협이 강북지부 설립과 매장 개설을 결정했고, 녹색삶의 실무자 중 한살림 운동에 관심을 가진 이소연 님이 생협 활동가로 나서 강북지부 설립을 준비했습니다. 또 다른 이웃들도 생협 활동에 관심을 갖고 참여하기 시작했고, 마침내 2005년 5월에 미아동에 한살림서울생협 미아 매장이 개장하고, 12월에는 한살림서울생협 강북지부가 세워졌습니다.

"우리는 마음만 먹으면 해냅니다. 안 그래요?"

"당연하지!"

이구동성 맞장구를 칩니다.

"그런데 생협 이용한 뒤부터 은근히 식비 부담 생긴다니까요."

"그러니까 많이 먹을 생각하지 말고 조금 먹어도 생명에 도움이 되는 것, 지구에 도움이 되는 것을 선택해야지. 좀 좋아, 다이어트 따로 안 해도 되고."

한바탕 웃음이 쏟아집니다. 또 하나의 문제를 우리가 해결했다는 성취감에 오늘은 밥 안 먹어도 배부른 하루입니다. 참, 한살림서울생협 강북지부는 2007년 한살림서울생협이 조직 체계를 광역지부로 개편하면서 도봉지부와 통합돼 한살림서울생협 북부지부가 됐습니다.

작은 바위 얼굴

방학동 이웃들, 참 고마워요!

"방학동에서 지역 단체 방문 프로그램으로 우리를 보러 오신다네요."

많은 사람들이 우리 활동에 관심을 가지고 찾아왔습니다. 그리고 함께 얘기를 나누고, 우리 사는 모습을 둘러보고는 때로는 감동으로 우리 가슴을 풍선처럼 부풀게 하고, 때로는 의욕으로 우리를 고무시키기도 하고, 때로는 미처 깨닫지 못하고 있던 의미들을 짚어주며 담금질을 하기도 했습니다. 그중 기억에 남는 게 2003년 12월 도봉구 방학동 이웃들과 가진 만남입니다.

방학동 이웃들은 우리가 어떻게 할 일을 찾아내고, 그 일을 위해 힘을 모으고, 어떻게 이웃들을 협력자로 초대하는지 관심 있게 들었습니다. 그리고 특히 이웃산타 활동을 함께 해보고 싶다며 '이웃들의 지원이 필요한 마을 아이들을 찾아내는 활동'에 깊은 관심을 보였습니다. 마침 이웃산타 활동이 해마다 12월에 있었기에 방학동 이웃들은 바로 산타와 루돌프가 됐습니다. 그리고 그 경험을 소중히 모아, 마침내 2004년 6월 '햇살교실'이라는 공부방 문을 열었답니다. 방학동 이웃들은 이제 자신의 이야기를 힘차게 만들어가며 아주 가까이에서 '더 넓어지는 우리'를 구체적으로 확인할 수 있는 기회를 준

고마운 분들입니다.

"그러니까 우리가 롤모델이 된 거군요."

"동네마다 공부방이 있어야 한다고 공청회에서 열심히 주장했잖아요. 이렇게 하다 보면 정말로 그렇게 되는 거지요!"

"앞으로 단체 방문 오면 더 열심히 얘기해야겠어요."

다부진 결의 앞에 우리는 또 한바탕 웃음을 터뜨립니다.

앗, 우리 이야기네요!

녹색삶에서는 산타와 루돌프 행사를 통해 선물을 전달하고 아이들에게 어떤 도움이 필요한지 직접 방문해서 확인하는 방법으로 매년 행사를 진행하고 있다. 그리고 녹색삶 기관 방문을 통해 실제로 지역 주민이 지역사회에서 소외된 아동을 위해 활동하는 모습과 그 내용을 '생생한 증언'으로 들은 경험은 회원들에게 큰 자극이 됐고, 그 뒤에 공부방을 만들 수 있는 촉매제 구실을 했다.(방아골종합사회복지관 연구기획팀, 《신명나는 지역복지 만들기》, 2007, 129쪽)

아주 특별한 실습생

우리가 하는 일에 관심을 갖는 사람들 중에는 사회복지를 전공하는 학생들도 있습니다. 특히 지역사회복지에 관심이 있는 학생들은 사회복지 실습 과목에서 녹색삶을 실습 현장으로 선택하는 경우도 있지요. 이 학생들이 관심을 두는 대목은 어떻게 지역 주민들이 자발적으로, 또 주도적으로 자기가 살고 있는 지역사회 문제에 관심을 가지고 해결 주체가 되는가 하는 겁니다. 학생들이 와서 실습하는 기간에는 늘 새로운 긴장이나 기쁨이 생깁니다.

그런데 아주 특별한 실습생이 있었습니다. 활동하는 태도와 마음가짐에서 본받을 점이 많은 참 인상적인 실습생이었습니다.

"저는 오랫동안 직장 생활을 했어요. 그런데 최근 새로운 삶을 살기 위해 직장을 그만뒀습니다. 종교가 가톨릭인데 실천하는 삶에 관해 고민하고, 구체적으로 무엇을 어떻게 해야 할까 생각하다가 녹색삶을 알게 됐어요. 그래서 우선 좀 배워야겠다 싶어서 세 달 정도 실습을 하고 싶은데, 할 수 있을까요?"

우리는 신기하기도 하고 놀랍기도 했습니다. 직장을 그만두는 결단도 쉬운 일이 아니지만, 활동을 잘하려고 실습을 하겠다는 그 생각이 참 놀라웠지요. 대학생들처럼 실습 점수가 필요한 것도 아닌데 말입니다. 2002년 12월, 그렇게 귀한 인연을 맺게 됐습니다.

그 실습생은 지하철로 한 시간 남짓 걸리는 꽤 먼 곳에서 일주일에 3일씩 출근했는데, 손에는 늘 장바구니가 들려 있었습니다. 어느 날은 부침개, 어느 날은 찌갯거리……. 따뜻한 밥을 챙기고 함께 나누는 게 자연스러운 넉넉한 품새의 큰언니처럼 녹색식구들을 챙겨 먹이며, 한 식구가 되어 구석구석 녹색을 경험했지요.

"이제 하산하셔도 됩니다. 더는 실습할 필요가 없어요. 지금 이대로도 아주 잘하실 수 있습니다. 충분합니다!"

두 달이 되던 무렵 이제 실습생에게 필요한 것은 실습을 더 하는 게 아니라 자신의 현장을 갖는 것이라는 확신이 들었답니다.

"아니 벌써요? 아직 자신 없는데요."

손사래를 치는 실습생에게 자신이 얼마나 강점이 많은지, 얼마나 잘할 수 있는지 읊어가며 용기를 북돋웠답니다. 이렇게 그 실습생은 자신의 삶터로 돌아갔습니다. 그런데 어느 날, 전화가 왔습니다.

"제가 지역 사정도 알아볼 겸 여성 교육 프로그램을 진행하는 시설에 등록해서 컴퓨터를 배우고 있는데, 마침 담당 과장님과 얘기할 기회가 있었어요. 이런저런 얘기 끝에 지역을 위해 필요한 일을 하고 싶다고 말씀드렸더니 과장님이 아주 적극적인 반응을 보이시는 거예요. 마침 시설의 계단 밑 작은 공간에 여유가 있으니 뭐든 해보라고 하시는데, 어떻게 해야 할까요?"

일을 벌여야 하나 말아야 하나 망설이는 듯했습니다.

"저기, 남희정 님 전환데요. 지역에 공간이 생겼는데 어떻게 해야 할지 망설여지는 모양이에요."

"뭘 어쩌긴, 장소를 준다는데. 그게 얼마나 중요한 건데요. 일단 한다고 해야지!"

마침 회의를 위해 모여 앉아 있던 회원들, 모두 한통속인 듯합니다.

"다들 시작하시는 게 좋겠다고 하는데요."

이렇게 활동 소식을 전하며 우정을 이어가던 남희정 님은 2008년 가톨릭 동료들과 함께 금천구 시흥동에 마을 아이들을 위한 공부방 '사랑해'를 열고 활동을 시작했습니다.

"열린숙제방에 학부모 모임이 있었잖아요. 요즘도 계속 하고 있나요?"

"예. 학부모 모임은 아주 중요한 것이라 지금도 열심히 꾸려가고 있어요. 물론 보호자들이 장시간 노동에 시달리거나 어려운 상황에 처해 있어서 참석하기 어려운 것이 사실이지만, 그래도 아이들이 성장하는 데 부모와 보호자의 책임이 아주 중요하다고 믿고 있기 때문에 그 끈을 놓지 않으려고 애쓰고 있습니다. 어렵더라도 꼭 보호자들이 참여하는 기회를 만드는 게 중요한 것 같아요."

이렇게 우리는 함께 가고 있다는 생각에 서로 믿음과 연대감을 키워갑니다. 자주 보지 않아도 늘 그 자리에서 자신의 걸음으로 걷고 있을 거라는 믿음, 그런 걸음들이 우리를 좀더 행복하고 희망차게 할 것이라는 믿음입니다.

"결국 해내시네요. 참 듬직하니 잘하실 것 같아요."

누구랄 것도 없이 남희정 님이 참 잘할 것이라며 흐뭇한 웃음으로 응원합니다.

삼인 삼색, 우리 지도자

코디네이터가 하고 싶어요

2008년 4월 22일, 13차 정기총회에서 녹색삶은 임의 단체 성격을 벗어나 사단법인 녹색마을사람들로 조직을 전환하기로 결의하고, 조직 체계와 임원 선임을 구체화했습니다. 이날 송영아 이사장이 선출됐습니다. 그동안 온전히 할 일을 다한 김미선 대표가 활짝 웃으며 새로운 지도자를 맞이합니다.

"저는 하고 싶은 일이 있습니다. 그동안 겪은 경험을 잘 살려 우리가 지역에서 코디네이터 일을 했으면 합니다. 그리고 개인적으로는 아침을 거르는 마을 아이들이 아침을 먹을 수 있도록 돕는 일을 해보았으면 합니다. 아이들이 아침을 거르는 것은 건강에도, 학습적인 면에서도 아주 위험하기 때문입니다."

새 이사장은 하고 싶은 일을 분명히 밝히는 인사말로 우리를 설레게 했습니다.

"이제 앞으로 나갈 일만 남았네요. 다 준비해뒀네, 뭘!"

"우리가 팍팍 밀어줄게요. 걱정 마세요!"

격려의 말과 함께 또 새로운 지도자를 세웠다는 기쁨에 웃음소리가 자자

'코디네이터' 송영아 님.

합니다. 아주 크고 멋진 축하 화분이 도착했군요! '축하합니다! 시댁 식구 일동'이라는 화사한 리본을 달고. 물론 남편의 축하 화분도 따로 도착했지요.

"어머, 진짜 멋지다! 나도 대표 했지만 저런 화분 못 받아봤거든요."

"대표를 하셔서 그래요. 이사장을 했으면 당연히 왔을 텐데."

또 한바탕 웃음이 늘어집니다.

송영아 이사장은 초창기 가곡 교실에 참여한 것을 시작으로 운영위원과 조직부장을 거치며 다양한 일을 했지요. 가족들에게도 녹색과 자신의 활동을 알리고 참여시키려고 노력했습니다. 열린숙제방의 한부모, 특히 어머니만 있는 가정의 남자아이들과 아버지만 있는 가정의 여자아이를 위한 활동으로 '목욕탕 나들이'가 있을 때, 송영아 이사장은 남편을 이끌어 목욕 활동에 참여시키고, 부부가 함께 이웃산타로 참여하기도 했습니다. 재활용 장터나 축제를 통해 아이들과 함께 가족 장터를 꾸리기도 했지요. 때로는 열성적으로, 때로는 피로감을 호소하면서 함께한 이웃입니다.

2010년 4월, 15차 정기총회를 며칠 앞둔 시점에 드디어 서울시에서 2년을 끌어오던 법인 승인이 났습니다. 그동안 이사장이어도 이사장이 아닌 고난의 시절이 끝나고 마침내 깃발이 올라간 것이죠.

"아름다운재단에서 진행하는 기부 전문가 교육이 있어서 신청했어요. 지금 우리한테 발등에 떨어진 불이기도 하고."

요즘 송영아 이사장의 고민 중 하나, 아니 어쩌면 가장 큰 고민은 안정적인 수입을 확보하는 일입니다. 그동안 이사회를 이끌어가며 재정 문제를 해결하는 데 힘을 쏟았고, 상당한 진전이 있었습니다.

"이사님들께서 지난 이사회에서 살림의 어려움을 걱정하시더니 후원금을 보내오셨어요. 우리도 얼른 회원 가입도 더 시키고 후원 회원도 더 많이 확보해야 하는데, 마음이 급하네요. 뭐 좋은 의견들 없으세요?"

운영위원장을 독촉하며 회원들의 회비를 점검하고, 수익 사업과 후원자 개발은 어떻게 하면 좋을지 운영위원들과 논의하면서 최고 책임자로서 문제 해결에 집중하는 모습입니다.

사업에서도 알찬 성과를 만들고 있습니다. 취임하면서 밝힌 포부대로 아침을 먹지 못하는 아이들을 위한 아침 식사 지원 활동으로 '미숫가루 프로젝트'를 주도적으로 이끌며 큰 성과를 내고 있지요. 물론 학교와 학부모회, 교육청 관계자를 만나며 협력 체계를 만든 송영아 이사장의 탁월한 능력이 빛을 발한 결과입니다. 학교를 찾아가 교장선생님과 학부모회 임원들에게 사업의 취지나 배경을 열심히 안내하고 설득합니다. 또 관할 교육청 관계자도 만나 이 사업이 아이들의 건강과 효율적인 학습 활동을 위해 얼마나 중요한지 설득하면서 내년부터 좀더 많은 예산을 책정하겠다는 약속도 받아냅니다.

"사실 김미선 전 대표님이 지적해주시는 말씀을 듣고서야 감사를 어떻게 받아야 하는지 좀 구체적으로 알게 됐어요. 옆에서 보기도 하고 참여도 했으면서 막상 닥쳐서는 생각이 안 나는 거예요. 지난 총회 때도 실수를 해서 참 당혹스러웠는데. 앞으로도 제가 놓치는 게 있으면 언제든 말씀해주세요. 아직 미숙한 게 많아서 도움을 받아야 하거든요."

때로는 지지와 응원으로, 때로는 지적과 훈수로 송영아 이사장의 지도자 수업이 진행되고 있습니다. 잘해야 하고, 또 잘하고 싶은 일이 있다는 바로 그 점이 송영아 이사장의 열정과 꿈이 어디로 향하고 있는지 보여주는 것이겠지요.

이렇게 송영아 이사장만의 특성과 재능에 기대어 우리들의 이웃살이가 더욱 풍성해지고, 우리한테 기대어 송영아 이사장은 더욱 성숙한 지도자의 모습을 가꾸어갑니다.

요구 조건이 있어요

"저 혹독하게 훈련받았습니다."

녹색마을사람들 15주년 기념 토론 모임 '수다로 푸는 골목이야기'에서 김미선 전 대표는 자신의 지도자 성장 과정을 이렇게 표현했습니다. 마을 아이들을 돌보는 숙제방 자원 교사로 출발해 자원 교사 팀장, 운영위원, 마을속 작은학교 대표, 녹색삶 공동 대표, 그리고 대표에 이르기까지 자그마치 13년 세월입니다.

김미선 님은 《벼룩신문》 한 귀퉁이에서 숙제방 자원 교사 모집 안내를 보고 일주일 동안 고민하다 녹색삶을 찾아왔습니다. 깔끔하고 단정한 모습으로 사무실 문턱을 넘어서면서도 경계를 풀지 않았습니다. 여차하면 뒤도 돌아보지 않고 돌아설 기세입니다. 마주앉아 이런저런 아이들 이야기를 듣더니 수학을 가르치겠다며 자원 교사를 신청했지요. 이렇게 인연이 시작됐습니다.

2000년 10월, 3년 동안의 숙제방 운영 경험을 지역과 공유하기 위한 공청회를 열기로 했던 때, 숙제방 자원 교사를 대표해 현황과 과제를 발표하는 일을 맡겼더니 절대 하지 않겠다며, 그런 일을 하라고 하면 활동을 그만두겠다고 버텼지요. 하지만 공청회가 돌봄이 필요한 아이들과 그 가정에 어떤 영향을 미칠 수 있는지 얘기를 나눈 뒤 어렵사리 그 일을 받아들였습니다. 그 뒤 김미선 님은 숙제방 자원 교사의 대표성을 갖게 됐고, 그것 때문에 지도력을 요구받고 발휘하는 기회가 점점 더 많아졌습니다.

"내가 제안한 내용이 사업 계획이 되고 실행되는 과정을 경험하면서 성취감과 함께 책임감을 느낍니다."

숙제방 아이들, 그리고 그 가족들과 계속 만나면서 김미선 님은 자신의 활동이 미치는 영향에 관해 좀더 깊이 생각할 수 있었습니다. 자신과 이웃 여성들이 자투리 시간을 내 조금 관심을 보였을 뿐인데, 그 아이와 가정의 보호자들에게 일어난 변화는 큰 기쁨이자 감동으로 다가왔습니다. 그런가 하면 숙제방 활동이 입소문이 나면서 주변의 관심 있는 단체나 기관, 개인의 발걸음이 이어졌고, 여기에 대응하면서 김미선 님은 점점 더 책임감을 키워갔습니다. 김미선 님은 자신의 일이 지닌 사회적 의미와 가치를 고민하며 운영위원들과 회원들에게 '함께 공부하자'고 제안했고, 3년 동안 학습 모임을 주도적으로 이끌면서 많이 깊어지고 단단해졌습니다. 물론 외부 기관이나 단체의 교육과 모임에도 참여했지만, 무엇보다 현장에서 벌어지는 일들을 함께 의논하고 결정하고 실행하고 평가하면서, 또 다음 활동을 계획하면서 부쩍 자신감도 커지고, 더 당당해졌으며, 카리스마가 느껴졌지요.

김미선 님은 단독 대표를 수락하며 세 가지 조건을 제시했습니다. 첫째는 이전 대표처럼 매일 나와서 활동할 수 없기 때문에 사무국을 책임질 역량 있는 사무국장이 필요하다는 것이었습니다. 둘째, 현재 활동 범위가 너무 확장돼 있어 감당하기 어려우니, 범위와 내용을 줄이고 집중할 것을 요구했습니다. 마지막으로, 단독 대표 체제이기는 하지만 실제 지도력을 구성하고 발휘하는 데 집단 지도 체제의 특성을 살려야 한다고 강조했습니다. 여러 운영위원들이 각자 영역을 나누어 각 활동에 책임을 지고 주도적으로 이끌어가는 운영 체계가 필요하다는 것입니다.

평소 김미선 님이 보이던 '까칠함'은 이렇게 명확한 문제 제기와 대안을 제시하는 힘으로 발휘되곤 했지요. 운영위원들은 적극 협력하기로 마음을 모았습니다. 먼저 사무국장을 잘 세우기로 했습니다. 하지만 턱없이 부족한 활동비로는 경험 많고 역량이 검증된 사무국장을 모셔오기 힘들었습니다. 그래서 책임감과 열정, 사명감의 측면에서 자질을 갖췄다고 판단되는 경력 1년 실무자인 최윤정 님이 사무국장으로 잘 성장할 수 있도록 돕기로 결정하고, 최윤정 님에게 사무국장 대행을 맡기기로 했습니다.

한편 마을속 작은학교에 집중하기로 하고 다른 활동들은 현실적인 역량을 고려해 탄력적으로 조정하기로 했습니다. 그리고 운영위원들은 각자의 관심과 역량, 집중할 수 있는 여건 등을 고려해 할 일을 조금씩 더 나눠 가졌습니다. 이렇게 해서 새로운 지도자가 지도력을 발휘할 수 있는 여건을 만들었지요.

"새로운 10년을 시작하며 조직의 통합과 대표 구성에 변화가 있지만 그동안 녹색삶이 지켜온 '이웃에 관한 관심과 사랑의 실천'이라는 초심은 잃지 않으려고 합니다. 일상에 묻혀 있는 우리 여성 자신의 잠재력과 욕구를 발견하고 실현하며, 회의와 공부 모임을 통해 서로 생각을 나누고 영향을 주고받으며, 구체적인 활동에서 지역사회와 이웃을 향한 관심을 높이고 영향력을 발휘해 여성 지도자로 성장할 수 있도록 열심히 돕겠습니다. 앞으로 10년은 차세대 지도자의 발굴과 양성뿐만 아니라, 나아가 지역 정치에 관심을 가지며 녹색삶이 여성 기초의원을 배출할 수 있기를 기대해봅니다."

2006년 4월 22일, 11차 정기총회에서 낮지만 단호한 목소리로 밝힌 신임 대표의 각오는 우리를 흥분시켰습니다.

"아니 취임사를 저렇게나 잘 준비했다는 말이지. 안 맡겼으면 어떻게 할 뻔했어요?"

"활동한 세월이 얼만데. 우리가 흔들리면 가차 없이 정리하잖아요!"

"그래, 그때도! 왜 자원봉사자에게 점심은 제공해야 하지 않겠느냐고 논의가 있었을 때 우리 많이 흔들렸잖아. 다른 데서는 자원봉사 하면 교통비도 준다더라, 점심도 준다더라 하면서. 그때도 단 한 방에 정리하셨잖아."

'원칙주의자' 김미선 님.

"맞아. 우리는 자발적으로 참여한 자원봉사자다, 그 원칙과 정체성을 잘 지켜가야 한다, 필요하면 스스로 부담하는 것이 주민들의 회비로 운영하는 지역 단체의 특성에 맞는 거다. 우리 다 꼬리 싹 내렸잖아!"

하하 호호, 새로운 대표를 맞는 우리는 김미선 님의 무용담을 떠올리며 한바탕 웃음꼬리를 뭅니다. 조금 까칠하지만 우리를 꼼짝 못하게 하는 김미선 님의 원칙적인 태도는 고비마다 우리와 조직을 세우는 힘이었음을 다시 확인합니다.

이제 우리 활동의 목표, 방향, 비전에 관해서 자신의 목소리로 구체화하는 김미선 님의 힘은 더욱 커졌습니다. 이 목소리는 조직 구성원들에게, 그리고 각 활동 단위에 영향을 미칩니다.

이렇게 김미선 님은 한걸음 한걸음 나아가며 지도자의 역량을 발휘했습니다. 그리고 2008년 4월 22일 13차 정기총회에서 법인 전환과 함께 새 이사장을 맞이하고 자신의 일을 마무리했습니다.

"그것도 권력이라고 좀 섭섭한 구석도 있더라고요. 그리고 옛날 생각이 나는 거예요. 전임 대표자는 어땠을까, 제대로 마음 쓰지 못한 것 같아 미안하기도 하고."

김미선 님의 솔직함이 빛나는 순간입니다.

차 한 잔 합시다

2006년 4월 22일, 녹색삶의 11차 정기총회에서 정외영 공동 대표는 조직의 창립 때부터 부회장, 회장, 공동 대표를 지내며 11년 동안 맡아온 지도자 자리를 마무리했습니다. 그리고 막 취임 인사를 마친 신임 대표를 힘차게 안으며 믿음과 지지를 보냅니다.

정외영 님은 1994년 수유리로 이사를 왔습니다. 이사 오기 전 구로구(지금은 금천구) 시흥동에 살면서 '살구여성회(살기 좋은 우리 구 만들기 여성회)'라는 지역 조직에서 활동한 경험이 있었지요. 살구여성회는 한신대학교 사회복지학과 김주숙 교수가 자신이 살던 구로 지역에서 지역복지를 실천하려는 목표를 가지고 만든 조직입니다. 이 과정에서 이효재 선생님이 원장을 맡고 계시던 '한국여성사회교육원'의 교육위원을 맡아 지역 여성들의 교육과 조직 결성을 지원하는 일을 했습니다. 3년 동안 지역 여성들과 협력해 조직을 결성하고, 여성 지도자 교육을 진행하고, 다양한 사회교육을 하고, 환경과 복지 영역의 활동을 했습니다. 지역에 근거를 두고 지역 여성들과 협력해 성취를 거두고 보람도 느끼면서 '지역 활동가'로 성장하는 소중한 기회를 가졌습니다.

이 경험을 바탕으로 수유리로 이사를 오자마자 새로운 삶터의 이웃들과 적극적으로 인사를 나누고, 머리를 맞대고 이야기하면서 함께할 수 있는 일들을 찾을 수 있었습니다.

"차 한 잔 할까요?"로 시작해서 늘 이야깃거리, 일거리를 만들어 붙드는 정 회장에게 회원들은 '물귀신도 저런 물귀신이 없다'며 구박도 많이 했습니다. 하지만 날이면 날마다 이리 뛰고 저리 뛰며 뭔가를 하는가 하면, 틈나는 대로 찾아와 듣고 싶다고 한 적도 없는 회의 내용과 활동 상황을 보고해대는

정 회장을 보며 못 이긴 척 동의도 하고, 때로는 함께 열성도 내면서 앞서거니 뒤서거니 함께하는 회원과 이웃들이 있었습니다. 조직 운영의 어려움을 고민하고, 활동가로서 자신의 부족함과 성급함에 좌절도 했지만, 꼭 필요한 일을 한다며 격려하고, 잘한다고 응원하는 회원과 이웃들에게 의지해 활동을 지속할 수 있었습니다.

'회의주의자' 정외영 님.

정 회장은 함께하는 회원에게 많이 의지합니다. 처음 조직을 만드는 과정에서도 그랬지만, 특히 아이들을 돌볼 열린숙제방의 공간을 찾지 못해 애태우다가 결국 운영위원들이 회의를 통해 '쌈짓돈을 모으고 이틀찻집을 열자'고 결정하고 실행하는 모습을 지켜보고, 주변 이웃들이 참여해 성공적으로 공간을 만들어내는 경험을 하며, 이 회원들과 이웃을 향한 믿음이 훌쩍 자란 것 같습니다. 그 뒤 지금까지 회의만 하면 웬만한 것은 다 할 수 있다는 '회의주의자'가 되어 '회의합시다!'를 입에 달고 다닌답니다.

이웃들이 자신과 이웃의 문제를 해결하는 데 참여해 자신의 역량을 기꺼이 드러내는 모습을 가까이서 지켜본 경험을 소중하게 생각합니다. 또 공감하고 합의한 목표를 향해 꾸준히 걸어가는 회원들의 모습을 자랑스러워하지요. 그리고 그런 경험과 자랑스러움을 다른 사람들하고도 나누고 싶어 안달하기도 합니다.

이렇게 서로 '이웃'이라 부르며 '좋은 이웃'이 되고 싶은 관심을 구체적으로 드러내고 키우는 삶, 즉 '삶터 공동체' 구성원으로서 관계성을 드러내고 강화하는 방식의 삶을 실천하려고 하는 우리들의 활동을 '이웃살이'라 부르며, 오늘도 만나는 이웃들에게 부지런히 인사를 건넵니다.

"우리 차 한 잔 할까요?"

이웃살이를 말하다

'이웃살이'란 이웃으로 살아가는 삶터 공동체 구성원들이 자신과 이웃, 그리고 삶터의 문제를 주도적이고 자율적으로, 또 협력적으로 해결하며 살아가는 삶의 방식을 말합니다.

첫째, 의지하고 믿을 수 있는 이웃을 만들어갑니다. 오늘날 우리 사회는 급격한 변화와 함께 경쟁이 더욱 심화되면서 사람들 사이의 상호관계성은 무척 약화됐습니다. 그래서 고립감과 불안감이 커지면서 사람들은 더욱 파편화되고 있습니다. 이런 상황에서 이웃살이는 자신의 삶터에서 서로 믿고 의지하며 살아갈 수 있는 이웃을 만들고, 관계성을 회복해갑니다.

둘째, 서로 협력해서 자신이 속한 삶터를 책임집니다. 자신과 이웃들의 삶, 그리고 우리가 함께 어우러져 살아가는 삶터가 더 활기차고 살기 좋은 곳이 되도록 관심을 갖고 주도적으로 참여합니다. 살면서 체득한 경험과 지혜를 바탕으로 자신의 역량을 최대한 발휘하며, 각자 고유한 특성을 가진 이웃들의 다양성과 역동적인 힘에 기대어 우리들의 문제, 삶터의 문제들을 해결해갑니다.

셋째, 협력적인 문제 해결 방식을 강화하고 확산합니다. 이웃들이 공동의 관심사와 목표를 달성하기 위해 서로 협력하고 성과를 공유하면서, 점차 협력적인 문제 해결 방식에 관한 믿음을 키우게 됩니다. 그리고 이 믿음을 바탕으로 공동체 구성원 사이에, 공동체와 다양한 지역사회의 주체들 사이에 협력하고 연대하는 삶의 방식이 더욱 확장됩니다.

넷째, 우리 자신의 이야기를 만들어냅니다. 살면서 우리 아이들에게, 또 주변 이웃들에게 뿌듯하고 유쾌하게 들려줄 수 있는 '자신과 이웃들의 이야기'가 만들어집니다. 우리가 시도하고 성취한 것이 무엇인지, 그 결과 어떤 변화가 있었는지, 또 함께 공유하고 꿈꾼 것은 무엇인지, 그래서 얼마나 행복하고 신명이 났는지 자신의 목소리로 구성지게 할 수 있는 그런 이야기 말입니다.

풀빛살림터에서 일구는 행복

사장님, 많이 바쁘신가 봐요

풀빛살림터가 문을 연 지 5년이 지난 2009년 12월, 참 기쁘고도 행복한 소식이 전해집니다.

"목화송이가 드디어 새 사업장을 얻어 이사를 가게 됐대요."

"와, 정말 잘됐군요. 주문 물량이 많아졌나 보죠?"

"성공했네요!"

환호와 박수 소리가 요란합니다. '목화송이'는 장바구니, 면 생리대, 앞치마, 수저집 등 다양한 친환경 생활용품을 만드는 일 공동체입니다. 그동안 풀빛살림터의 재봉틀을 활용해 소규모 작업을 해왔는데, 이제 주문량이 많아지면서 본격적으로 작업장을 임대해서 독립하게 된 거죠.

처음 풀빛살림터에 재봉틀이 마련될 때는 이웃들이 와서 수선도 하고 옷도 만드는 등 자기에게 필요한 작업을 했습니다. 어떤 사람은 꽤 능숙한 솜씨로 해냈지만 대부분은 하고는 싶은데 잘 되지 않아 애를 태웠습니다. 이런 모습을 본 풀빛살림터가 재봉틀 강좌를 열었지요. 이렇게 해서 많은 이웃들이 재봉틀을 익힐 수 있는 기회가 생겼답니다. 어떤 사람은 가르치고 어떤 사

목화송이 활동과 목화송이에서 만든 면 생리대(아래 사진).

람은 배우며 서로 이야기를 나누는 시간이 흐르면서 새로운 움직임이 나타나기 시작했지요.

재봉틀을 이용하는 이웃들 중 이 기술을 활용해 더 지속적이고 전문적으로 일을 해보고 싶어하는 사람들이 나타났습니다. 자기가 필요한 물건을 만들어 사용하는 것을 넘어 다른 사람들에게 꼭 필요한 물건을 만들어 판매하고 싶은 욕구, 나아가 그런 생활용품이 단순히 편리할 뿐만 아니라 친환경적이어서 지속 가능한 삶에 기여하기를 바라는 마음이 생긴 것입니다.

박현진 님을 중심으로 '목화송이'라는 소모임이 구성됐습니다. 그리고 풀빛살림터에서 이웃들에게 면 생리대 만드는 방법 등을 강의하기도 하고, 지역의 각 행사에 참석해 자기들이 만든 친환경 생활용품을 전시하고 판매하면서 활동을 점차 확대하기 시작했습니다. 4년 정도 어렵게 활동을 이어오면서 구성원도 많이 바뀌었습니다. 그러다 열정을 가진 한경아 님이 나서서 한살림서울생협 '워커즈 콜렉티브'(worker's collective. 함께 일하는 구성원들이 공동으로 출자하고 운영하면서 공익적 목적을 위해 생산과 서비스 활동을 하는 일 공동체)로 만든 뒤 앞치마와 장바구니 등을 만들어 납품하게 됐고, 이것이 큰 계기가 되어 마침내 본격적으로 사업을 시작했습니다.

"사장님, 많이 바쁘신가 봐요. 입술이 다 터졌네!"

"네, 정말 정신이 없어요. 영업도 뛰어야지 작업도 해야지……. 몸이 하나 더 있었으면 좋겠어요."

"그래도 좋아 보이는데 뭘."

"좋지요. 일거리가 많으니 몸은 바쁘지만 살맛은 나네요."

대표가 된 한경아 님은 정말 몸이 두 개라도 모자랄 것 같습니다. 하지만 얼굴에 웃음꽃이 가득 폈네요.

캄보디아 새댁 레티에게 할 일이 생기다

2010년 6월, 풀빛살림터에서 친정언니들이 모여 머리를 맞대고 쑥덕쑥덕 얘기가 한창입니다. 친정언니들이 만나는 결혼 이주 여성들 중 재봉틀을 배우고 싶은 사람들이 모여 매주 수요일 함께 수업을 하고 있는데, 뭔가 새로운 얘기를 만들고 있나 봅니다.

"레티가 캄보디아에 있을 때 바느질을 조금 했대요."

"어머, 그랬군요. 그래서 그렇게 손이 빠르구나! 다른 사람보다 훨씬 빠르고 잘하더라고."

"며칠 전에 여름 이불을 만든다기에 동대문시장에 함께 갔어요. 이불 가게에 가서 이것저것 물어보니까 사장 아주머니가 관심을 갖는 거예요. 그래서 우리 얘기를 했지. 그랬더니 사장님이 갖가지 이불을 보여주고 바느질 차이점도 알려주고, 시접 처리 방법도 알려주고, 정말 정성껏 말씀해주셨어요. 참 고맙더라고요. 레티도 좋아하고."

"우리 주변에 좋은 이웃들이 참 많다니까요. 참, 나도 여름 이불이 필요해서 살까 했는데, 혹시 레티가 하나 더 만들어줄 수 있을까요? 재료값에다 인건비 보태서 받으면 되잖아요?"

"어머, 참 좋아할 것 같아요. 그렇지 않아도 일을 하고 싶어하거든요. 목화송이에 소개시켜줘서 아르바이트를 하는데, 그래서 그런지 요즘 레티 얼굴이 부쩍 환해졌어요. 이 친구가 좀 소극적이에요. 워낙 바깥출입도 안 해서 한국에 온 지 꽤 됐는데도 한국말이 서툴러요. 처음 만났을 때는 표정도 많이 어두웠거든요. 그런데 재봉틀 교실에 참석하면서 요즘 정말 많이 변했다는 것을 느끼고 있어요. 자신감도 좀 생긴 것 같고요. 참 신기하고 고맙죠."

어느새 눈가가 촉촉해지는 친정언니입니다. 사람들의 마음이 덩달아 따

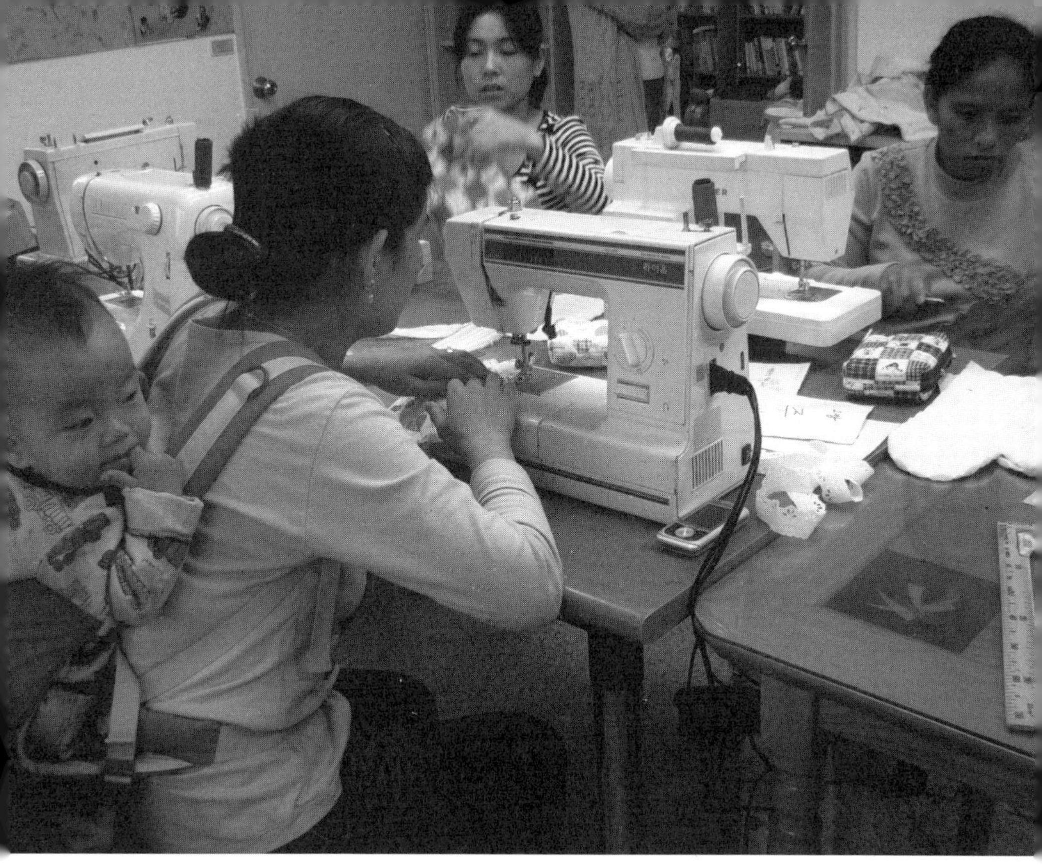

다문화 가정 여성들의 재봉틀 교실.

뜻해집니다.

"얼른 말해줘야지. 일거리 들어왔다고."

잠시 드러낸 감정을 추스르며 친정언니가 달려갑니다.

"저렇게도 좋을까. 이러다 우리 정말 사회적 기업 하나 만드는 거 아냐?"

서두르는 뒷모습에 힘찬 응원의 웃음을 보내며, 한 친정언니가 꼬리말을 다는군요.

달려라, 또가 밴드!

우리 공연에 초대합니다

2010년 9월 3일, 오늘은 마을속 작은학교의 또가 밴드 공연이 있는 날입니다. 한바탕 소동이 벌어집니다. 또가 밴드 마스코트인 막내 결이는 온몸을 굴려가며 형과 누나들의 연주 연습에 제 흥을 맞춥니다. 기타를 끌어안은 정이는 손가락 끝에 힘을 주며 연신 고갯짓으로 뭔가를 맞추고 있는 모양새가 꽤 집중하고 있는 듯합니다. 꼬마 하모니카 주자들에 멜로디언 주자들까지 모두 바짝 긴장해서 자기 악기와 씨름하고 있는 모습이 공연을 앞둔 연주자들답습니다.

좁은 공간에 옹기종기 모여 앉은 오늘의 초대 손님은 녹색마을사람들 운영위원들, 그리고 마을속 작은학교 자원 교사들입니다. 드디어 종소리와 함께 공연이 시작됐습니다. 기타와 전자 기타, 전자 오르간, 봉고, 멜로디언, 하모니카의 연주가 시작되고, 여성 2인조 보컬의 목청이 높아지자 분위기가 달아오르기 시작합니다.

"어머, 저 기타리스트 좀 보세요. 아주 푹 빠졌네."

"보컬 목소리 짱이다!"

공연 준비 중인 또가 밴드 아이들과 안기정 선생님.

난리가 났습니다. 박수에 환호에 연호에……. 뜨거운 관객의 호응에 밴드 연주자들은 있는 흥 없는 흥을 다 쏟아 신명을 냅니다. 마침내 온 식구가 일어나 한바탕 신나게 목청을 뽑고서야 공연이 끝납니다.

"우리만 보기 정말 아깝다! 또가 밴드 순회공연을 기획하든지 해야지."

"작년 10월인가, 임시총회 때 보고 지금 보니까 진짜 많이 발전했네요. 그때는 많이 미숙한 모습이었는데, 오늘 보니까 정말 달라졌네요. 놀라워요!"

"세상에, 시작이 반이라고……. 정말 자랑스럽네요."

칭찬에 입이 마릅니다.

행복한 아이들, 자랑스러운 선생님들

기타를 든 재야의 일등 비결

"얼마 전에 기타리스트인 재야가 학교에서 장기자랑으로 일등을 했어요."

아이들 야간 보호 활동인 '또가'의 안기정 선생님이 새로운 소식으로 우리를 달뜨게 합니다.

"어머, 웬일이야. 그런 경사가!"

또 한바탕 박수가 터집니다.

"그런데 그 얘기를 들으면서 우리 애가 참 대견하다는 생각이 들었어요. 담임선생님이 장기자랑에 참여할 사람 손들라고 하니까 재야가 신청을 했더랍니다. 학교 다녀와서 얘기를 하는데, 저는 은근히 걱정이 앞섰어요. 기타 독주를 하려면 연습을 많이 해야 하는데, 제가 보기에 잘하긴 하지만 그 정도는 아니다 싶었거든요. 연습을 더 열심히 해야 하는 것 아니냐고 했더니 괜찮다는 겁니다."

장기자랑 당일, 어떤 아이는 멋진 태권도 실력을 뽐내고, 어떤 아이는 학원에서 배운 빼어난 바이올린 연주를 선보이고, 어떤 아이는 훌라후프 묘기를 벌이는 등 다양한 무대가 펼쳐졌나 봅니다. 드디어 재야 차례가 왔습니다. 기타를 든 재야는 흥겨운 반주를 넣으며 친구들이 다 아는 노래를 시작했고, 반 친구들은 아는 노래가 나오니까 신이 나서 노래를 함께 부르며 어우러졌다고 합니다. 재야가 가장 많은 아이들의 호응을 이끌어낸 점을 인정받아 일등을 한 것이지요.

"저는 아이들을 만나면서 '소중한 나, 화목한 마을속 작은학교'라는 우리의 다짐이 참 좋다고 생각하거든요. 그런데 재야가 이번에 그 다짐을 잘 보여준 것 같아서 아주 뿌듯합니다. 다른 아이들은 다 자기가 혼자 잘하는 것만 생각했다면, 재야는 친구들하고 함께 어우러지고 즐기는 것을 생각하는 아이였다는 게 정말 자랑스럽고 대견합니다."

안기정 선생님이 진지하고 열성적인 모습으로 아이들 이야기를 이웃들에게 전합니다. 목소리에 힘이 실리고 자부심도 감출 수가 없습니다. 듣고 있던 우리도 덩달아 가슴이 뿌듯해지니, '우리'가 함께하고 있는 일이 더 소중해지는 날입니다.

안기정 선생님은 사회복지를 전공했습니다. 해병대에서 군 복무를 마치고, 규칙적인 운동으로 열심히 몸 관리도 하는 멋쟁이 선생님입니다. 그런데 사회복지보다는 음악이 더 좋은지 연극단 등에 참여해 음악 활동을 하다가, 2008년 마을속 작은학교의 야간 보호 활동인 '또가' 교사로 녹색과 인연을 맺으며 아이들을 만나기 시작했습니다.

"운영위원님들께서 지지해주셔서 아이들과 음악으로 만나기 시작했는데, 요즘 정말 보람도 있고 신납니다. 음악을 한 뒤로 아이들이 밴드를 중심으로 결속감이 커지고, 서로 호흡을 맞추며 함께 해가는 모습이 보기 좋습니다. 또 처음에는 관심 없던 아이들도 스스로 자기 일을 만들어서 지금은 대부분의 아이들이 참여하고 있어요. 매니저를 맡은 정이가 나름대로 이것저것 챙기려고 하는 것을 보면 참 신통하고, 현이도 참여하고는 싶은데 마땅히 할 게 없으니까 우선 부매니저를 하겠다고 해서 요즘은 매니저가 둘입니다."

음악이 아이들에게 가져오는 변화를 지켜보며 돕고 있는 안기정 선생님의 기쁨이 무척 큰 것 같습니다.

우리 애들이 사고 쳤어요

2010년 10월 13일, 오늘은 운영위원회가 있는 날입니다. 막 회의를 시작할 즈음 마을속 작은학교 시설장인 장명임 선생님이 서둘러 들어옵니다. 가슴에 뭔가 묵직한 게 안겨 있습니다.

"우리 애들이 사고 쳤어요!"

눈이 동그래진 운영위원들, 선생님 입을 향해 완전 집중입니다.

"지난 토요일에 서울시 지역아동센터 연합문화축제가 열렸거든요. 서울시에서 주최하고 서울지역아동센터협의회에서 주관한 행사였지요. 거기 밴드 경연 대회에서 또가 밴드가 우승했어요!"

기쁨과 자랑스러움에 얼굴까지 달아오른 선생님. 꼭 안고 온 트로피를 꺼내 보여줍니다.

"세상에, 이런 일이!"

모두 흥분해서 환호하고 박수치고 한바탕 야단법석입니다.

"그런데, 부상은 없었나요?"

"아, 부상으로 상금도 30만 원 받았어요!"

다시 더 큰 박수와 환호!

"다른 팀들도 잘하긴 했는데, 우리 또가 밴드가 초등학교 1학년부터 중학생까지 골고루 다 있고, 애들도 많잖아요. 게다가 공연 시작 전에 아이들이 또가 밴드를 소개하는 안내지를 만들어 심사위원들에게 나눠주기도 했거든요. 아마 그런 모습이 좋은 평가를 받은 것 같아요."

"그나저나 큰일 났네. 다음 주에는 골목축제 초청 공연 해야지, 11월 초에는 강공협(강북구공부방협의회) 문화축제 있지. 공부는 언제 하나?"

정말 웬만해서는 못 말리는 극성들입니다.

2010년 3월에 시설장을 맡은 장명임 선생님은 두 아이의 엄마입니다. 자기 아이를 돌보는 그 마음으로 마을속 작은학교 아이들을 보듬으며, 스무 명이 넘는 아이들이 하루가 멀다 하고 벌이는 많은 사건들을 겪으며, 한 아이 한 아이가 담고 있는 다양한 사연들을 품으며, 선생님으로 이웃 엄마로, 그 자리에 있습니다.

"서울시와 보건복지부에서 실사를 나왔다가 우리 아이들이 행복해 보인다는 말씀들을 하시더라고요. 친환경 유기농 급식을 열심히 하고 있는 모습과 또가 밴드 등 아이들의 활동 내용이 인상적이라면서, 역시 시민단체에서 잘 만들어오고 운영을 책임지는 훌륭한 사례라고 하셨어요."

나지막한 목소리와 소리 없는 웃음에 자부심과 함께 아이들을 향한 사랑이 넘칩니다. 참, 기억하시죠? 10여 년 전에 청소년 자원봉사 활동 동아리 나누리가 전국중고생 자원봉사대회에서 대상을 받고 부상으로 100만 원을 받았지요. 그때 나누리는 100만 원을 어떻게 쓸지 회의를 했고, 결국 이웃 동생들을 위한 열린숙제방 공간 이전 기금으로 기꺼이 내주었지요.

이렇게 선배들은 후배들을 위해 마음을 내고, 후배들은 그 관심과 믿음에 기대어 성장하고……. 이것이 우리들 이웃살이인가 봅니다.

1 서울시 지역아동센터 연합문화축제에서 공연 중인 또가 밴드 아이들. 2 우승의 기쁨을 누리고 있는 또가 밴드.
3 마을속 작은학교 시설장인 장명임 선생님.

3부

희망꽃이 피었습니다

함께 꿈꾸는 능력

이웃의 삶을 돌보고, 이웃의 바람에 관심을 가지며, 우리는 자신과 이웃, 그리고 삶터에 관해 더 많은 것을 꿈꾸게 됐습니다. 서로 협력해 문제를 해결하면서 자신과 이웃의 성장과 성숙에 믿음이 생겼고, 우리의 꿈이 실현될 수 있다는 기대도 커졌기 때문입니다. 이렇게 꿈을 꾸는 '나', 꿈을 꾸는 '우리'가 바로 희망입니다.

골목시인, 행복을 노래하다

김재옥 님

"나는 글 쓰는 걸 생각하면 지금도 몸에 소름이 돋으면서 약간 긴장도 되는가 하면 또 편안해지면서 아주 기분이 좋은데, 이런 게 바로 행복이라고 생각해요."

눈가에 잔잔하게 물기가 어립니다.

"저 감수성! 그러니까 시를 쓰시지."

김재옥 님은 골목에서 작은 슈퍼를 운영합니다. 물건 가져다 채우랴, 손님 맞으랴, 살림하랴, 건강이 좋지 않은 남편 챙기랴, 할 일이 무척 많지요. 그 와중에도 녹색마을사람들 일이라면 또 어떻게든 시간을 내보려 애를 씁니다. 처음 창립할 때부터 참여해서 16년 세월입니다. 김재옥 님은 단체 활동이 자신과 사회를 연결하는 통로라고 합니다.

활동 초기, 모든 일에 김재옥 님의 손이 가지 않는 곳이 없었습니다. 숙제방 여름 물놀이 캠프를 가서 아이들 먹이고 함께 간 식구들까지 챙기느라 손에 물이 마를 새가 없었지요. 그런가 하면 고생하는 젊은 실무자가 밥을 제대로 챙겨먹지 못한다며 먹을거리들을 부지런히 나르기도 합니다. 뭐든 필요한 일이라면 몸을 먼저 날려, '녹색의 버팀목이자 친정엄마'로 불립니다.

최근 다문화 가정 이웃을 위한 가족 초대 모임에서 김재옥 님이 여는 시간을 맡아 진행한다기에 어떻게 할지 물었습니다.

"내가 웃음치료를 배웠잖아. 하하!"

"아니 그건 또 언제?"

"주민자치센터에서 강좌가 있었거든. 그래도 내가 모임에 뭔가 필요한 일을 할 수 있어야 하잖아."

얼마나 날랜지 정말 놀랍습니다. 그날 김재옥 님은 정말 멋지게 이웃들을 밀며 끌며 웃음 가득한 흥겨운 시간을 만들어줬습니다. 이렇게 김재옥 님은 늘 이웃을 위해 자신이 무엇을 할 수 있을까 생각하며 끝없이 도전하는 모습으로 우리 앞에 서 있습니다.

"컴퓨터도 만지지 못하던 내가 이제는 홈페이지를 열어보고, 글도 올리고, NGO 공부 모임에 참석하면서 사회에 관한 인식도 키우고, 얼마나 많이 발전하고 성장했는지 몰라요."

김재옥 님은 녹색의 성장이 곧 자신의 성장이라고 힘주어 말합니다. 어느 날, 글쓰기를 좋아하는 김재옥 님이 수줍게 입을 열었습니다.

"사실 나 요즘 시 쓰는 공부하고 있어."

"어머, 어디서 하세요?"

"혼자 책 보면서 독학하는 거지 뭐."

우리는 김재옥 님의 새로운 열정을 진심으로 응원했습니다.

2006년 1월 어느 날, 가평 바람과 물 연구소에서 신년 사업 계획 수립을 위한 연수가 진행되던 때였습니다. 잠깐 휴식 시간에 김재옥 님은 시 한 편을 발표했습니다. 첫 발표 순간이었지요. 제목은 '편안한 하루'입니다.

지친 몸을 내던지니

이 방 저 방 문 빼꼼

윙크를 던져온다.

밖에서 따라온 먼지
욕실에 흘려보내고
날아갈 것만 같은 알몸에
팬티 하나 입혀본다.
……

잠시 목소리를 가다듬나 했더니 이내 몰입이 되어 자작시를 읽어내려 갑니다. 목소리가 많이 흔들립니다. 발표를 마치자 환호의 박수가 터집니다.

"와, 날아갈 것만 같은 알몸, 최고다!"

"멋져요!"

고단한 일상에서 시를 길어 올리는 기쁨으로 충만한 김재옥 님. 골목시인은 이렇게 함께하는 이웃들의 관심과 응원 속에서 구체적으로 모습을 드러냈지요. 우리는 때로는 독자가 되어 소감을 말하고, 때로는 조언자가 되어 의견을 보탭니다. 소식지나 자료집에 글을 발표할 때마다 신명을 내는 김재옥 님을 보며 우리는 행복합니다.

이렇게 우리는 이웃의 삶에 관심이 많습니다. 이웃의 꿈을 힘차게 응원합니다. 이 응원에 기대어, 김재옥 님의 시를 향한 열정과 꿈이 영글어갑니다.

젊은이, 마을로 들어서다

최윤정 님

무엇을 하러 왔누?

이 질문으로 1년이 지나갑니다.

그러며 진짜 짐을 싸들고 이사도 오고 삶터와 일터를 꾸려갑니다.

무엇을 바꾸러 왔누?

마을에 들어오며 내가 무엇을 바꾸려는 마음이 컸건만

먼저 알아가는 것은 '내 모습'입니다.

내가 어떤 사람인지,

무엇이 모가 났고 둥그스럼한지

만나는 사람마다 거울이 되어 나를 비춥니다.

그리고 정작 바뀌는 것은 내 작은 일상과 생각들입니다.

누군가의 마음을 바꾸기 전에

내 마음을 먼저 열어야 한다는 것도 새삼 알아갑니다.

여전히 삶보다는 말이 앞서는 내 모습이지만

지금은 부딪히며 알아가는 것들에

올해가 기대가 되는

마을에 갓 들어온 여자입니다.

(《11차 정기총회 자료집》, 2006)

2005년 3월부터 꼬박 5년의 세월을 실무자로 함께한 최윤정 님의 글입니다. 최윤정 님은 '마을에서 지역 주민의 참여를 조직하고 함께 마을을 변화시켜보겠다'는 분명한 목적의식을 가진 젊은이였습니다. 아름다운 모습에 매력적인 웃음이 돋보이는 최윤정 님은 정말 짐을 싸들고 이 마을로 이사를 왔습니다. 그리고 온 마을을 샅샅이 훑으며 이웃과 함께 얘기하고 웃고 울며, 자신이 꿈꾸는 변화를 위해 온몸을 던져 활동했습니다. 결혼도 하지 않았고 아이를 낳아본 경험도 없는 최윤정 님이 주로 만나는 이웃은 큰언니나 엄마뻘 되는 여성들이었습니다. 자기도 빨리 결혼하고 애도 낳아봐야 더 잘할 수 있겠다는 말에 이웃들은 '무슨 아가씨가 변죽도 좋아'라며 한바탕 웃곤 했지요.

최윤정 님은 마을이 공동체의 모습으로 살아가기를 바랐고, 그 과정에서 자신의 일을 잘 만들고 싶어했지요. 열정적이고 헌신적인 모습에 많은 이웃들은 고마워하고 대견해했습니다.

"녹색은 정말 인복이 많아요!"

"제가 복덩이에요. 넝쿨째 굴러온 복덩이."

까르르 또 한바탕 웃음이 넘칩니다.

어려움도 많았습니다. 2006년 조직 체계가 바뀌면서 활동 1년여 만에 사무국장 대행을 맡더니, 이듬해 사무국장까지 된 최윤정 님은 최고의 지도력과 실무 능력을 요구받았습니다. 회원들과 다른 실무자들의 기대와 요구는 많고, 현실적인 여건은 어려운 상황에서 마음고생도 심했습니다. 그래도 꾹꾹 참으며 사무국장으로서 책임지고 일을 잘하려고 무척이나 노력했습니다.

비가 많이 내린 어느 날 반지하에 있는 화장실이 역류해서 사무실 바닥이 오물로 가득 들어찼을 때, 어찌할 바를 몰라 하던 모습도 잠시, 그 상황을 오롯이 다 감당하던 당찬 모습이 기억에 남습니다. 조직을 향한 실무자들의 요구와 실무자들을 향한 운영위원들의 요구가 부딪쳐 갈등이 생겼을 때, 그 사이에서 눈물을 뚝뚝 흘리며 있는 힘을 다하던 모습도 잊을 수 없습니다. 이런 과정을 거치며 조직은 주민 지도력과 실무 지도력이 서로 조화하는 경험을 쌓아갔고, 남겨진 과제도 확인하며 조금씩 해결해갔습니다.

최윤정 님은 5년의 임무를 잘 마무리하고 새로운 꿈터를 찾아 나섰습니다. 농촌에 근거를 마련하고 농촌 지역 조직 활동에 나선 것입니다. 최윤정 님이 사랑하는 자신의 별칭이 '꿈쟁이'니, 새 꿈을 찾아 나서는 것을 말릴 수가 없습니다. 후임자를 찾아내는 일까지 잘 마무리하고, 최윤정 님은 홀가분하게 떠났습니다.

최윤정 님의 뒤를 이어 때로는 열정과 의욕을 앞세워, 때로는 호기심과 전문 지식으로 무장하고 마을을 찾아 들어서는 또 다른 젊은이들이 녹색마을 사람들의 이야기를 이어가고 있습니다. 자신의 꿈을 찾아 마을로 들어서는 젊은이들에 기대어 우리들의 이웃살이 이야기는 계속됩니다.

내가 잘 나가는 이유

이유미 님

"녹색은 나를 지켜주는 버팀목처럼 늘 내 곁에 있었다. 1995년 영어 모임을 시작으로 숙제방 아이들 태권도 지도, 숙제 지도, 영어 독서 지도, 운영위원회 회의, NGO 교육, 쓰레기 줄이기, 1박 2일의 교육, 녹색가게, 바자회 등 8년 동안 정기적으로 내 삶의 줄거리를 만들어줬고 나를 성장시켰다. 우리 모든 회원들의 삶을 꾸려주었듯이……. 엄마와 함께 참여한 쓰레기 줄이기 프로그램, 물 절약 프로그램 등은 성장기인 딸에게도 많은 영향을 미친 것 같다. 수줍음을 많이 타고 친구와 잘 사귀지 않는 성격이라 걱정이 많았지만 지금은 청소년 봉사 모임 나누리의 일원으로 아주 활발하게 활동하고 있다. 여러 프로그램을 통해 점점 어른스러워지는 딸아이의 즐거움의 원천인 녹색모임에 늘 고마운 마음이다. 내 성장뿐 아니라 이렇게 딸아이의 정신적인 성장을 도와준 녹색모임은 언제나 마음의 고향이다."(《8차 정기총회 보고서》, 2003)

초창기부터 지금까지 함께하고 있는 이유미 님은 책 읽기를 무척이나 좋아하고 또 열심히 읽습니다. 대학노트에 곧은 글자로 빽빽하게 독후감을 쓰는 이유미 님을 보며 다들 감탄하지요. 녹색삶하고도 책으로 맺어졌습니다. 도봉도서관 독서회에 열심히 참가하고 있던 이유미 님이 이웃들의 책 읽기를 도와달라는 요청에 기꺼이 응하며 자원 활동을 시작하게 됐고, 그 뒤 다양한 활동에 참여하며 자신의 역량을 맘껏 발휘했습니다.

이유미 님은 이렇게 성장한 자신의 역량을 잘 발전시켜 성공적으로 직업을 개척했습니다. 자원 활동으로 시작한 독서와 영어 독서의 경험을 잘 살려 5년 전 영어 관련 회사에 들어갔고, 그 뒤 몇 년 동안 성과 1위의 우수 사원 자리를 굳건히 지키며 해외연수를 도맡아 따내더니, 마침내 작년에는 팀장으로 승진했습니다. 지금 이유미 님은 다른 지역의 직원들까지 교육하며, 그야말로 잘 나가고 있답니다. 이런 모습은 우리의 자랑스러운 롤모델이 됩니다. 지속적인 자원 활동을 통해 다양한 경험과 관계를 다져가며 자신의 직업을 개척한 성공 사례인 것이지요.

직업을 갖게 되면서 직접 활동하는 시간은 줄었지만, 용기 있는 도전과 성취의 경험, 그리고 발군의 얼리어답터로서 갖고 있는 정보력을 바탕으로 여전히 의사 결정 과정에 참여하면서 지혜를 보태기도 하고, 자신이 참여하고 있는 종교 단체 활동과 연계해 필요한 자원들을 연결해주고 있답니다.

성장하고 확장되는 자신을 중심으로 또 다른 일로 이웃살이에 참여하는 길을 열어가는 우리 이웃들의 씩씩한 모습. 우리가 새로운 이웃, 새로운 날들을 향해 기대와 희망을 갖는 이유입니다.

노다지를 줍고 있어요

인미화 님

"동탄으로 이사 간 지 1년이 좀 지났습니다. 그곳은 문자 그대로 황량한 신도시입니다. 벌판에 아파트만 쫙 들어서 있는. 아직 문화시설이나 생활시설이 제대로 되어 있지 않고, 시민단체도 제대로 없는 상황입니다. 여기저기에서 이사 온 사람들이라 관계성도 아주 낮습니다. 그러니 서로 만나고 스스로 참여해서 만들어가는 공동체의 즐거움이 많이 필요한 곳이지요. 녹색삶의 경험을 가진 제 눈에는 이것저것 보이는 게 전부 다 활동거리입니다. 노다지를 줍는 거죠! 이제 막 문화 활동부터 시작했는데, 작년 녹색삶 임시총회에서 시 낭송을 하는 모습을 본 게 아이디어가 돼 '시 낭송의 밤'을 열었습니다. 주민들의 반응은 그야말로 뜨거웠습니다. 녹색삶의 모든 경험이 다 필요한 지역입니다. 요즘 정말 신나고 행복합니다!"

2010년 4월 22일, '수다로 푸는 골목이야기'에서 인미화 님은 새로운 삶터에서 일구는 행복한 이웃살이에 관해 말문을 열었습니다. 이야기와 함께 신명이 난 그 모습에 우리들도 덩달아 신이 났더랬지요.

인미화 님은 1999년 동화사랑방 동아리 모임에 참여하면서 녹색과 만났습니다. 큰아이와 터울이 큰 둘째를 등에 업고 다니며 여러 활동에 진지하게 관심을 가지고 함께했지요. 아이가 자라 더 많은 시간을 활용할 수 있게 되자 실무자가 되어 일하기도 했습니다.

인미화 님은 숙제방 아이들과 마을 아이들이 건강하게 자라도록 돕기 위해 참으로 다양한 활동을 개발하고 실행했습니다. 책이랑놀자 도서관을 중심으로 이야기엄마 활동, 놀이터 책잔치, 환경 연극 등 아이들이 있는 곳이면 어디든 달려가 몸과 마음을 다해 보듬어 안았지요.

“지역의 아이들과 함께한 날들이 나를 성장시키고 행복하게 했습니다. 더불어 아주 좋은 사람들을 많이 만나 행복했습니다.”

이사를 앞두고 인미화 님은 이렇게 말했지요. 언젠가 NGO 학습 모임을 마친 뒤 미래의 모습을 그려보는 시간을 가질 때, 우리는 10년 뒤 인미화 님이 ‘여성 리더로서 열심히 지역사회의 변화를 위해 활동하는 전문 활동가가 되어 있을 것’이라고 입을 모았습니다.

그렇습니다. 8년여가 흐른 지금, 인미화 님은 새로운 삶터인 동탄 지역에서 ‘이웃들과 맺는 행복한 삶’을 꿈꾸며 ‘동탄 후마니타스’ 사무국장으로 열정을 쏟아내고 있습니다. 함께 노다지를 주울 사람을 찾아가며…….

“이제 나는 무슨 일이라도 지역의 관점을 갖고 할 수 있습니다.”

자신감과 자부심이 가득한 인미화 님에 힘입어 이웃살이가 성큼 진전하고 있습니다.

나는 걸어 다니는 시민단체

김미희 님

"나는 걸어 다니는 시민단체입니다!"

2004년 풀뿌리 여성 지도자 사례 발표에서 김미희 님은 자신을 이렇게 소개했습니다. 세 아이를 둔 김미희 님은 아이들이 책을 좋아하고 공부를 잘하기를 바라는 마음에 독서 지도자 과정을 마쳤고, 그러면서 좋은 책 읽기의 필요성을 깨달았습니다. 그리고 자신의 아이뿐만 아니라 이웃 아이들의 독서 선생님이 되겠다고 결심했지요. 열린숙제방 자원 교사 모집 현수막을 본 1998년 봄, 자원 교사를 위한 교육에 참가하면서 활동을 시작했습니다. 그 뒤 아이들에게는 참으로 다정한 엄마선생님으로, 힘들고 지친 이웃 여성들에게는 따뜻한 위로가 되어주는 이웃상담원으로, 환경 연극팀 만년대계의 핵심 단원으로, 동화사랑방의 주요 구성원으로, 구수한 이야기엄마로, 참 왕성하게 활동했습니다. 김미희 님의 열정적인 참여와 추진력에 힘입어 이웃 아이들은 행복했고, 우리는 가슴 벅찬 기쁨과 보람을 나눌 수 있었지요.

그러던 2003년에 김미희 님은 성북구로 이사를 갔고, 그 삶터에서 창업을 했습니다. 함께 동화를 읽고, 연극을 하고, 숙제방 아이들을 돌보던 동료 김은하 님과 함께 아이들을 위한 방과후 활동 공간 '꿈터'를 열어 공동 대표가 됐습니다. 김미희 님은 꿈터에서 '좋은 책' 읽기를 통해 우리 아이들이 주도적인 삶, 더불어 사는 삶을 살 수 있도록 돕고 싶은 의욕으로 가득합니다.

"어느 한 곳에 고정된 시민단체가 아니라 움직이는 시민단체격인 개인이 이루는 사회변화의 폭은 무궁무진합니다. 자칫 개인의 활동은 단체의 활동보다 지속성과 전문성이 떨어질 수 있지만, 등대처럼 길잡이가 되는 단체가 있어 성장하고 발전하게 되는 것 같습니다. 다세포 동물의 세포 분열처럼 개개인에게 모두 시민단체 의식이 널리 퍼져, 사람들의 가슴에 움직이는 시민단체가 하나씩 지어지기를 바랍니다."

김미희 님의 희망대로 이웃 한 사람 한 사람이 우리 사회 공동체의 구성원으로서 의식을 분명히 하면서, 자기가 꿈꾸는 것을 실현하는 기회를 갖고, 그것을 통해 개인과 개인, 개인과 단체, 단체와 단체가 서로 연계하고, 저마다 고유한 일을 성취하기 위해 서로 협조할 수 있는 조화로운 세상이 되는 꿈, 참 가슴 벅찬 일입니다.

전화벨이 울립니다. 반가운 사람, 김미희 님입니다.

"아이들 보호자들과 지역 여성들을 위해 교육을 좀 하려고요. 좋은 강사님 추천해주세요."

김미희 님은 '걸어 다니는 시민단체'가 되어 우리와 함께하고 있습니다.

살아 있는 꿈

백우란 님

2010년 8월 6일, 오늘은 '골목문화 날개를 달다' 음악 감상이 있는 날입니다. 우리 동네 국립재활원 사거리에 있는 '카페 공감' 사장님이 자리를 내준 덕분에 한 잔의 차를 앞에 놓고 안내자의 친절한 설명과 함께 클래식 음악을 즐기고 있는 중이지요. 그런데 뒷자리에 앉은 이웃이 전하는 귓속말에 연신 고개를 끄덕이며 수첩을 들춰 부지런히 적는 사람이 있습니다. 수첩은 이런저런 일정으로 빼곡합니다.

"카페에 오니까 우리가 준비하고 있는 '다문화 카페'에 관한 아이디어가 마구 떠올라서 즐거워요. 다른 사람들도 그런가봐요. 이런저런 주문을 계속 하네요."

음악을 즐기며 연신 속닥거리고, 주거니 받거니 고갯짓에 바쁜 그 사람은 다문화 가정 여성들의 '친정언니'로 활동하고 있는 백우란 님입니다. 요즘 다문화 가정 이웃들이 편하게 찾아와 함께 이야기도 나누고 차도 마시고 쉴 수도 있는 공간인 다문화 카페를 만들기로 하면서, 카페 공간 꾸미기에 한창 열중하고 있습니다. 커튼은 어떤 모양으로 할지, 원목 테이블과 의자의 분위기를 한껏 살리기 위해 벽면 공간을 어떻게 정리할지 등 나눌 애기가 무척 많습니다.

백우란 님은 지금 '문학을 읽는 즐거움'이라는 소모임을 이끌고 있기도 합니다. 한 달에 두 번 소모임 구성원들이 함께 책을 읽고 토론하며, 아이들을 위한 독서 활동 프로그램을 스스로 기획하고 진행해보는 등 새로운 활동을 만드는 재미에 푹 빠져 있습니다. 아이들을 키우고 있는 30~40대 이웃 여성들에게, 50대인 백우란 님의 경험과 지혜는 큰 힘이 되고 있답니다.

백우란 님은 16년 전 일어 교실에 참여하며 녹색삶과 인연을 맺었습니다. 두 아들을 키우던 백우란 님의 첫 사회 경험이기도 했습니다. 백우란 님의 맹렬한 공부 자세는 함께 배우는 많은 많은 여성들을 기죽게 했지요. 선생님이 한 바닥 숙제를 내면 백우란 님은 다섯 바닥 정도는 가뿐하게 했습니다. 아침에 와서 허겁지겁 숙제한 흉내만 내던 우리에게 그 모습은 놀라웠지요. 백우란 님은 자원 활동으로 일어를 가르쳐준 노옥신 선생님의 모습을 보며 꿈을 꾸기 시작했습니다.

"나도 저렇게 머리가 하얗게 될 때쯤 품위 있게 나이가 들어, 내가 가진 지식으로 이웃 여성들에게 봉사할 수 있었으면……."

아마도 이런 꿈 때문에 더욱 악착스레 공부했나 봅니다. 그 뒤로도 10여 년 동안 일어 공부에 매진했습니다. 마침내 일본어 1급 시험을 통과하고 일어에 자신감이 생기자 이웃들에게 일본어를 가르치는 자원 활동을 시작했지요. 마침내 10년 전 꿈이 현실이 되는 순간이었지요!

2005년 한살림서울생협 강북지부가 만들어지면서 백우란 님은 미아 매장을 책임지는 팀장으로 생협 운동에 참여했습니다. 그 뒤 한살림의 지원을 받으며 교육과 훈련을 통해 활동가로 더 단단해진 모습입니다. 지금 백우란 님은 5년 동안의 한살림 활동을 마치고 다시 삶터로 돌아와 그동안 쌓아온 역량을 발휘하며 이웃과 함께 맹렬히 활동하고 있습니다.

"녹색삶에서는 하고 싶은 일을 할 수 있어서 아주 신납니다!"

하고 싶은 일이 점점 더 많아지는 그이. 16년 전의 그이가 그런 것처럼 지금 백우란 님을 만나는 이웃들 중 누군가도 "나도 저 나이에 저렇게 신나게, 열정적으로 활동할 수 있었으면……" 하는 꿈을 꾸고 있는지도 모르지요.

문턱 넘으면 다른 사람

김정림 님

"나는 녹색삶 문턱을 넘으면 다른 사람이 되는 것 같아요."

2002년 1월, '신나는 방학교실'에서 아이들을 위해 풍선 아트를 맡아 자원 교사로 참여한 김정림 님입니다. 이 활동을 시작으로 인연을 맺었답니다.

"너무 바쁘게 정신없이 살다가도 회의나 활동이 있어 녹색에 오면 갑자기 평소에 할 수 없던 생각이 떠오르고, 새로운 의견을 말하게 되고, 그래서 또 활동으로 이어지거든요. 말하자면 좀더 공익적인 인간이 되는 거지요. 녹색이 있어 균형을 잡고 살아갑니다."

자기가 가진 기술로 기여할 수 있다는 게 기쁘고 자랑스러운 김정림 님은 그 뒤 자기 삶만큼이나 역동적으로 자원 활동에 관심을 쏟았습니다. 풍선 아트 영업에 쓰는 차량을 이용해 녹색가게 물건을 실어 나르고, 체험 활동에 나서는 숙제방 아이들의 이동을 지원하고, 루돌프가 되어 이웃산타 활동을 하는 등 하는 일이 점점 늘어났습니다. 이렇게 삶터와 이웃을 향한 관심이 커지면서 김정림 님의 활동은 녹색삶을 넘어 다른 단체로도 확대됐고, 자신이 관계를 맺는 단체나 기관들을 서로 연결하면서 왕성한 활동을 벌였습니다.

2003년, 우리는 김정림 님을 수유 6동 주민자치위원으로 추천했습니다.

주민자치위원이 되어 보여준 김정림 님의 활동력은 대단했습니다. 녹색삶에서 검증된 프로그램들을 주민자치센터에서 진행했고, 다양한 지역 자원을 연계해 아이들을 돌보는 '방학교실'을 성공적으로 이끌었는가 하면, 한살림서울생협 강북지부와 연계한 '환경교실'을 진행하기도 했습니다. 김정림 님의 추진력, 기획력, 자원 동원 능력은 다른 주민자치위원들의 인정을 받았고, 김정림 님은 간사를 맡아 더 큰 지도력을 발휘했지요.

김정림 님의 톡톡 튀는 아이디어, 추진력, 지도력을 보며 우리는 김정림 님이 구의원을 해도 정말 잘할 거라고 입을 모았고, 2006년 지방자치선거가 다가오자 출마를 제안했습니다. 많이 망설이고 고민하던 김정림 님은 가족들과 상의한 뒤 출마하겠다는 결단을 내렸습니다. 그런데 뜻밖에도 지방선거를 앞두고 지방자치선거법이 개정되면서 선거구 범위가 1개동에서 3~4개동으로 확장됐습니다. 그이도 녹색삶도 많이 고민했습니다. 김정림 님은 선거 영역이 그렇게 넓어지면 성공하기 힘들다는 판단에 그만 마음을 접었습니다. 녹색삶도 자신감을 갖기 어려웠고, 아쉽게도 다음을 기약할 수밖에 없었습니다.

2010년, 김정림 님은 지금 많이 바쁘고 고단합니다. 여러 가지 사정으로 경제 활동에 좀더 집중해야 하는 상황이 되어, 녹색삶 활동에도 시간을 내기가 쉽지 않습니다. 이럴 때 우리는 김정림 님이 이 상황을 잘 이겨낼 수 있도록 응원하며 지켜봐주어야 합니다. 이 어려움을 잘 견디고 나면, 또 왕성하고 창의적인 힘으로 주변을 돌아다볼 것을 알기 때문입니다.

이렇게 '문턱 넘으면 다른 사람'이 되는 기회, 그리고 그 속에서 가꾼 이웃의 꿈은 우리에게 기대어, 또 우리의 꿈은 그 이웃에 기대어 조금씩 진전하고 또 머물곤 합니다. 아마도 우리의 힘이 좀더 자라면 꿈꾸는 것을 일구는 힘도 더 커지겠지요.

내 살림 살듯 지역 살림 살지요

김주옥 님

"사랑의 책배달부 활동에 참여했다가 팀장이 되고, 또 운영위원을 거치면서 지역에서 녹색의 할 일, 그 속에서 내 일과 활동을 찾아가며 조금씩 성장하는 것 같습니다. 이제 녹색마을사람들 이사로서 지역과 사람들의 변화를 가져올 수 있도록 인내심을 갖고 노력하려고 합니다."

다부진 의욕과 함께 열정을 불태우고 있는 김주옥 님입니다. 결혼 뒤 5년 동안 천안에 살면서 YMCA 시민중계실과 녹색가게에서 자원 활동을 했습니다. 그 뒤 서울로 삶터를 옮기고 두 아이를 키우는 일에 집중하던 2004년 봄, 사랑의 책배달부 활동을 만났습니다.

처음에는 어려운 상황에 놓인 이웃들을 직접 만나야 하는 일을 잘할 수 있을지, 또 두 아이가 아직 엄마의 손이 필요한 시기인데 활동을 해야 할지 고민하는 모습이었지만, 김주옥 님은 서서히 열정을 보이기 시작했습니다.

김주옥 님이 찾아가는 가정은 할머니 혼자 손녀를 키우고 있었지요. 할머니와 집안 대소사를 의논하고, 자신의 딸과 같은 또래의 여사아이를 보살피며 도타운 정을 쌓아갔습니다. 김주옥 님은 사랑의 책배달부로 함께 활동하는 구성원들을 지지하면서 지도력을 발휘했습니다. 만나는 아이들이 초등학생에서 중학생이 되고, 네 살짜리 아이가 초등학교에 입학하고, 때로는 살림이 좀더 나아져 좋은 환경으로 이사를 가는 이웃들의 모습을 지켜보며, 보람과 성취감을 느끼며 활동에 더욱 집중했습니다. 그리고 사랑의 책배달부 활동에 관심을 보이는 다른 단체나 활동가들이 찾아오면 안내하는 일을 맡아 다른 지역에도 사랑의 책배달부 활동이 퍼지도록 도왔습니다. 이렇게 하면서 지역사회에 돌봄의 장이, 또 서로 좋은 이웃이 되어 함께 살아가는 협력적인 생활 방식이 많이 퍼진다는 사실에 큰 자부심을 느낍니다. 그리고 이웃 아이들을 위해 기꺼이 시간을 내고 가진 것을 나누는 이웃들의 모습을 지켜보며, '내 이웃에 관심을 갖는' 것과 '자신이 가진 것을 이웃과 나누는' 것이 우리가 꿈꾸는 '좋은 이웃이 되어 살기 좋은 공동체 마을'을 만들어가는 밑거름이라는 점을 배우게 됐다고 합니다.

2010년, 김주옥 님은 새롭게 운영위원장을 맡았습니다. 조직의 살림을 알뜰살뜰 꾸리며, 이웃 아이들에게 건강한 아침을 먹이는 미숫가루 프로젝트를 실행하며, 조직의 새로운 관심거리인 사회적 기업에 관한 모임을 진행하며, 실무자들을 응원하며, 분주하고 힘차게 나아가고 있습니다.

"지금 이렇게 하면 되는 건가요? 내 살림 살듯 지역 살림 살면 되는 건가요?"

때로는 자신감 넘치는 모습으로, 때로는 도움을 청하면서 운영위원장이라는 녹색 초유의 자리를 개척하고 있는 김주옥 님입니다.

"의지할 수 있는 선배님들이 계셔서 참 든든합니다."

어느 날 모임을 마치고 돌아가는 길에 김주옥 님은 자신이 혼자가 아니라 16년 역사를 이 구석 저 구석 함께 나누어 갖고 있는 선배 활동가들과 함께한다는 사실이 새삼 생각난 듯 문자를 날려 작은 기쁨을 선사합니다. 한마디 칭찬과 격려의 말을 하지 않을 수 없습니다. 이어지는 선배들의 응원에 김주옥 님은 또 큰 힘을 받을 것입니다.

이 시기 이렇게 뜨거운 열정과 헌신으로 우리들의 이웃살이에 날개를 달아주는 김주옥 님! 내일 그리고 또 다른 내일은 어떤 이웃이 또 어떤 모습으로 우리를 희망차게 할지 무척 기대가 됩니다.

친정언니가 되고 싶어요

이은미 님

"나는 혼자 머리에서 다 정리해서 계획대로 진행하는 편이거든요. 그런데 요즘 명쾌하게 정리가 되지 않아 혼란스럽고 무엇을 어떻게 해야 할지 모르겠어요. 팀원들이 아주 적극적인데 내가 신뢰하지 못하고 혼자 다해야 할 것처럼 생각하는 것 같아요."

이은미 님은 친정언니 활동에 깊은 관심을 가지고 무척 집중하고 있습니다. 이은미 님이 말하는 것처럼 이은미 님은 자기 생각이 분명하기 때문에 자기가 선택하고 판단하며 책임지는 것에 익숙합니다. 그런데 이제는 혼자 활동하는 게 아니라 팀을 구성해서, 더구나 팀장을 맡아 팀원들의 동력을 살리며 진행해야 하는 새로운 도전에 직면하고 있습니다.

이은미 님은 한살림서울생협 강북지부 조합원으로 활동을 시작하면서 녹색삶의 활동을 알게 되고, 마을속 작은학교에 후원자를 연결하는 등 관심을 갖게 됐습니다. 그러다가 2008년 이웃산타가 되어 다문화 가정 이웃을 방문하면서 결혼 이주 여성에게 깊은 연민을 갖게 됐지요. 그리고 이 여성들이 우리 마을에 잘 정착해서 살아가는 데 주변 이웃의 도움이 꼭 필요하다고 생각해 이 여성들을 지원하는 친정언니가 되어 적극적으로 활동을 시작했고, 팀장까지 맡았습니다.

계속 활동을 할수록 이은미 님은 새로운 경험을 하는 듯합니다. 팀원 한 사람 한 사람이 가진 특성과 각자에게 맞는 소임을 발견하며 즐거워하고, 헌신적인 모습으로 활동하는 구성원에게 놀라는가 하면, 이주 여성들이 보여주는 작은 변화에 감동합니다. 그리고 구성원들이 모여서 함께 일구는 성취가 즐겁고 신이 납니다.

2010년 7월 10일, 수유리 봉도 청소년 수련원의 회의방에서 친정언니팀의 상반기 활동 평가와 하반기 계획 수립을 위한 워크숍이 진행 중입니다.

"한글 교실이 현장 탐방 형태로 진행된 성과가 참 좋았어요. 결혼 이주 여성들도 역동적인 프로그램을 더 좋아하는 것 같아요. 보험회사, 은행, 보건소에 갔을 때 그쪽에서도 아주 친절하게 잘 대해주고, 또 자존감을 느끼게 하니까 우리가 정말 고마웠어요. 하반기에도 이렇게 좀더 체험 위주의 활동이 진행됐으면 좋겠어요."

"상반기 활동은 걱정도 많이 했는데 생각보다 잘 진행이 돼서 정말 기쁘고 고마워요. 참, 수유시장마을 문화활동팀에서 제안이 왔는데, 다문화 요리교실에 강사로 좀 와달라고 하더라고요. 그래서 필리핀 출신의 잔독을 추천했는데, 강의할 때 의사 전달이 어려울 것 같아서 걱정했거든요. 그런데 또 전화가 와서는 강사의 의사소통을 도와주는 보조 강사 한 사람이 더 와도 된다는 거예요. 그래서 내가 보조 강사로 가기로 했어요. 레시피는 잔독이랑 만나서 열심히 만들고 있어요. 참, 레티디엡이 요즘 출산 도우미 활동을 하는데, 일이 너무 많아서 마른 사람이 더 말랐어요. 그래서 힘들지 않느냐고 했더니, 재미있다고 하더라고요. 수입이 생기니까 일은 힘들어도 아주 신이 난 것 같아요."

이은미 님은 요즘 새로운 고민을 시작했습니다. 직업을 갖고 싶어하는 결혼 이주 여성들의 욕구가 높다는 것을 확인하면서, 이 사람들이 자신의 정체성을 잃지 않고 당당하게 살아가기 위해서도 일이 필요하다는 생각에 잘 도와주고 싶어 새삼 마음이 급해집니다. 그래서 사회적 기업 공부 모임에도 참여하면서 이주 여성들의 자립과 사회 활동에 도움이 되는 방안을 찾아보려고 합니다.

7월 19일, 사무실에서 사회적 기업 준비 모임이 진행되고 있습니다. 각자 찾아온 사회적 기업의 구체적인 사례를 소개하고 그중 관심 있는 곳을 탐방하기로 결정하고는 날짜를 잡아봅니다.

"8월 첫째 주는 휴가철이라 좀 그렇고, 둘째 주는……. 아, 안 되세요? 그럼 셋째 주는……."

이래저래 바쁜 일정들에 시간을 맞추기가 힘들어 마지막 주로 일정을 잡습니다. 섭외할 사람을 정하고 그날 만날 약속을 확인하며 헤어지는 자리, 이은미 님이 문을 나서며 한마디 던집니다.

"나 그 전에 먼저 갔다올 것 같아요. 그때까지 기다릴 수 없을 것 같거든."

'깊은 연민'의 자리에 '희망'이 들어서니 몸도 마음도 가벼워지나 봅니다.

"못살아! 팀장님, 칠팔월 염천에 쉬엄쉬엄 하세요!"

교육과 실천이 결합되니 힘이 납니다

박경애 님

"녹색삶을 만나기 전에는 교육만 받았다면, 녹색삶을 만나면서 교육이 실천으로 연결되고 있습니다. 또 활동이 조금씩 더 넓게 퍼져 나가는 경험을 하고 있는데, 이런 경험이 참 좋습니다!"

박경애 님은 2005년 진행된 마을환경강사 양성 과정 1기로 활동을 시작했습니다. 그때 스무 명이 넘는 지역 주민들이 참여했는데, 과정이 끝나고도 지속적으로 만나서 함께 학습하고 환경 수업을 진행하고 싶은 사람들이 모여 소모임을 구성했지요. 그 뒤 박경애 님은 핵심 구성원으로 소모임을 이끌었으며, 마을환경강사 양성 과정이 2기, 3기, 4기로 이어지는 과정에 주도적으로 참여했습니다. 2008년 팀장을 맡은 뒤에는 운영위원이 되었지요.

박경애 님은 지역의 한 초등학교에서 방과후 교사로 일하고 있습니다. 그리고 틈나는 시간을 활용해 팀원들과 함께 마을속 작은학교를 비롯한 지역의 공부방과 지역아동센터, 어린이집 등과 연계해 환경 체험 학습을 꾸려가고 있습니다. 또한 구청과 협력 관계를 맺고 지역의 여러 초등학교와 연계한 환경 체험 수업도 꾸준히 진행하고 있습니다. 이런 지속적인 활동으로 이제 마을환경강사팀은 제법 전문성을 갖췄습니다.

"마을환경강사 양성 과정은 마을 어른들이 다 환경강사가 됐으면 좋겠다는 바람에서 출발했습니다. 아이들이 있는 골목, 놀이터, 학교, 아파트 입구와 주변, 산 등 마을 어디에서도 친환경적인 이야기를 나눌 수 있고, 친환경적인 태도를 보여줄 수 있는 어른들이 점점 더 많아졌으면 좋겠다는 것이지요. 저는 그 취지가 정말 좋아서 마을환경강사가 됐습니다."

2009년 마을환경강사의 활동 평가와 함께 다음 해 계획을 논의하는 자리에서 새로운 제안이 있었습니다. 그동안 쌓아온 환경 교육 경험과 노하우를 잘 살려서 마을환경강사들이 중심이 되는 '환경 체험 교육 활동 전문기관'을 만들어보자는 것이었고, 이것을 사회적 기업으로 만들어서 지속 가능하게 운영해보자는 제안이었지요. 박경애 님은 한동안 고민하더니 "사회적 기업도 기업인데, 결국 이익을 만들어야 하는 것이지요. 그렇게 영리적인 활동을 할 마음은 없습니다. 어디까지나 자원 활동으로 했으면 좋겠어요" 하며 부정적인 의견을 밝혔습니다. 우리 아이들의 생태적 감수성을 북돋우고, 친환경적 태도와 습관을 형성하는 것을 잘 돕고 싶은 마음도 크고, 그것을 지속 가능하게 하는 방법을 찾아야 할 필요성도 느끼지만, 사회적 기업으로 접근하고 싶지는 않은가 봅니다. 하지만 마을환경강사를 양성하기 위한 교육은 계속 진행해서 앞으로도 마을환경강사가 지속적으로 배출됐으면 좋겠다는 바람은 여전히 큽니다. 그래서 지금 박경애 님은 고민하는 중입니다.

"지속적으로 활동하는 강사가 많이 없어서 마을환경강사가 부족하거든요. 내년에 마을환경강사 양성 과정을 어떻게 할 수 있을까요?"

스스로 가치 있다고 생각하는 일을 지속하고 싶은 욕구와 실제 문제를 해결하기 위한 구체적인 방안을 찾아야 하는 상황 사이에서 고민하고 책임지려고 하는 이웃들의 모습 또한 이웃살이가 만들어가고 있는 우리들의 '오늘', 그리고 '내일'입니다.

이제 가치 있는 일을 해보고 싶어요

장명심 님

"제가 운영위원을 하겠다고 한 것은 이제 좀더 가치 있는 일을 해보고 싶었기 때문입니다."

2010년부터 새로 운영위원을 맡게 된 장명심 님의 다부진 인사말입니다. 장명심 님은 지역에서 오랫동안 어린이집을 운영했습니다. 녹색삶에서 마을 아이들을 위한 이야기엄마 활동을 하면서 24시간 운영하던 장명심 님의 어린이집을 방문하게 됐지요.

이렇게 인연이 시작되자 장명심 님은 회원으로 가입하는 등 녹색삶의 활동에 진지한 관심을 보였습니다. 그 바쁜 와중에도 해마다 진행되는 이웃산타 활동에는 꼭 참여해서 이웃 가정들을 방문하고 소감을 나누며 대책을 논의하는 과정에 함께했지요.

그런 장명심 님이 어린이집을 정리하고 쉬면서 공부도 하는 등 재충전을 하게 됐습니다. 그리고 다문화 가정 이웃을 위한 친정언니 활동에도 참여하게 됐고, 그 뒤 동아리 활동으로 재구성된 이웃산타 활동에 열정을 보이며 팀장이 됐습니다.

아직 둘째 아이가 어려 학교에서 오는 시간에 맞추려고 회의에서 조금 일찍 일어난다고 많이 미안해하지만, 모두 아이들을 키우거나 키운 경험이 있는지라 흔쾌히 보내줍니다.

"이야기엄마나 이웃산타 활동을 통해서 지켜보기도 했지만 아직 녹색마을사람들에 관해 충분히 알지는 못한다고 생각해요. 하지만 그런 활동들이 갖고 있는 목적이나 가치가 정말 좋아서, 이제 저도 활동하면서 좀더 많이 배우고 싶어요."

장명심 님은 이렇게 자신이 하고 싶은 일을 스스로 찾으며 이웃들에 기대어 잘 해낼 수 있다는 희망에 차 있습니다. 그런 모습에 우리는 힘찬 박수로 응원합니다. 아직은 회의에 참석하는 것을 조금 힘들어 하지만, 자신의 삶에 또 하나의 가치를 심으려고 하는 의욕과 부지런함을 보면서, 우리가 그랬듯이 잘 이겨내리라 기대합니다.

이렇게 우리의 이웃들이 자기 삶을 더 가치 있게 만들 것이라고 기대하게 되는 것을 만날 수 있는 마을, 그렇게 해서 평소에 만날 수 없던 새로운 이웃을 만나기도 하고 새로운 결단을 위해 선택할 수 있는 것들이 있는 마을, 그 선택 때문에 자신의 삶이 좀더 당당하고 자랑스럽다고 생각할 수 있는 그런 마을이라면, 우리는 더 행복하고 풍요로울 수 있다는 희망을 키웁니다.

10월 18일, 사무실에서 골목축제 전체 진행자 모임이 있는 날입니다. 이미 사무실 안쪽 다문화 사랑방에서 이야기하는 소리와 함께 카메라 셔터 소리가 들립니다. 잠시 뒤 장명심 님이 상기된 표정으로 나옵니다.

"〈마음수련〉이라는 잡지에서 나온 분들이세요."

"반갑습니다."

짧은 인사가 배웅이 되어 헤어진 뒤 장명심 님이 전합니다.

"인터넷을 보고 우리 활동을 알았다고 하는데, 이웃산타 활동에 관심이 있다며 인터뷰를 하자고 해서 만났어요. 글쎄 발행 부수가 5만 부나 된다고 하네요. 도움이 될 것 같아서 열심히 얘기했는데, 잘했는지는 모르겠어요."

의욕이 넘치는 장명심 님을 보며 다들 흐뭇합니다. 조금 뒤 사무실 문이 열리며 조금 전에 나간 기자님이 과일을 한 아름 안고 들어옵니다.

"좋은 활동을 하시니 저희도 참 감사하네요. 드시면서 하세요."

또 다른 이웃의 따뜻한 마음에 모두 충만해지는 날입니다.

박사 논문 10개는 나옵니다

신경희 님

"아이 참, 녹색에서 박사 논문 열 개는 건질 수 있는데."

연신 아쉬운 마음을 드러내는 신경희 님은 천생 연구자인가 봅니다. 1997년 여름, 녹색삶이 수유리 4·19탑 사거리의 자투리 공간에 막 둥지를 틀고 활동을 시작한 지 2년 되는 시점에 신경희 님은 물어물어 녹색을 찾아왔습니다. '여성들이 자신의 삶터를 일구는 활동'에 관심을 가지고, 먼 길 마다않고 찾아와 이것저것 열심히 묻고 관련 정보를 주려고 하던 모습이 참 인상적이던 신경희 님은 서울시정개발연구원의 연구원입니다.

신경희 님은 전문적인 역량을 발휘해 조사나 연구를 도와주고, 서울시의 다양한 정책 입안 전문가로서 우리와 맺은 관계를 지속하고 있습니다. 회원이 된 것은 물론이며, 마을속 작은학교의 든든한 후원자이기도 합니다. 2010년 여름방학에는 신경희 님의 동창 모임에서 마을속 작은학교 아이들의 캠프를 지원해줘서 아이들과 가족, 자원 교사들이 아주 특별하고도 행복한 방학을 보낼 수 있었답니다.

"녹색처럼 지역사회의 욕구에 밀착되어 있고, 주민들을 모을 수 있는 역량이 있는 조직에서 사회적 기업을 하면 정말 잘할 수 있을 텐데……. 어떻게 논의가 좀 진행되고 있나요?"

2010년 4월 정기총회가 끝난 뒤 신경희 님은 사회적 기업 현황에 관한 이야기, 참여할 필요성에 관한 이야기를 나누며 우리가 더 적극적으로 관심을 가지길 바라는 마음을 드러냈습니다. 이렇듯 신경희 님은 지역사회의 변화하는 욕구에 관해 녹색마을사람들이 어떤 관심을 갖는지, 어떻게 준비하고 있는지 확인하면서 새로운 과제를 던져주기도 하는데, 아마도 이웃의 더 나은 삶을 위해 우리가 감당해야 할 몫이 많다고 믿는 듯합니다.

"1998년에 '서울여성의제21'이라는 연구를 하면서 여성의 힘 기르기empowerment의 밑바탕으로 녹색삶이 갖고 있는 가능성을 볼 수 있었습니다. 평범한 여성들의 잠재된 끼와 능력이 녹색삶을 통해 발휘되는 것을 보면서, 여성들의 연대가 여성들에게, 그리고 사회적으로 얼마나 중요한지 깨닫게 됐습니다. 2000년에는 서울시 청소년 연구를 하면서 지역사회 청소년의 삶의 질 향상에 녹색삶이 끼치는 큰 영향력을 발견할 수 있었습니다. 2001년에는 평생교육 연구를 하면서 자기 주도의 평생교육 발전 모델로서 녹색삶이 가지는 잠재력을 볼 수 있었습니다. 1997년부터 시작된 녹색삶을 향한 관심의 결과로, 2002년에 '서울시 지역사회 여성 소집단 실태와 활성화 방안'이라는 연구를 하게 됐으며, 이 연구를 통해 녹색삶이 여성에게 그리고 지역사회와 서울시에 갖는 의의를 다시 한 번 확인하게 됐습니다."(《창립 10주년 기념 자료집》, 2005)

실천하는 현장과 연대감을 유지하고 이웃의 책임도 감당하고 싶은 연구자, 실천 성과를 정책 연구에 반영하는 그런 연구자가 있어 우리들의 이웃살이는 더 넓은 사회적 실천의 맥락 속에 자기 자리를 잡아가나 봅니다.

살아가는 데 힘이 됩니다

석미경 · 오현주 · 박기훈 · 한숙자 님

“아, 그렇지요. 이웃산타 할 때가 됐네요. 당연히 해야지요. 그날 뵐게요.”

전화기 너머로 들리는 이웃의 말에 활동을 준비하는 회원의 얼굴에는 미소가 번집니다. 그럼 그렇지. 해마다 크리스마스 때가 되면 어김없이 산타가 되어 나타나는 석미경 님의 얼굴을 떠올리며 한층 든든해집니다. 그렇지요. 이웃산타가 되어 서로 얼굴 마주하는 날이 지난 다음에야 우리는 한 해를 마무리할 테니까요. 아마도 석미경 님은 1년에 한 번, 직접 들여다보는 이웃들의 살림살이를 통해 자신이 누군가의 이웃임을 잊지 않으려고 하나 봅니다.

이런 서로 걱정하고 돌보려는 마음들이 모여 이웃산타와 루돌프로 변신하는 일이 10년 세월 넘게 이어집니다. 나한테 하는 약속, 상대방에게 주는 믿음으로, 함께하는 우리가 좀더 흥이 납니다.

“내가 직업을 갖고 난 뒤로는 관심 있는 활동이 있어도 시간이 맞지 않아서 참석이 어려워요. 그러니 얼굴 볼 일도 없고. 그러다 골목문화 프로그램을 보니까 저녁에 영화를 보고 음악도 듣는 시간이 있더라고요. 얼마나 반가운지 쫓아왔어요. 아마도 저처럼 직장인을 위해 저녁 시간에 맞췄나 보다 싶어 반갑더라고요. 오늘 같이 좋은 영화도 보고 이야기도 나누니까 그동안 쌓인 스트레스가 확 날아가면서 정말 행복해지네요. 이런 게 사는 맛인데 싶고.”

2009년 9월, 골목문화 영화 모임에 참석한 오현주 님입니다. 오현주 님은 동화사랑방, 녹색가게, 서울 시민 물 절약 의식도 설문조사 등 많은 활동을 함께 일구며 정이 든 이웃이지요. 직업을 갖게 되면서 참여할 수 없게 돼 아쉽다면서, 자기 주변에도 직장에 다니지만 참여하고 싶어하는 이웃들이 있으니 좀더 다양한 시간대의 프로그램을 마련해야 한다고 당부합니다. 이렇게 살아가며 이웃과 만나는 게 필요하다고, 그래서 사는 데 위안이 되고 힘이 된다는 이웃들 덕분에 활동에 탄력이 붙습니다.

"저는 이 지역에 이사 온 지 4년이 됐습니다. 그런데 그동안 한 번도 주민이라는 생각을 해본 적이 없는 것 같습니다. 그런데 오늘 처음 내가 주민이구나 하는 느낌이 듭니다."

2010년 8월 13일, 수유리의 어느 골목에 있는 '마주찻집 이야기'에서 '이야기가 있는 영화 모임'이 진행되고 있습니다. 영화가 주는 감동에, 이웃의 이야기에 몸도 마음도 흠뻑 젖어 있습니다. 더구나 오늘 처음 가족과 함께 참여한 박기훈 님은 영화 이야기에 이어 계속되는 이웃들의 이야기에도 깊은 관심을 보입니다.

박기훈 님은 사회복지를 전공하고 대학에서 강의를 하고 있는데, 마침 방학이라 오전에 하는 영화 모임에 참석할 수 있었다고 합니다. 이날 영화를 본 뒤 이야기를 나누는 시간에 자신의 삶터에서 진행되고 있는 이웃들의 이야기를 듣게 되었지요. 그리고 오랜만에 자신이 하려고 한 것을 떠올리는 시간을 갖게 되었고, 이제 자신이 주민이 되어 할 수 있는 게 있을 것 같다는 생각이 든다며 진지하게 이야기를 나눴습니다. 이야기에 이야기를 보태며, 새로운 날들을 향한 기대와 관심을 나누며 희망을 만들어가는 날입니다.

"수유리에 산 지 10년이 넘었지만, 직장 생활을 했기 때문에 잘 몰랐어요. 그러다 하던 일을 그만두게 돼 이제 시간이 좀 나는데 마침 골목문화 프로그램을 보게 됐어요. 굳이 멀리 차를 타고 나가지 않아도 내가 사는 가까운 곳에서 이렇게 음악을 감상하고 영화도 볼 수 있다는 게 얼마나 좋은지! 수유리에 사는 게 행복하다는 생각을 처음으로 했어요."

2010년 8월, 우연히 차를 마시러 간 마을 찻집에서 발견하게 된 '골목문화 날개를 달다'의 홍보물을 접하고서는 반가운 마음에 친정어머니와 함께 음악 감상에 참여한 이웃은 수유 3동에 사는 한숙자 님입니다. 흥분과 행복감에 내처 영화 감상에도 참여했습니다. 그동안 사는 데 바빠서 음악이나 영화를 만나는 게 쉽지 않았는데, 이제 나이 50을 훌쩍 넘긴 지금 음악을 들어도 영화를 봐도 크게 공감하게 된다고 합니다.

"그런데 앞으로 이 모임은 계속 하는 건가요?"

한숙자 님이 앞으로 어떻게 할지 궁금해하네요.

"올해 계획은 10월에 있는 골목축제로 마무리가 되고요. 만약 계속하고 싶으면 다시 모여서 계획을 짜면 됩니다."

10월에 있는 가을 골목축제에서 더 많은 이웃들에게 다가갈 '골목영화제'를 함께 준비하자고 초대하자 한숙자 님은 아주 흔쾌히 응합니다.

이렇게 이웃들의 참여와 믿음, 행복과 신명이 추임새가 되어 우리들의 이웃살이가 충만해지는 날들입니다.

해마다 산타가 되어 나타나는 석미경 님.

울타리가 되려는 사람들

김화연·남기철·윤호순·이성동·장화경 님

"이제 '녹색'은 자신이 속한 땅에 깊이 뿌리를 내리고 가지마다 잎사귀를 드리우는 한 그루의 아름드리나무가 되어가고 있다. 나는 그 나무에 푸른 잎이 우거져 새들의 보금자리가 되고, 그 그늘이 사람들의 쉼터가 되며, 탐스러운 열매를 맺는 꿈을 꾼다. 녹색을 거쳐간, 현재 녹색에 몸담고 있는, 그리고 앞으로 녹색의 일원이 될 수많은 녹색의 가족들이 그 꿈을 현실로 바꿔놓을 수 있다는 것을 확신할 수 있기 때문이다."

김화연 님은 창립 10주년에 이런 말로 우리의 가슴을 부풀게 했습니다. 김화연 님은 1995년 일어 교실에 참여하며 녹색과 인연을 맺었지요. 그때 일본어를 가르쳐준 노옥신 선생님을 통해 자원봉사의 가치를 깨달았고, 다시 회원들을 통해 까마득히 잊고 있던 '함께 나누며 살아가는 삶'을 향한 관심과 열정, 의무감을 깨달았다고 합니다. 그 뒤 열린숙제방의 공간을 만드는 일에 헌신하는 등 이웃들을 돌보는 활동에 참여하다 2001년 일산으로 이사를 갔습니다. 그 뒤에도 중요한 일이 생기면 먼 길 달려와 자리를 함께하며 응원했지요.

사단법인 설립을 앞둔 2008년, 초창기 회원을 대표하는 이사로 추천됐을 때 김화연 님은 이미 지역을 떠난 지 오래됐고 한 일이 없다며 완곡하게 거절했습니다. 하지만 거듭 요청하자 고민 끝에 이사직을 받아들였지요. 활동하면서 주저한 적도 많고, 더 많은 참여 요구가 있을 때 받아들이지 못한 적도 많지만, 그때마다 다그치지 않고 기다려주는 게 참 좋았다면서, 그래서 이렇게 오랜 인연을 이어갈 수 있는 것 같다며 웃습니다. 김화연 님은 아이들이 다 자라 양육의 부담에서 벗어나자 자신의 전공을 살려 약사로 일하고 있습니다. 그리고 녹색마을사람들 이사로서 초심에 비춰 활동 방향이 어떤지 짚어가며 이사회를 단단하게 잡아가고 있습니다.

"사회복지학을 공부하고 가르치는 일을 하는 저한테는 읽고 접해오던 책을 기준으로 우리 사회의 복지 현상을 조망하는 습관이 있습니다. 그리고 지역사회복지라는 사회복지의 한 분야에서 주민들의 자치적인 풀뿌리 복지 활동이 정부 방침에 따른 '사회계획' 활동하고는 다른 중요한 의미를 가진다는 내용이 있고 이것을 관행적으로 가르쳐왔습니다. 하지만 그 의미를 구체적으로 경험하게 된 것은 녹색삶이었습니다. 그리고 학생들에게 주민자치적인 복지 증진 활동, 네트워킹에 관해 이야기할 때는 우리 학교에서 멀지 않은 녹색의 예를 드는 게 버릇이 됐습니다. 언제부터인가 내 강의록에는 '녹색여성모임 책 배달부 사업의 예', '녹색여성모임 주민네트워크의 예'라는 표현이 심심치 않게 등장했습니다. '어머니의 잔소리를 우리 동네 아이들에게 들려주자'는 녹색삶 어느 사업의 구호만큼 우리 사회 지역사회복지를 잘 설명해주는 슬로건을 저는 알지 못합니다."

동덕여대 사회복지학과 남기철 교수님의 법인 발기 총회 축사의 한 부분입니다. 교수님은 법인이사를 맡아달라는 요청을 기꺼이 받아들이셨지요.

"녹색삶이 사단법인이 되면 임의단체일 때하고는 달리 요구되는 것이 많이 있을 것입니다. 그것들을 잘 해결해가는 과정을 돕고 싶습니다."

이 힘에 기대어 우리는 우리가 하는 일의 방향과 의미를 가늠하고 전체

울타리가 되려는 사람들. 왼쪽부터 정외영 님, 윤호순 님, 남기철 님, 장화경 님. 송영아 님, 김정림 님.

단단하게 이사회를 잡아가고 있는 김화연 님.

요모조모 챙겨주는 이성동 님.

사회적 맥락 속에서 우리가 서 있는 지점을 확인하며 다시 한 걸음을 내딛게 됩니다.

"녹색삶은 세상에서 만난 첫사랑입니다."

윤호순 이사님은 각종 명함에 새긴 직함이 족히 열 개는 됩니다. '(사)아동과 청소년의 마음을 키우는 사람들' 이사, 청소년 커리어 코치, 한국표현예술심리치료협회 대외협력부장 등 어느 것 하나 소홀함이 없는데, 그 출발점에 녹색삶이 있다고 합니다. 윤호순 이사님은 이사로 참여해달라는 요청에 자기가 무엇으로 기여할 수 있는지, 어떤 기대를 하고 있는지 조목조목 확인한 뒤에야 결단을 내렸습니다.

윤호순 이사님은 오랫동안 성공적인 직장 생활을 하다 IMF 때문에 일을 정리한 뒤, 아이들 양육과 집안 살림에 집중하다가 다시 세상에 나오면서 열린숙제방을 만났고, 여기에서 자신이 가야 할 길을 보셨답니다. 그 뒤 직접 공부방을 운영하기도 하고, 다시 대학원에 진학해 '심리 상담'을 공부하면서 힘차게 열어나간 그 길이 지금 직함 10여 개를 만들었습니다. 이사회에서 끊임없이 새로운 정보를 주고 유쾌한 웃음을 만들어내는 윤호순 이사님은 자신이 가진 전문성과 추진력을 바탕으로 이웃살이를 더욱 풍성하게 만들어갑니다.

"한 어린 소녀가 어두운 방 안에서 외롭게 지내고 있다는 이야기를 들었습니다. 마음이 아팠습니다. 불행한 상황에 놓여 힘들게 지낸다니 무엇인가 도움이 필요하겠구나 하는 생각이 들었습니다."

멀리 명일동에서 신경정신과 의원을 하고 있는 이성동 원장님은 이웃산타를 통해 확인된 한 아이의 소식을 접하고는 도울 수 있는 방법을 물었습니다. 그 뒤 아이들을 위한 열린숙제방 공간을 좀더 넓은 곳으로 확장하는 데 큰 몫을 해내는 등 남다른 관심을 보여준 회원입니다.

"제가 할 수 있는 일이 뭐 있어서 이사를 하겠습니까? 그저 우리 사회에 꼭 필요한 일이라는 생각에 몸으로 함께하지는 못해도 회비 내고, 주변에 녹색 얘기하며 후원자들도 좀 찾고, 특별한 일이 있으면 좀더 힘을 쓰고, 그리고 책임질 일이 있으면 좀 나누고, 뭐 그 정도인데."

그게 바로 이사가 해야 할이라는 간곡한 부탁에 이사직을 수락했지요.

"그런데 재정이 더 튼튼해져야 하는데 방법을 찾아야 하지 않겠습니까? 참 지난번에 후원할 의사가 있다고 소개한 그 친구는 만나봤습니까?"

이렇듯 요모조모 챙기는 이사님에게 힘을 받으며, 우리는 지속 가능한 이웃살이를 향한 걸음을 다잡습니다.

평소 지역사회에서 여성의 할 일과 여성이 지닌 힘에 관한 믿음을 말씀하시며 격려와 응원을 아끼지 않는 성공회대학교 장화경 교수님. 생활인으로서 자신의 체험에 기반을 두고 '필요성'을 자각하며 진행되는 지역 여성 활동은, 시민으로서 깨닫는 경험과 문제 해결 능력을 스스로 강화시킴으로써 삶의 질 향상과 사회적 성숙을 추구하는 미래지향적 삶을 향한 모색으로 이어진다며 깊은 의미를 부여합니다. 그래서 자신의 희망과 기대를 담아 이사 자리를 맡아주시면서 지역 여성들의 든든한 울타리가 되셨습니다.

"녹색은 생명과 희망의 상징이기에 녹색의 나눔과 어울림은 널리 퍼져 나갑니다. 녹색의 마음과 행동은 생명력으로 가득한 마을 공동체를 꿈꾸는 우리의 희망이 될 것입니다."

자신의 기대와 희망을 담아 함께 전진할 것을 다짐하는 이사님. 더디지만 포기할 수 없는 우리들의 이웃살이입니다.

우리가 있어 행복하대요

고상준 · 곽금순 · 박윤애 · 이호 · 장이정수 님

"우리가 살고 있는 시대는 '다수의 모순'에 빠져 있고, '지식의 오류'에서 허우적대고 있다. 그 좋은 예가 바로 내가 아니던가. 모든 사람들이 당연히 그럴 거라 확신했고, 그동안 쌓아올린 이른바 '전문적 · 이론적' 지식의 탑 위에 높이 올라앉아, '위에서 아래로' 보면 문제를 발견할 수 있을 거라 자신했으며, 심지어는 거창한 조언으로 멋진 변화를 가져올 수 있을 거라 믿었던 나. 그런 나를 바꿔준 분들이 바로 녹색여성모임 학습 동아리 회원들이다. 더 정확한 설명은 아니었지만 이들은 '대안적 지식과 방법'을 발생시킨 이 시대의 진정한 지식인이고 전문가이며 또 다른 가능성이다. 급진적이지 않은 이들의 움직임이 마침내는 '민주적 삶의 전염병균'이 될 것이며, 학문과 정치 영역을 바꿀 것이며, 회의실과 워크숍, 세미나와 심포지엄의 토론 주제를 전복시킬 것이다."(《학습 동아리 활동 보고서》, 2004)

콘라드 아데나워 재단 고상준 님이 목소리를 높여 해주신 말씀입니다. 고상준 님은 우리를 만나 '새로운 눈'을 갖게 됐다며, 그 경험이 충격적이고도 행복했다고 합니다. 그 말씀에 기대어 우리는 나 자신의 변화, 삶터의 변화에 관한 더 큰 꿈을 꾸기도 했습니다.

고상준 님.

"지속 가능한 발전이라는 것은 결국 개인의 삶의 변화에서 시작된다고 했을 때 녹색삶의 활동들은 개인의 변화가 가져온 결과물일 것이다. 그래서 녹색삶은 늘 활기가 넘친다. 그런 기운은 누구라도 옆에 있는 사람에게까지 전달되는 것 같다. 녹색삶의 그런 좋은 기운이 많이 번져 나갔으면 좋겠다는 생각이 든다. …… 우리 가까이 이런 단체가 있다는 것은 참 행복한 일이다. '살기 좋은 마을'이라는 것이 경제적인 풍요가 아니라 '함께 나누는 삶' 속에 있는 것임을 녹색삶에서 다시 한 번 깨닫게 된다."(《10주년 정기총회 자료집》, 2005)

곽금순 님.

한살림서울생협 곽금순 이사장님(당시 도봉지부장님)은 우리를 통해 '살기 좋은 마을'의 구체적인 모습을 볼 수 있다며 행복해합니다.

"10년간 녹색의 노력은 성공했다는 생각이 듭니다. 첫째, 녹색삶의 활동에 기꺼이 참여한 사람들이 행복해졌다고 생각합니다. 둘째, 지역사회의 많은 사람들이 행복해졌다고 생각합니다. 셋째, 다른 지역에서 이런 지역 여성들의 모임을 통해 지역의 변화를 만들어보고자 노력하는 자원봉사자들과 리더가 행복해졌습니다. 이분들이 녹색삶이 앞서서 창의적인 활동을 통해 개인과 지역사회의 변화를 만들어가는 것을 보면서, 우리도 할 수 있다는 힘을 얻고, 어떻게 할 수 있는지 방향도 잡을 수 있었으며, 덕분에 시행착오도 줄일 수 있었습니다. 넷째, 지역 풀뿌리시민운동, 환경운동, 우리처럼 자원봉사운동을 확산하려고 하는 사람들이 행복해졌습니다. 자원봉사자가 직접 만들고 이끌며, 훌륭하게 발전해 나가는 녹색삶의 사례 덕분에 자원봉사 참여 모델을 더 효과적이고 쉽게 제시할 수 있었습니다. 어느 풀뿌리 조직의 작은 사례인 것 같지만 이미 많은 풀뿌리 단체들과 시민단체, 자원봉사 단체들이 녹색삶의 성과를 보며 이것을 모델로 삼고 있

습니다. 모델을 통한 운동을 하고 계신 것이지요."(《10주년 정기총회 자료집》, 2005)

녹색삶 때문에 행복한 사람이 무척 많다는 '볼런티어21'의 박윤애 사무총장님의 말씀에 우리는 스스로 자랑스럽고 또 가슴 가득 희망이 차오릅니다.

"녹색삶의 활동 목적 중 가장 중요한 것은 지역사회의 여성 지도력을 성장시키고 이것을 통해 조직과 지역사회를 변화·발전시키겠다는 것이다. …… 실제 녹색삶에 참여하는 사람들의 가장 큰 동기와 녹색삶에게 느끼는 가장 큰 만족은 자아성장에 관한 욕구의 확인과 충족인 것으로 드러나고 있다. 이것은 조직적인 활동을 통해 지도력 향상으로 이어진다. 이런 발전은 끊임없이 지역사회에서 실천하는 것을 통해 이루어진다. 따라서 개인의 발전은 조직의 발전과 조직의 발전을 통해 강화되는 지역사회의 발전과 긴밀히 연계되어 있다. 그런 점에서 녹색삶의 전망은 단지 개인적인 것에 그치는 것이 아니라 지역사회를 변화시키는 힘이 되는 것이다."

이호 님.

《달팽이가 달리기를 시작한 까닭은?》(이음, 2008)에서 풀뿌리자치연구소 '이음'의 이호 소장은 녹색삶에서 키운 지도력이 지역사회를 변화시키는 힘이 될 것이라며 굳은 믿음을 드러냅니다. 이 믿음에 힘입어 우리는 스스로, 또 서로 지도력을 확대하고 강화하기 위한 노력을 더 조직적으로 고민해야 할 필요성을 확인합니다.

"우리가 추구하는 것은 일상에서 벌어지는 삶의 문제를 스스로 해결하면서 행복하기 위해 풀뿌리 운동을 하는 것입니다. …… 녹색마을사람들은 이런 원칙을 잘 지켜왔습니다. …… 그 한가운데 있던 여성들이 행복하다면 금상첨화입니다."(《15주년 정기총회 기념 토론 자료집》, 2010)

'수다로 풀어가는 골목이야기'에서 동북여성환경연대 장이정수 님은 활동

장이정수 님.

하면서 조급해하지 말고 가족과 친구와 자신을 돌보면서 천천히 당당하게 가자며, 진정으로 행복하게 살자며 이렇게 이야기했습니다.

이렇듯 우리가 믿고 또 자랑스럽게 생각하는 사람들이 우리들의 이웃살이를 믿음과 기대로 지켜보며 행복해하니, 이것 또한 우리들을 신명나게 할 뿐만 아니라 희망으로 나아가게 하는 힘이랍니다.

'이웃살이'가 궁금한 사람들

우리들의 이웃살이에 많은 사람들이 관심을 갖습니다. 먼 길 마다않고 찾아와 사무실과 책이랑놀자, 마을속 작은학교, 그리고 풀빛살림터를 눈여겨 돌아보는가 하면, 귀를 쫑긋 세우고 우리 이야기를 듣습니다. 그리고 현재 자신이나 조직이 가지고 있는 관심에 비춰 다양한 질문을 쏟아냅니다.

"처음 어떻게 모임을 시작했나요?"

"찾아가는 이웃산타, 사랑의 책배달부 같은 프로그램은 어떻게 만들었나요?"

"활동하면서 가장 어려운 점은 무엇인가요?"

"갈등은 없었나요? 어떻게 해결했나요?"

"이렇게 오랫동안 활동을 지속하는 데 가장 중요한 게 무엇인가요?"

"재정 문제는 어떻게 해결하나요?"

"리더는 어떻게 세웁니까?"

"활동가는 어떻게 발굴합니까?"

참으로 많은 질문을 하며 알고 싶은 내용을 확인합니다. 그리고 우리를 초대해 활동 경험을 듣는 단체나 모임도 많이 있습니다. 이야기를 듣고 난 뒤 어떤 사람들은 우리 활동을 '이웃들의 관심과 욕구를 바탕으로 지역 주민들

(사)볼런티어21 자원봉사지도자 과정의 기관 탐방.

이 스스로 참여해 문제를 찾아내고 해결해 나가는 자치적이고 자율적인 지역 운동'으로, 또 어떤 사람들은 '회의를 통한 민주적 의사 결정과 실행력을 강화해 나가는 것에 바탕을 두는 민주주의를 확장하는 시민운동'으로, 그리고 어떤 사람들은 '생활인들이 스스로 자신의 삶과 삶터의 변화를 일구어가는 풀뿌리 운동'으로, 다양한 의미를 부여합니다. 그런데 다들 우리의 이야기가 '가슴을 따뜻하게 하고 뭔가 희망을 나눌 수 있겠구나' 하는 기대, 그리고 '이런 활동이면 우리도 할 수 있겠다'는 자신감을 준다고 합니다.

이렇듯 큰일도 아니고, 그저 살아가며 이웃들이 서로 관심을 갖고 필요한 것들을 도와가며 마음을 나누는 우리의 이야기에 주변의 많은 사람들이 귀 기울이고, 자신들의 이야기를 보태기도 하고, 새롭게 일구어가겠다는 다짐도 나누어주시는 모습을 보며, 새로운 기대와 희망이 가득 차오릅니다. 방방곡곡 삶터를 일구며, 서로 의지하는 다정한 이웃들이 자꾸자꾸 많아지니까요.

이웃살이를 들여다보다

비전	이웃들이 서로 협력해서 일구어가는 따뜻하고 활기차고 지속 가능한 삶터 공동체		

↑

목적	삶터 공동체를 향한 구성원들의 관심과 자발적 참여 확대	협력적인 문제 해결 방식의 강화와 확산	지도자 발굴과 육성

↑

추진 과제	• 자발적 참여를 위한 다양한 활동 기회 만들기 • 다양성과 역동성에 기반을 둔 자유롭고 창의적인 분위기 조성 • 해결하고 싶은 문제 공유와 목표에 관한 공감 • 자율적으로 할 일 나누기 • 개개인의 역량과 잠재력 개발·강화	• 동아리, 소모임 방식의 집단적이고 협력적인 활동 방식 강화 • 민주적 의사 소통 능력 강화 • 성과 공유와 기여 인정하기 • 구성원들의 문제 해결 역량을 믿는 마음 키우기 • 협력적인 문제 해결 방식 구조화하기	• 구체적인 일에 따른 책임과 권한 나누기 • 학습과 실천 활동의 유기적인 결합 • 지도자와 실무자의 성장을 위한 협력 관계 형성(멘토링과 코칭) • 차세대 지도자 발굴과 육성에 관한 조직적 목표 공유

추진 전략	• 함께 모여서 머리를 맞대고 이야기하자 • 서로 기대어 가자 • 개개인이 가진 역량과 잠재력을 최대한 발휘하자 • '성공'하는 경험으로 자신감을 키우자 • 권한과 책임을 나눔으로써 주도성과 자율성을 높이자 • 비전을 공유함으로써 열정과 의지를 고양시키자 • 협력과 연대를 통해 문제 해결 역량을 확대하고 강화하자

활동이 기초하고 있는 믿음	• 우리 이웃들은 자신의 삶터 공동체를 더 우호적이고 협력적으로 변화시킬 의지와 능력이 있다 • 각자 자기만의 고유한 특성, 생활에서 다져온 경험과 지혜로 합의한 목표를 실현하는 데 기여할 수 있다 • 우리 이웃들은 서로 잘 도울 수 있다

덧붙이는 자료

■ 주요 활동가와 실무자 연보

<table>
<tr><th>연도</th><th>1995.
4.
(창립)</th><th>1996</th><th>1998</th><th>2001</th><th>2003</th><th>2005</th><th>2006</th><th>2008</th><th>2010</th></tr>
<tr><td>주요
활동가</td><td colspan="2">강일선 김재옥
김혜란 김화연
남영희 노옥신
박귀연 백우란
송영아 이남준
이명심 이원영
이유미 이창순
정외영 허정희</td><td colspan="2">강대숙 강희숙
고정희 권길자
김미선 김미홍
김미희 김수자
김순애 김애경
김옥래 김은하
김재옥 김정림
김정숙 김지원
김태오 김화연
박경실 박인숙
서경석 송영아
신미숙 신미향
신복미 신예현
안영실 오현주
이갑순 이명신
이유미 이남준
이미영 이제실
인미화 임숙자
임지화 장옥근
전경화 전윤순
정옥순 정미순
정외영 조영자
천혜령</td><td colspan="2">강영옥 권순혜
김미선 김미희
김우순 김재옥
김정림 김미선
김주옥 김태오
박경애 박미정
박영남 박원옥
박인희 박현진
박희숙 방미숙
서경석 석미경
송영아 송혜숙
양미애 유인숙
윤호순 이갑순
이복희 이유미
이종선 인미화
전윤순 정미옥
정영화 정외영
허미정</td><td colspan="3">김명희 김미선
김선애 김연희
김영진 김우순
김정림 김현숙
김현식 김재옥
김종현 김주옥
김태오 박경애
박성숙 박영남
박원옥 박현진
박희숙 방미숙
백우란 서경숙
송영아 오현주
이갑순 이유미
이은미 이종선
이준기 이희숙
장명심 전연희
전윤순 정외영
조윤희 한정주</td></tr>
<tr><td>실무자</td><td></td><td>정미현</td><td>정미현
이현희
문소정</td><td>강선아
김령
문소정
고성애</td><td>강선아
김령
이소연
문소정
이정숙
이경원</td><td>최윤정
김안나
문소정
하지영
박인미</td><td>최윤정
김안나
박인미
하지영
한대구</td><td>최윤정
공경주
이경숙
안기정
김진희</td><td>김진희
송예진
장명임
안기정</td></tr>
</table>

■ 활동 연혁

날짜		내용
1995년	4월 22일	'녹색삶을 위한 여성들의 모임' 창립총회
	4월 24일~ 12월 22일	지역 여성·어린이 사회교육 프로그램 진행 1기 여성 교실(영어·일어·가곡 교실)과 방과후 교실(독서·영어·한자·도자기 교실) 진행
	9~10월	정기 영화 감상회, 가족 음악 감상회, 자녀 독서교육, 자녀 논술교육, PET 특강
1996년	3~12월	지역 여성·어린이 대상 사회교육 프로그램 진행
	12월 26일~ 1월 20일	방과후 교실, 초·중등생 겨울방학 열린교실(키즈 랩 과학실험, 만화나라, 신문 활용, 연극나라, 한지 공예, 색종이 접기 교실)
1997년	2월 25일	겨울방학 열린교실 작품 발표회와 놀이마당(수유 4동 동사무소)
	4월 10일~ 7월 10일	3기 녹색여성교실
	4월 14일	오숙희 님을 모시고 작가와의 대화 진행
	5월 11일	청소년 산악회, 월 1회 정기 활동
	6월 12일	음식물 쓰레기 줄이기 시민 공청회
	6월 17일	유기농 농장 탐방 견학
	7월 12일	3기 가곡 교실 발표회 작은 음악회
	7월 25~26일	청소년 자원봉사단 '나누리' 창단(월 1회 정기 모임, 활동)
	7월 21일	여름방학 열린교실 개강
	9월 23일	이경자 님을 모시고 작가와의 대화 진행
	9월 26~27일	스스로 만들어가는 청소년 문화, 한·불 포럼
	9월 29일	4기 녹색여성교실 개강
1997년	9월 30일	음식물 쓰레기 줄이기 시민운동 중간 보고회
	10월 12일	청소년 자원봉사단 나누리 가을철 농촌 일손 돕기
	10월 18일	1회 '재활용 주민 축제' 개최
	10월 22일	음식물 쓰레기 줄이기 사회단체 토론회
	11월 3~13일	음식물 쓰레기 줄이기 동별 교육(수유 4, 5, 6동)
	11월 19일	청소년 자원봉사단 나누리, 북녘 동포에게 사랑의 옷 보내기 진행
	12월 21일	겨울방학 열린교실 개강

1998년	3월	강북 아나바다 시민운동(1998~2000 서울시 녹색서울시민위원회 지원사업)
	3월 16일	5기 녹색여성교실 개강
	3월 2일	숙제방 자원 교사 교육 개강
	4월 24~25일	숙제방 공간 기금 마련 '이틀찻집'
	5월 6일	저소득·한부모·맞벌이 가정 어린이 방과후 공부방 '열린숙제방' 개방
	5월 19일	재활용 생활물품 상설 교환 매매 장터 '강북 녹색가게' 개장
	5월 25일	6기 여성교실 개강
	9월 15일	지역 여성 지도자 교육과 워크숍(1998~2001년 연속 진행)
	10월 30일	아나바다 운동 확산을 위한 지역 주민 공청회
	11월 10일	2회 재활용 주민 축제
1999년	3월 29일	'동화사랑방' 동아리 결성(주 1회 활동)
	4월 18일	가족과 함께하는 난지도 환경생태기행
	4월 22일	4차 정기총회
	5월 7일	주부 환경극단 동아리 활동 시작
	5월 28일~6월 19일	지역 여성 지도자 교육
	7월 14일	우이초등학교에서 주부 극단 동아리 연극 공연
	7월 23~24일	가족과 함께하는 자연환경 생태 들살이
	9월	열린숙제방 자원 교사 회의 구성(월 1회 활동)
	10월 30일	3회 재활용 주민 축제
	11월	열린숙제방 학부모회의 구성(월 1회 활동)
	11월 3일	청소년 봉사단 나누리, 제1회 전국중고생 자원봉사대회 문화관광부 장관상 수상
	11월 18~9일	강북구의회 모니터 교육과 방청 활동
	12월 7일	'아노사(아름다운 노후를 준비하는 사람들)' 창단
2000년	1월 25일	열린숙제방 공간 기금 마련 하루찻집
	4월 21일	5차 정기총회
	5월 2일	비영리민간단체 등록(비영리민간단체 지원법 근거)
	5월 13일	4회 재활용 주민 축제
	9월 17일	환경 연극 〈쓰레기는 물렀거라!〉 공연(2000~2002년 연속 진행)
	10월 12일	'방과후 공부방' 운영에 필요한 민관 협력 체계 마련을 위한 공청회
	12월 23~24일	1회 이웃산타

2001년	1월	신나는 방학교실(2005년까지 방학마다 진행)
	4월 22일	6차 정기총회
	3~11월	'찾아가는 이웃상담원' 활동(2001~2002년 진행)
	3월 8~12일	NGO 학습 동아리 활동
	4월 17일~ 6월 2일	'여성 지도자 역할 찾기' 교육과 숙박 수련회
	7월 30일~ 8월 1일	녹색청소년 캠프(교보생명교육문화재단 지원)
	12월 23~24일	2회 이웃산타
2002년	1~12월	학습 동아리 활동을 통한 지역 여성의 새로운 사회적 롤모델 개발 프로그램
	1월 18일	열린숙제방 공간 기금 마련 하루찻집
	3월 21일	열린숙제방 공간 이전
	4월 22일	7차 정기총회
	4~9월	아나바다 이동 재활용 장터(4회 진행)
	7월	청소년 환경체험학교 — 생태마을을 찾아서 (2002~2003년 진행)
	12월 14일	이웃공동체를 꿈꾸는 주민잔치
	12월 23~24일	3회 이웃산타
2003년	1월	신년 사업 계획 워크숍
	3~11월	저소득 한부모 가정 지원을 위한 '지역 주민 네트워크' 모델 개발과 실천 프로그램
	3월 21일	'수유 2동 방과후 교실' 위탁
	3월 22일	'마을속 작은학교'(구 열린숙제방) 공간 이전
	3월 25일	강북 녹색가게 수유 2동 주민자치센터로 이전
	4월 22일	8차 정기총회
	6월 20일	어린이 도서관 '책이랑놀자' 개관
	5~11월	'이야기엄마'와 함께하는 마을 아이들의 신나는 책 읽기 프로그램
	10월 21일	저소득 한부모 가정의 자녀 양육 지원 방안 마련을 위한 심포지엄
	12월 23일	4회 이웃산타
2004년	4월 22일	9차 정기총회
	4월 28일	마을 공동 되살림 작업장 '풀빛살림터' 개장

2004년	6월	'청소년 공부방' 개방
	10월	(재)서울여성 주최 베스트 프로그램 '펼침상' 수상 — 학습 동아리 활성화를 통한 지역 여성의 성장
	12월 21일	5회 이웃산타
	1~12월	풀뿌리 여성 지도자 활동 사례 개발과 역할 강화 훈련 프로그램
2005년	4월 22	10차 정기총회
	4~12월	저소득 한부모 가정 지원을 위한 '사랑의 책배달부' 활동과 매뉴얼 제작 이야기엄마와 함께하는 '우리동네 행복만들기 ' 1기 마을환경강사 양성 과정
	5월 13일	창립 10주년 기념 심포지엄 — 풀뿌리 여성 지도자의 성장과 특성
	7월	(재)서울여성 주최 베스트 프로그램 '으뜸상' 수상 — 이야기엄마 활동
	9월 5일	서울사랑 시민상 복지부분 자원봉사 분야 수상
	10월 31일	공간 기금 마련 하루찻집
	12월 22일	6회 이웃산타
2006년	4월 22일	11차 정기총회
	3~12월	지역 주민 네트워크를 통한 살맛나는 마을 만들기 2기 마을환경강사 양성 과정
	8월	'청소년 리더학교' 마침
	12월 19일	7회 이웃산타
2007년	3월 1일	마을속 작은학교 지역아동센터 신고
	3~12월	3기 마을환경강사 양성 과정
	4월 20일	12차 정기총회
	12월 20일	8회 이웃산타
2008년	3월	마을속 작은학교 야간 보호 활동 '또 하나의 가족' 개설
	4월 22일	사단법인 '녹색마을사람들' 발기인 총회
	7월 8일	풀뿌리 지도자 간담회
	10월	지역 초등학교 아이들의 건강한 아침을 위한 미숫가루 나눔 활동 시범 운영
	12월 22일	9회 이웃산타

2009년	1월 16~17일	활동 평가와 신년 활동 계획 워크숍
	2월	수유 2동 방과후 교실 위탁 사업 마침 다문화 가정 지원 '친정언니'팀 결성
	3월 11일	14차 정기총회
	3~12월	2009 골목문화 날개를 달다(아름다운재단 지원 사업) 진행 4기 마을환경강사 양성 과정
	3월	'다문화 사랑방' 개방
	3~12월	지역 초등학교 아이들의 건강한 아침을 위한 미숫가루 나눔 활동 확대 운영
	7월 28일~ 12월 12일	'이웃나라 동화나라' 진행
	10월 14일	임시총회 개최
	12월 22~23일	10회 이웃산타
2010년	1월 18일	이사회
	3월	사단법인 인가
	4월 22일	15주년 정기총회와 기념 토론(풀뿌리 지도자 성장기)
	3~12월	2010 골목문화 날개를 달다(아름다운재단 지원 사업) 진행
	7월 16일	다문화 사랑방 상반기 평가 워크숍
	9월 15일	이사회
	9월 17일	다문화 카페 '하모니' 개소
	10월 9일	마을속 작은학교 '또가 밴드' 우승(서울지역아동센터협의회 밴드경연대회)
	10월 21~23일	골목축제
	11월 2~26일	다문화 카페 '하모니와 함께하는 가을여행' 강좌
	11월 30일	'골목문화 날개를 달다' 평가 워크숍
	12월 21일	11회 이웃산타
	12월 28일	2010년 활동 평가 워크숍

■ 발간 자료집 목록

번호	발간 연도	자료명
1	1997	음식물 쓰레기 줄이기 시민운동 공청회
2		음식물 쓰레기 줄이기 동별 교육
3	1998	'98 강북 아나바다 시민실천운동 교육과 공청회
4	1999	화목한 숙제방 소중한 나(열린숙제방 글 모음집)
5		'99 강북 아나바다 시민실천운동
6		내 삶의 주인되기(지역사회 여성 지도자 교육 자료집)
7		4차 정기총회 보고서
8	2000	방과후 공부방 운영을 위한 민관 협력 지원 체계 마련 공청회
9		연극을 통한 환경 교육 공연 자료집
10		5차 정기총회 보고서
11	2001	지역사회에서 여성 지도자의 역할 찾기 — 2001년 교육 활동 보고서
12		찾아가는 이웃상담원 활동 보고서
13		연극을 통한 환경 교육 '쓰레기 귀신은 물렀거라!'
14		녹색마을 지킴이 활동 보고서(지역사회 청소년 환경 지킴이 활동)
15	2002	저소득 가정 여성 문제 해결 능력 강화를 통한 가족 성장 지원 프로그램
16		아이들의 웃음이 눈부십니다!(열린숙제방 활동 보고서)
17		녹색 학습 동아리 활동 보고서
18		연극을 통한 환경 교육 프로그램 활동 보고서
19		서울시민 '물 절약 의식도' 설문조사 결과 보고서
20		'방학중 열린학교' 활동 자료 모음집
21	2003	저소득 한부모 가정 지원을 위한 지역 주민 네트워크 모델 개발과 실천 프로그램

22	2003	저소득 한부모 가정 지원 방안 마련을 위한 심포지엄 자료집
23		이야기엄마와 함께하는 '마을 아이들의 신나는 책 읽기'
24		따뜻한 이웃, 행복한 아이들 — 이웃산타·방학중 열린학교 자료 모음집
25		나누리 활동 보고서
26		8차 정기총회 보고서
27	2004	지역의 힘! 풀뿌리의 힘! — 풀뿌리 여성 지도자 발굴과 역할 강화 훈련 프로그램 자료집
28		성장·나눔·연대를 위한 여성 동아리 활동 자료집
29		환경 체험 교육 프로그램 가이드북
30		저소득 한부모 가정 아이들의 안전한 보호, 건강한 자람을 위한 '사랑의 책배달부' 활동 보고서
31		지역 주민과 함께하는 마을 공동체 만들기 — 어린이 도서관 책이랑 놀자 자료집
32	2005	2005 풀뿌리 여성 지도자의 성장과 특성 — 창립 10주년 기념 심포지엄 자료집
33		사랑의 책배달부 매뉴얼
34		마을 아이들의 책 읽기를 함께하는 이야기엄마
35		강북구 여성의 지역사회 의식과 참여 욕구 조사 보고
36		골목의 힘! 풀뿌리의 힘! — 창립 10주년 기념 자료집
37	2006	11차 정기총회 자료집
38	2007	12차 정기총회 자료집
39	2008	13차 정기총회 — 사단법인 발기인 총회 자료집
40	2009	2009 골목문화 날개를 달다 활동 자료집
41		14차 정기총회 자료집
42	2010	15차 정기총회 자료집
43		다문화 사랑방 보고서

■ 이웃살이에 힘이 된 책

데이비드 A. 가빈. 2001. 유영만 옮김.《살아있는 학습조직》. 세종서적.

데이비드 본스타인. 2008. 나경수·박금자·박연진 옮김.《달라지는 세계 — 사회적 기업가들과 새로운 사상의 힘》. 지식공작소.

말콤 페인. 2001. 서진환 옮김.《현대사회복지실천이론》. 나남출판.

미래사회와 종교성연구원. 2005.《모색과 쟁점 — 한국사회운동, 새로움인가 심화인가?》. 이채.

밥 빌. 2007. 김성웅 옮김.《멘토링》. 디모데.

버트 나누스. 1994. 박종백·이상욱 옮김.《리더는 비전을 이렇게 만든다》. 21세기북스.

스티븐 코비. 1994. 김경석·김원석 옮김.《성공하는 사람들의 7가지 습관》. 김영사.

알랭 리피에츠. 2002. 박지현·허남혁 옮김.《녹색희망 — 아직도 생태주의자가 되길 주저하는 좌파 친구들에게》. 이후.

유네스코 교육위원회. 1999.《21세기 교육을 위한 새로운 관점과 전망》. 오름.

장 바니에. 1999. 성찬성 옮김.《공동체와 성장》. 성바오로.

조너선 색스. 2007. 임재서 옮김.《차이의 존중 — 문명의 충돌을 넘어서》. 말글빛냄.

줄리아 카메론. 1997. 이정기 옮김.《아주 특별한 즐거움》. 다정원.

칼 로저스. 1994. 연문희 옮김.《학습의 자유 — 인간중심교육》. 문음사.

캐롤 길리건. 1997. 허란주 옮김.《다른 목소리로》. 동녘.

킴 보브·재키 켄달·스티브 맥스. 1999. 한국휴먼네트워크 옮김.《시민사회단체 운영 매뉴얼》. 홍익미디어CNC.

파울로 프레이리. 2002. 남경태 옮김.《페다고지》. 그린비.

피터 드러커. 1995. 현영하 옮김.《비영리단체의 경영》. 한국경제신문.

황주석. 2005.《마을이 보인다 사람이 보인다》. 모심과 살림연구소.

힐러리 로댐 클린턴. 1996. 이수정 옮김.《집 밖에서 더 잘 크는 아이들》. 디자인하우스.

Si Kahn. 2002. 이문국·이인재 옮김.《지역복지 실천전략》. 나눔의 집.

Barker, Alan . 2007. *How to Manage Meetings*. Kogan Page.

Chevalier, Roger. 2007. *Improving Workplace Performance*. Amacom Books.

Zander, Alvin Frederick. 1990. *Effective Social Action by Community Groups*. Jossey-Bass Inc Pub.